JN252336

子どもの
ワークショップと
体験理解

感性的な視点からの実践研究のアプローチ

笠原広一

九州大学出版会

はじめに
──実感に根差した体験理解へ──

　子どもとのワークショップの体験をどのように捉え，表現し，考察や分析を行い，その体験を理解していけばよいのか。これはワークショップの実践に携わる人々にとって大きな関心であり疑問ではないだろうか。美術や身体表現などの表現活動を媒介とするワークショップは，1990年代に入り，美術館や文化ホールの取り組み，NPOによる活動等を通して全国各地で盛んに取り組まれるようになった。その頃，筆者もチルドレンズ・ミュージアムに勤務し，ワークショップや体験型の展覧会（ハンズオン）の企画を手がけ，その後も今日まで地域や大学等で様々なワークショップに取り組んできた。事業実施の報告書については日時や活動名，参加人数と活動概況の記述など，報告すべき事項が予め決められているが，ときに実践の成果や意義，子どもたちの体験について何かしらまとめなければならないときには，何をどのように書けばよいのか，その内容と方法に困るという体験がたびたびあった。

　ワークショップについて文章を書くのは事業担当者や研究者だけではない。ファシリテーターや講師などの実践者はもちろん，学生や大学院生，ボランティアなど，ワークショップにかかわる様々な人々がそれぞれのかかわる立場からの目的や思いを持って書くことになる。しかし，あらためてワークショップをどのように捉えているのか，そのことをいかに考えているのかを振り返り，言葉にするとなると，体験を捉える視点や方法，それを表現するための言葉や理論が今ひとつよくわからないという事態に直面する。経験的に分かっていることはたくさんあるはずなのだが，体験についてその意味を考察し，何かしらの研究として書くことはやはり簡単ではない。

また，2000年代に入ると学校に「総合的な学習の時間」が導入され，「参加体験型のグループ学習」（中野，2001，p. 132）とも言われるワークショップは学校現場にも普及し始めた。しかし，アーティストやファシリテーターを外部から招き入れて行なうワークショップなどは回数も限られ，通常の授業に比べると前後の学習の系統性の中にうまく位置づけられているとは言えない場合もある。通常の授業とは異なる人，テーマや内容，非日常的な場の雰囲気もあって子どもたちは普段とは異なる生き生きとした積極的な姿を見せることも多い。しかし，その一見楽しそうな様子が「楽しいだけ」にしか見えず，学習や発達として有意義な成果が得られたのかを明確に捉えることが難しいとも言われる。そうなると，活動自体は楽しいものの，ワークショップにはあまり肯定的な評価を与え難くなる。そうならないためには，明確な達成目的や指標に沿った枠組みで分析・評価していこうということになる。予め授業の一環として組み込まれた目的を達成するための活動ならば，むしろ通常の授業を発展させた形で行なった方が効果が高い場合もあるだろう。そうでなければ，目的達成からもワークショップの特性を活かした活動体験からも離れてしまう。目的と方法に大きなズレをかかえたままワークショップを行なっていったならば，精緻に分析したとしても，どこかしらワークショップで感じていたあの実感が削ぎ落とされているような気がして，やってはみたものの，プロセスや結果はもちろん，実践や省察についてもなんとなく違和感を感じることになるだろう。近年，教育現場に要請されているアクティブ・ラーニングや協働学習，他者とのコミュニケーションを通した課題解決型の学習などはワークショップと重なるところも多く，ワークショップの体験をどのように捉えて考察することができるのかという問いは，体験にまつわるより大きな関心事であり，研究の課題になってきているとも言える。

　そんな中で，ワークショップについて書くことの難しさは，実践を捉える視点や研究方法が今まで十分に練られてこなかったという問題があることに加え，ワークショップの場と体験の特性上の難しさにも関係がある。そもそもワークショップでの体験とは参加者一人ひとりにおいて，そのあり方も感じられ方も異なるものである。そのため，視点を定めてアンケートなどでデータを収集し，ビデオカメラなども使って複数の客観的な記録をとり，科

学的な分析手法を用いて様々な視点からワークショップの成果を科学的に示そうと試みるわけである。そうした研究が重要であることは確かだが，しかし，それがワークショップの体験理解として，場にかかわった実践者として感じたことに繋がった納得や理解を生み出すかどうかと言えば，少し別の問題となってくる。

　では，自分たちが実践者としてかかわるワークショップの体験を理解していくための，実践者ならではの研究方法はないのであろうか。それが単なる実践者の主観的な思い込みではなく，十分な論理性や明証性をもった研究にまで繋がるような方法を見出していく必要があるのではないだろうか。

　そこで本書では，近年，保育や福祉などの臨床的な実践の現場で取り入れられているエピソード記述の方法を手がかりに，子どものワークショップの体験理解とその研究方法について実践者向けに整理し，研究事例を示しながら新たな体験理解と言葉（概念）を生み出すまでの研究プロセスを示したものである。エピソード記述は発達心理学者の鯨岡峻が長年の研究を通して練り上げた研究方法である。現場での関与観察を通して客観的な事実のみならず，他者とのかかわりや場の中で相手との間で間主観的に感じたことも重要な手がかりとして捉え，エピソードの記述を通して出来事の意味を考察していく，臨床の場に適った考え方であり研究方法である。

　筆者もビデオカメラでワークショップの記録を取ることも多いが，実際にワークショップの過程で捉えたり感じたことと，映像が切り取る事象はやはり異なるものである。そうした違いにも目を向けながら，関与観察によるエピソード記述とビデオ記録に基づく分析との比較検討も行なった。それによってワークショップの場の中に内在し関与する実践者だからこそ為し得る，場の中で感受される実感と繋がったワークショップの体験理解の方法を提起した。それはワークショップという創造的な場を生きる中で私たちが共に感受し合い，共に生み出している生の実感ともいうべき，ワークショップの体験が持っている意味と価値を浮かび上がらせ，ワークショップの持つ新たな可能性をひらく手がかりを与えてくれるものと考える。

　本書はその導入的な実践研究例を示すものである。まず，第1章では筆者の主な活動領域である美術表現の分野を対象とした子どものワークショップ

実践の研究のこれまでを振り返り，ワークショップの体験理解の新しいアプローチを模索する必要性を述べる。第2章では既往のワークショップ研究を概観し，ワークショップ研究の傾向と今後必要となる研究の視点や方法を明らかにする。それを受けて第3章では，表現活動におけるコミュニケーションの感性的な位相に着目し，感性的体験を捉えるためのアプローチを検討する。第4章では感性的な視点でワークショップの場にかかわる中で実践者が感受する相互の情動の力動感を軸に，体験の全体性を捉える視点を vitality affect の概念を軸に検討する。第5章ではワークショップの現場に関与観察とエピソード記述によるアプローチを応用することの学問的背景について検討する。第6章では様々な人々のかかわり合いが刻々と展開するワークショップの動的特性をふまえ，そうした動きの中にある実践を捉えるための考え方を提起する。それらの仮説的アプローチを基にして，第7章では絵画表現ワークショップの実践事例を，第8章では映像表現ワークショップの実践事例を考察する。第9章では4ヶ月間のこれら二つのワークショップ実施期間中の観察者（筆者）の視点の変化を検討し，第10章では絵画表現ワークショップのビデオ映像をもとに第三者との共同検証を行ない，観察者視点の重層的な分析を行なう。こうした取り組みをふまえ，第11章では子どものワークショップの体験理解につながる新たな視点の創出を試み，第12章では本研究が生みだした知見が子どものワークショップの体験理解や実践研究にどのような貢献が可能かを述べ，本研究の成果と意義をまとめる。

　これから本研究が示すのは，子どものワークショップ体験を捉え理解していく上での数ある考え方や方法の一つであり，すべての実践や研究のニーズや課題に応えられるものではないことは確かである。しかし，本書を通じて各地でこうした実践に取り組んでおられる方々が自らの実践を振り返り，実践について書くことが幾分でも容易になり，日々感じてはいるものの上手く言葉にできなかったことが少しでも描きやすくなり，その意味を考えて次なる実践と子どもの体験理解に繋げてもらえたならば幸いである。

2017 年 1 月 31 日

笠原広一

目　　次

第1章
子どものワークショップ実践と研究のこれまで

1. 子どものワークショップ実践の状況

　現在，地域の様々な場所で，子どもたちを対象にしたワークショップが行なわれている。ものづくりやダンス，演劇や音楽などの表現活動といったアート系の活動や，博物館などでの考古学や昔の暮らしや技術体験などの歴史系，アウトドアでの自然体験などの環境教育系など，その内容は多岐にわたる。日本における子どものワークショップ実践は，1980年代に萌芽的な議論や実践が始まり，1990年代に入って広く普及し始め，2000年以降に社会教育はもとより学校教育の実践現場にも広がった。そもそもは「工房」を意味し，中野民夫が「参加体験型のグループ学習」（2001, p. 132）と端的に定義するように，参加と体験に基づく学習活動として広く理解されている。教える人と教えられる人といった学校の教師と生徒のような関係の中で一方的に知識を伝達するような活動ではなく，頭だけでなく身体や五感も使って，楽しさを伴うような協同での創造活動や課題解決などのアクティビティを意味し，従来の硬直化した学習を越える新たな学習活動として理解され，広く取り組まれてきた。

　今日，全国各地で日々実践されているワークショップの全貌を把握することは困難である。また，それらが本来の意味でのワークショップ実践であるかどうかを判別することも難しく，従来であれば「○○教室」や「○○講座」と呼ばれていた活動もワークショップと称しているのも事実である。片岡（2007）はこうした従来の学校教育のような定型の学習内容を提供する活

動もワークショップと称される場合があるとし，その理由とは諸外国から導入する事物全般に見られる日本独自のカタカナ英語としての意味が広汎に及んだ結果ではないかと述べている。高橋（2002）も1990年代後半は，講習会や実演，実習というかわりに何でもワークショップという言葉に置き換えれば参加者が気軽にやってくるという時期であったとも述べている。

　筆者も学生時代に美術館でのワークショップについて手探りで学び始め，その後チルドレンズ・ミュージアムに勤務してワークショップに携わったが，それはまさに1990年代，ワークショップが広がりを見せ始めた時期であった。しかし1990年代半ば頃は，ワークショップという言葉に耳慣れない市民もまだ多く，子どもや保護者はもちろん，行政の担当者にもその意味を説明するところから仕事が始まるといった状況であった。そしてなんとか説明はするのだが，実際には「○○をつくる活動」といった，何らかの造形作品をつくる活動の新しい呼び方なのだろうといった理解や，「体験することがワークショップ」といった，とにかく活動の目に見えやすい部分でもって理解されることも多かった。その後，2000年代以降にワークショップは様々な領域で取り組まれるようになり，博物館や公共施設のイベントも必ずワークショップが併せて企画されるなど活況を呈し，ワークショップは日常の身の回りにあるごく普通の体験活動を指す言葉になったと言える。

2. ワークショップ研究における違和感と問題点

　今日，ワークショップの実践は一般化し，実践に関する多くの記録集やノウハウが書かれた書籍，webサイト，実践報告や研究論文をたくさん目にすることができるようになった。そうした中で近年，ワークショップに対する違和感も感じるようになった。ワークショップに関する様々な情報や言説が増えていく状況の中，自分でワークショップを行なっていて，その体験の実感が上手く捉えられていないように感じることが多くなったのである。毎回ワークショップは上手く進み，参加者もとても楽しく有意義な体験をしているであろうことは，場の様子や雰囲気，参加者の表情や振り返り，事後のアンケートからも窺い知ることができるのだが，そのことが実感レベルで

しっかりと感じられていないように思えるのである。また，ワークショップに関する研究論文を読んでも，書かれていることの多くはワークショップの実践者・研究者としてもよく理解でき，有益な知見も多いのだが，そこにもワークショップの実感についての欠如を感じることがよくあるのである。研究においては必ずしも体験の実感を捉えたり，表現することが目的とは限らないため，それは当然のことなのかもしれない。

　では，こうしたワークショップに関する違和感とは何によるものなのか。経験を重ねることでマンネリ化し，新鮮さが失われたということだろうか。しかし，ワークショップを企画実践することは毎回が一期一会の体験の創出であり，惰性で続けてきたならば，とうの昔に何か大きな問題や失敗が出てきているはずである。慣れということならば，こうした状態はもっと早く訪れたはずである。

　ここ20年程でワークショップの実践のあり様や捉えられ方といった周辺環境が大きく変化してきている。以前は特別な非日常の実践と見られていたワークショップも気軽に参加できる日常の活動の一つとなった今，その取り組みや意義，人々や社会に対する位置づけも変化してきている。そうしたなか，苅宿（2012a）も中野（2001）による定義以降の状況変化をふまえれば，ワークショップも再定義していく必要があるとし，新たに「まなびほぐし（アンラーン）」という学習論の立場からの定義を提案している。このように，新たな状況変化が生まれているとすれば，この違和感というのは筆者の個人的な問題ばかりとは言えないということになる。

3.　ワークショップを語る言葉の変化の背後にある問題

　ここで，ワークショップの実践を捉える視点や理論，ワークショップの実践を語る言葉の問題について考えてみる必要がある。確かに近年のワークショップと称する多くの活動は，かつてのような非日常性が際立つ特別な活動とは異なり，日常の生活とあまり大きな段差が感じられないものが多い。もちろん，そこに大きな非日常的差異が不可欠ということではないが，特別にワークショップと名乗るだけの目的や内容がないものが多数ワークショッ

プと称されている今日的な状況を表しているとも言える。逆にワークショップが日常の生活に近い形で営まれる実践へとそのあり様が変化してきたと考えるならば，今までのような感覚や理解に立ってワークショップを捉えれば，当然ながら違和感が起きることになる。つまり，こうしたワークショップの日常化という状況の変化に並行して，ワークショップ研究が生み出す言説や言葉が，今日のワークショップのあり様を適切に捉えていないのではないかという疑問が生まれてくるのである。

　杉山（2002）によれば，造形活動を伴う美術表現系のワークショップの場合でも，制作を通じて何かを共有することが目的であり，制作そのものが目的ではないことも多いという。たしかに近年，身近に目にするワークショップの多くは，美術作品の制作といった成果物を生み出すことそのものを主たる目的にするというよりは，活動を通してそれ以外の「何か」を共有するというコミュニケーション自体に目的があるように感じるものが多い。もちろん何かしらのモノがつくられれば，それを作品とみなすこともできるのだが，美術表現そのものに強く動機づけられた目的を持っているとは言いがたい活動も多い。とりわけ本研究の実践のように，幼児や小学生などの子どもを対象とするワークショップでは，実践者やファシリテーターは芸術表現の専門家ではないケースも多い[1]。

　また，ワークショップは先の中野の学習活動としての定義のように，その過程において何らかの学習や学びが生まれることは重要な事実であるが，何かを学習することや学ぶことがワークショップの主たる目的のすべてではない。表現活動を媒介とする子どものワークショップ体験では，アートの原理や教育・学習のいずれの要素も持っているものや，それだけに留まらず，さらに多義的な意義を持つものなどもあり，アートか教育かといった二つの原理で単純に理解できるものではない。むしろ，それら領域固有の目的や原理では上手く捉えられない曖昧な部分を多分に含むワークショップ実践や体験が近年の子どものワークショップ実践の特徴である。こうした曖昧なワークショップやその体験を上手く捉え表現し，考察していく研究も必要になってきているのではないだろうか。

　1990年代はワークショップ研究の黎明期ともいうべき時期であり，ワー

クショップが持つ様々な可能性が議論された。硬直した知のあり様や従来の意思決定システムに対する相対化や対抗性などの視点も明確に意識されながら実践が営まれ，語る言葉も選ばれていたように思う。しかし，ワークショップが一気に普及し始めた 2000 年以降，ワークショップの有効性が社会の様々な分野で認知されるようにはなったが，ワークショップの場の体験そのものを捉え考えることよりも，どのようにワークショップを行なうかや，ワークショップをよりよく改善する方法，ワークショップの効果を高める方法と効果の検証といった，実践をいかに効果的によりよく行なうかという関心が実践を捉える中心的な視点になってきたのではないだろうか。言い換えるならば，ワークショップをする側の意図や論理を中心にしてワークショップの言説は産出されてきたのではないかということである。その結果，ワークショップの実践方法や効果についての言葉はよく目にするようになるが，その場で生起している出来事や体験の実感などは対象化され難くなっているのではないだろうか。当然ながら，それらを表現する言葉や言説が相対的に少なく感じるわけである。様々なデータを駆使した研究結果にはワークショップの現場で生き生きと感じられたあの実感がほとんど捉えられていない，表現されていないように感じるという筆者の実感や，体験を表現する言葉と研究との距離感も，このあたりに理由があるのではないだろうか。そもそも「生き生き」といった言葉は何も論理的に語っておらず，科学的な説明にならないため，体験の実感自体が研究の関心外になっているようにも感じられる。

　もしこのような状況があるとすれば，筆者の感じる違和感は個人的な問題というよりも，近年のワークショップ研究において生み出される言葉や理解のあり方の問題であり，多くの実践者や実践研究に取り組む人々にも共通する問題なのではないだろうか。それは根底にある研究の目的や視点，研究方法の問題として考えていく必要がある。まず，これまでのワークショップ研究を振り返り，何が研究されてきて何が研究されてきていないのか，ワークショップの何に目が向けられていないのかを検討し，ワークショップの実践を客観的なデータによってのみ考察するだけでなく，主観的とも言える実践者の現場の中での感受認識も何かしらの方法で研究の中に位置づけていきな

がら，子どものワークショップ体験の研究のあり方を考えていく必要がある。

4. 本研究の問題設定

　このように，実践方法や実践効果についての研究だけではなく，場の中で実感を持って感じられるワークショップの体験理解の考え方と研究方法を再考し，場に内在する当事者である実践者の，場を共にする中での実感とも繋がった，ワークショップの体験理解に繋がる研究の視点と方法を見出していく必要がある。そのためには実践者であり同時に観察者である筆者自身がワークショップ体験の内側から実践のあり様を捉えていく研究を進める必要がある。

　予め設定されたワークショップを行なう側の意図や論理に根差した事象の把握と分析ではなく，そこで起こっていることを実感に根差してつぶさに捉え理解することによって，新たに見出されるワークショップの体験理解とその視点と研究方法を明らかにすることが本研究の目的となる。そのためには，こうしたアプローチが理論的に妥当であるかも検討しながら進めていく必要があるとともに，ワークショップ研究の変化の実態を明らかにし，必要とされる視点と研究方法を見出し，実際の事例研究の形で示していく必要がある。

　そこでまず筆者自身が関与するワークショップ実践の場として，「こどもアート・カレッジ」という地域で行なっている美術・造形表現を媒介とする子どものワークショップ実践を研究対象とし，その場の中で生起し観察される客観的な事実はもとより，場の中で感受される実践者の実感に根差した形での体験理解を試みる。その取り組みを多角的に検討しながら，子どものワークショップ実践での体験を捉える新たな視点と研究方法を提起していく。

5. ワークショップの実践領域の拡大と研究目的の多様化

　日本においてワークショップは 1990 年代に広く普及し始めたと述べた。1990 年代以前からも取り組まれてきたまちづくりや環境教育，福祉や芸術などの領域に加え，2000 年代以降は学校教育や企業研修などの組織内の教育と人材育成の分野にも大きく広がった。2000 年頃を境にワークショップは参加体験型の学習活動として日常のあらゆる領域で営まれるようになった。ワークショップという言葉は地域の日常的な生活の中にある広義の体験活動を総称している状況にある。

　一方でワークショップに関する研究について見てみると，2000 年以前にはあまり体系的に研究されてきてはいなかった。特に 1990 年代は日本におけるワークショップ実践とその研究の黎明期であり，様々な可能性が模索されていた時期であった[2]。この時期はワークショップのやり方を方法として教えることで，方法論的理解のみが独り歩きし，ワークショップの本質が理解されなくなってしまうことへの懸念が強く意識されていた。そうした当時の状況に対して高橋（2002）は，「ワークショップは教えないものだ，企画しないものだというのは一つの神話である」（p. 192）とし，それが語られるのは学校のようには陶冶しないという禁忌を伝えるためであったとする[3]。

　2000 年代に入ると学校での「総合的な学習の時間」の導入による体験型学習の取り組みの加速や，知識獲得型社会から知識創造型社会への質的転換が求められるようになる中で，ワークショップは効果的な人材育成や学びの技法として理解され拡大していった。そうした拡大する実践と研究の中で，ワークショップの目的や内容といった条件，実践者や観察者，研究者がどんな意図に動機づけられ，どんな目的を持って取り組んでいるか等の違いによって，様々なタイプの研究が行なわれるようになってきた。

　中野の「参加体験型のグループ学習」というワークショップの定義をもう少し詳しく見ていくと，「講義などの一方的な知識伝達のスタイルではなく，参加者が自ら参加・体験して共同で何かを学び合ったり創りだしたりする学びと創造のスタイル」（p. 11）であると説明している。そして多種多様なワークショップを「アート系／まちづくり系／社会変革系／自然・環境系／

教育・学習系／精神世界系／統合系」（図1-1）の七つに分類している（pp.
19-20）。さらにこれらのワークショップを，個人の内的変容や成長に向かう
内向きのベクトルと社会変革にむけた外向きのベクトルを持った横軸「個人
と社会」と，何かを創り出して成果を生み出す能動的なベクトルと，感じた
り，理解し学ぶプロセスそのものを大切にする受容的なベクトルを持つ縦軸
「創造と学び」とが交差する座標空間に位置づけて，ワークショップの全体
像の把握を試みている。中野の図では横軸の「個人的」（個人の変容・成長）
と「社会的」（社会変革）という活動の志向性が示されていたが，筆者はそ
れに加えて図の上部に「自己・内部目的的」（自己主導性や主観性が重要）
と「他者・外部目的的」（自己の外部にある事象や目的，客観的な事実が重
要）という二つの目的的な志向性の視点も重ねて検討することができると考
える。
　本研究が対象とする，表現活動を媒介とする子どもとのワークショップ
は，ワークショップの幅広い実践領域の中では図中の円形箇所（筆者追加部）
に位置する。第一義的には社会変革よりは個人の変容や成長に向かう実践で
あり，アートの表現活動を媒介にしていることで創造活動も行ない，その過
程では何かしらの学びも生まれる。その意味で本研究のワークショップは
「1. アート系」と「5. 教育・学習系」に重なる部分も多い。広くは芸術教
育の実践と研究の領域に属する。しかしながら，それは芸術のための場と
も，教育のための場とも重なりはあるが決して同じではないため目的も異
なってくる。学校ではなく地域での実践という点では社会教育領域の活動で
もあり，子どもたちの表現活動の類似性はありつつも，学校の図画工作科や
美術科での評価の視点が同じように適用されるものではない。
　表現活動を媒介とする子どものワークショップ実践に対しては，アート系
の領域からは，表現の深化や洗練，卓越性や新規性が少なく，それは本当に
アートなのか，子どもに美的体験は可能かという批判が向けられる。一方の
教育・学習系の領域からは，教育的意図やねらい，学習の目的が明確でな
く，目的達成のための十分な検証が出来ない曖昧な実践という評価がなされ
ることになる。先にも述べたように，そこには表現活動を通した創造性や何
らかの学びも生まれることは確かだが，主としてそうした近接するアート系

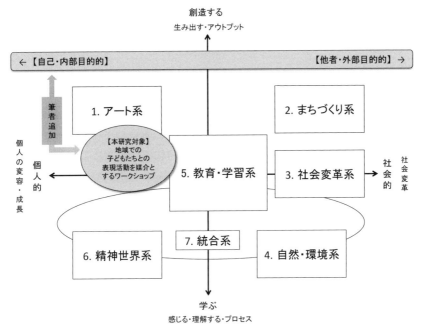

図1-1　ワークショップの分類と本研究の位置づけ
中野（2001, p. 19）「ワークショップの分類の試み2」を元に筆者作成

や教育・学習系の実践領域固有の目的に動機づけられた活動かと言われれ
ば，そうではない。そのため，一見すると遊びや気晴らしにしか見えず，
ワークショップとしては今ひとつその目的が曖昧な実践と捉えられるもので
ある。

　ワークショップとは，様々な異なるベクトルを持った要素が円環的につな
がるホリスティックなものであると中野が言うように，ワークショップが持
つ目的や意義は一つではなく，参加者においても異なることが予想される。
そうした多元的な目的や意義が包摂されている点ではホリスティックな場で
あり体験という特性を持つことは確かである。しかし，それはワークショッ
プの実践や体験を捉えようとする立場から見れば，摑みどころのない，視点
の定めにくい，対象化しにくい曖昧さを感じさせる特性であり，ワーク

ショップの持つ全体性という特性は理解しつつも，研究としてはそれを対象化し理解するための手がかりを具体的に考えていく必要がある。

　しかしこうした動機や目的が曖昧とも言えるワークショップこそが近年無数に取り組まれている，日常の中に入り込んだ多くの身近なワークショップであり，それを捉え語る十分な研究や言葉を持たない，今日的なワークショップ実践なのである。それらをワークショップと呼ぶべきかどうかには様々な意見があるのは確かであるが，本書ではそれがワークショップであるか否かを従来の定義に照らして評価するということではなく，むしろ新たなワークショップのあり方を捉え語る理論と言葉を生み出していく方向へと議論を展開していくことがまず必要と考える。

6. 求められる報告や研究の外側にある体験理解の領域

　地域で取り組まれる子どもとのワークショップでは参加者の年齢が学校のように単一学年ではなく，幅広く設定されていることが多い。学校教育のように学年やクラス単位での教育目標の達成に向けた継続的な発達支援や知識・能力の獲得を直接的に目的として行なわれるわけではない。もしそれが目的であれば通常の学校の授業で行なう方が効果は高く効率も良い。従来からある学校の仕組みや教授法でもって効果的にできることはそのまま学校で行なえばよいように，実践の趣旨や目的によって，活動や体験の何を捉え，どのような視点からそれらを捉え，どんな方法で表現するべきかは異なってくる。ワークショップについて何か報告や研究を行なう際に考えなければいけないのは，それが誰にとって，どんな目的によるものなのか，それが結果的に何に繋がっていくものであるか，ということである。

　1990 年代後半から 2000 年代にかけての不況や行財政改革の中で，公的助成，民間助成，企業 CSR 活動への説明責任や成果の評価が厳しく求められるようになり，アート系 NPO の活動などでも，学校との連携によって教育目標とその測定・評価の枠組みでワークショップを捉えねばならない流れが生まれてきた。高木（2012）はワークショップにかかわる立場によって必要となる視点や研究も変わってくるとし，「予算獲得や報告書作成のために

ワークショップの『効果』を明らかにしたい行政の担当者」が求めるのは計測可能な指標であり，「ワークショップで生じる何らかの過程に関心があり，収集したデータに基づいて分析を行なう研究者」といった「外部者」は目的とする客観的評価への要請や関心が高いという（p. 287）。そうすると2000年以降の学校教育やNPO等での説明責任が増え始めた状況下では，客観的な効果の測定が求められるような状況変化が起こっていることが推察される。こうした事業の持続性のために必要とされる実証的効果を提示する必要性が，ワークショップを捉える視点の大きな関心となり，ワークショップの体験とは何であるのかということを問う研究については立ち遅れてしまっている状況があるのではないだろうか。より効果的に，どのようにワークショップを行なっていくかという実践方法の理解と研究を通してよりよい実践を生み出していく営みが必要であることは言うまでもないが，体験というワークショップの実質を問い深める取り組みがなされる必要もあるはずである。それは必ずしも行政の担当者や外部者としての研究者が必要とする報告や研究と直接的に重なるものとは限らないが，実践者にとっては必要不可欠なものではないだろうか。必ずしも外部から要請されるものではないだけに，実践者自身が自身の取り組みや体験を省察し，言葉にしていかなければ描き出されることのない，アクチュアルな体験の実相であり理解のあり方を示すものではないだろうか。

　こうしたことから，実践者が子どもたちとのワークショップ体験を再考することは，ワークショップの体験とは何かという，ワークショップ研究への本質的な問題提起となり得るものである。ワークショップの体験において参加者や場を共にする関与観察者が，その主観的な実感や，相互に感受し合う間主観的な関係性の中でどのような体験をし，何を感じているのか。客観的な行為事象のレベルだけでなく，体験の実感という体験の内側からの理解を試みていく必要がある。ワークショップの体験とは，ワークショップの場に関与する実践者である「私」と，参加者の「私」との「あいだ」（In Between）にある，未だ明らかになっていない未知なる体験領域なのである。

7. ワークショップを理解することの難しさ

先にワークショップの体験そのものを問うことが十分なされていないという問題を指摘したが，ワークショップそのものを理解することにも難しさがある。ワークショップ研究に取り組む高橋（2011）は，ワークショップの記録とその蓄積の難しさを指摘する。万人に享受されるワークショップとしては，それを捉え語るワークショップ・リテラシーが必要であり，「記録と表現」を軸にした企画力，組織力，記録力といったファシリテーション力が必要であるとする（p. 25）。

先の杉山（2001）も，ワークショップでは制作を通じて何かを共有することが目的であり，制作そのものが目的ではないことも多いとし，ワークショップ自体が目的とされているワークショップでは参加者の一体感がマインドコントロールに利用される危険もあることや，目的が曖昧なワークショップは空虚な遊戯に陥ってしまうこともあるとして，ワークショップの目的に関する問題点を指摘している（p. 145）。

高木（2012）もワークショップは短期間で完結するために顕在的な変化を見出すことも難しく，授業と異なり獲得すべき理解や技能が明示的ではないこともあり，ときに「盛り上がったまま終わってしまうが，本当のところ何が起こったのかわからない」（p. 282）という状態に陥る難しさがあるとする。その上で，従来ワークショップの評価は参加者やファシリテーターの主観に頼る傾向が強く，終了後のミーティングやビデオ記録を活用しつつ，何らかのエヴィデンスや分析の枠組みがあることで，振り返りや評価もより活性化し，深化させることができるとする（p. 283）。

また，苅宿（2012a）は，ワークショップとは設定された目標の達成ではなく，活動のプロセスに起こる関係性の変化の中で意味を生成する学びであり，体感的な理解や多様な交流が理論的な理解の深化や知識獲得に収斂していく学校教育的な枠組みで捉えることには違和感があるとし（pp. 38-39），学校での学習のように，参加者に生み出した知識や技能という成果でもってワークショップ体験を捉えることが適切ではないことを指摘している。

齋（2011）も学校教育（スクーリング）は教育という概念（エデュケー

ション）のごく一部であり，ワークショップはスクーリングとは違う方法で教育を組み立てる仕組みだという認識が必要とする（p. 37）。

　長沢（2011）はコミュニケーションとディスコミュニケーションに基づくワークショップと美術の現場の違いを踏まえ，ワークショップには可能性があるが同時にその限界の認識がなければ，ワークショップはただの新しい能力開発プログラムになり，現代的な新しい人間管理技術に成り下がってしまう危険性があるとする（p. 253）。

　このように，ワークショップの難しさとは，目的が曖昧であれば空虚な遊びに陥り，それが一体何なのか捉えることが出来なくなるという点と，学校教育のような目的的な視点から知識や技能を獲得させる手段と捉えてしまうことで，関係性の変化の中で意味が生成される過程に目を向けることが出来難くなるばかりか，参加者を変化させる他者操作的な技術に陥る危険があるという点である。ワークショップは参加者の主体性や自己主導性を基礎とする相互的な活動であるが，ワークショップをより良いものにしようとする実践者の意図や目的意識が，ときに参加者の体験を変質させ，参加者を操作的に変容させてしまうこともあるという危険性を自覚する必要がある。そうした危険性に対し，高橋は教え込み（教化）に対する「反教化的教化」として，苅宿は「まなびほぐし（アンラーン）」という概念でワークショップの本質的な意義を説明すると同時に，こうした危険性の認識を促している。

　では，ワークショップ研究において実践者が持つ目的をどのように考えるべきであろうか。仮に実践者の意図や目的を無視し，参加者間に取り交わされる相互作用の生き生きとした姿をそのまま捉えればよいと考えた場合，生き生きしていたという状況説明だけでは，その体験がどのようなものであったかを理解し，その意味や意義を外部者と共有することは難しい。また，目的的な視点を全て否定することは，ワークショップが意図を持ってデザインされ営まれる意図的な社会的実践であるという事実を無視することになる。そして，実際の現場において実践者は無色透明で無関与的な存在でいることもできないことを考えると，実践者の意図やその影響と，実践の生き生きとした姿とを含み込んだ形での，体験理解のあり方を探っていく必要がある。

　そこでまず，これまでにどのようなワークショップに関する研究がなさ

れ，その体験が論じられてきたのかを検証していく必要がある。次章では子どものワークショップの体験がどのように捉えられてきたかに焦点を絞って既往研究を検討し，本研究の採るべきアプローチの方向性を明確化する。

註

1) ワークショップという方法では，ファシリテーターは必ずしも専門家でなければ出来ないということではない。目的となる共有すべき課題について，共に協同して取り組める人々が集まり，場ができれば，ワークショップ自体は成立可能である。

2) ワークショップの本格的な普及について元財団法人美育文化協会の穴澤秀隆氏は，1980 年代に東京都図画工作研究会の討論会においてワークショップの議論が行なわれた 1980 年代にその普及の始まりがあったとしている。筆者が 1990 年代とするのは，今日の美術教育領域でのワークショップの隆盛の契機を 1990 年代の公立美術館の教育普及事業でのワークショップの取り組みに見ているからである。それらの美術館は 1980 年代から 1990 年代前半に開館しており，その準備の議論を考えるならば穴澤氏の見解のとおり 1980 年代がワークショップ普及の種が発芽した重要な時期となる。筆者はそれが各地の美術館で広く普及し始め，多くの市民にとって「ワークショップ」という言葉が目につくようになり，月刊社会教育にてワークショップについての特集が組まれ（1994），美術館教育の情報誌『Dome』（山本育夫編，日本文教出版）が刊行され（1992），ワークショップの持続的な議論の下地が作られた時期として，1990 年代を本格的な普及の年代としてみている。

3) 高橋はワークショップについて海後宗臣の「陶冶」「教化」「形成」の三つの構造をモデルに考察している。高橋の整理によると，「陶冶」は，教師と生徒が教科書などを媒介として教室で行う教育の関係であり，近代の学校に典型的な関係であるとする。「教化」は図書館や博物館などのように直接教師がいない中で生徒が書籍や展示物などの媒介にふれて学ぶ関係である。そして「形成」とは，教師の媒介もなく，生徒が家庭や職場の人間の中で学ぶ関係のことをいう（高橋，2002，p. 188）。

第 2 章
表現活動を媒介とする子どものワークショップ研究の検討

　そこでまず，遡って検索可能な過去の約 30 年間の子どもに関するワークショップの論文数の推移やその領域，さらに本研究が対象とする表現活動を媒介とする子どものワークショップに関連が深い，美術・造形活動分野のワークショップ研究の目的や研究方法を検討する。

　なお，本研究が対象とする表現活動を媒介とする子どもとのワークショップ実践は，専門的な美術のアート系ワークショップや教育・学習系ワークショップとは少し異なる位置づけにあるが，現段階では直接に比較検討する先行研究や理論的枠組みが少ないため，さしあたっては近接領域であるアート系及び教育・学習系のワークショップ研究にまたがる美術教育に関するワークショップ研究を中心に考察を進めていく。

1．研究論文の推移

　図 2-1 は過去約 30 年間の子どもに関するワークショップの論文数の推移である。検索可能なワークショップに関する論文は 1983 年以降，現在までで 365 件である（2015 年 1 月 26 日現在）[1]。

　1990 年代まではほぼ年間 10 件以下の登録数である。この時期は障害者福祉，心理療法，演劇，美術とまちづくりなどでの研究が行なわれている。この時期の美術・造形表現に関するワークショップは美術館教育が牽引しており，論文ではないが美術館教育におけるワークショップの調査報告書が宮城県美術館（齋，1993；新妻，1996）と三重県立美術館（森本，1998）から発行

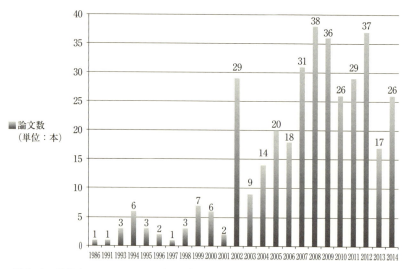

図2-1　子どものワークショップに関する研究論文数の推移（2015 年 1 月 26 日現在）

されている。全国美術館会議の教育普及に関するワーキング・グループが
1993 年に発足しており，同会議ワーキング・グループがまとめた『全国美
術館会議教育普及ワーキング・グループ活動報告 1　美術館の教育普及・実
践理念とその現状』（全国美術館会議編，1997）は 1990 年代の子どもの表現
活動とワークショップの重要な現状確認と実践の理論的な検討，課題点の整
理を行なっている。その他にもデータベース登録がなされていない当時の大
学紀要の論文があると考えるが，全体的にまだそう多くはない時期である。
後続のワークショップ研究の基礎とされた高田研の修士論文，「ワーク
ショップの課題と展望―合意形成と身体解放の視点から―」も 1996 年に執
筆されている。この時期の研究は数が少なく，刊行されたものもまだ少な
い。

　2000 年代に入るとワークショップ研究は増え始める。学校教育において
2000 年に始まった「総合的な学習の時間」は，自分たちで課題を発見し，
体験的で協同的な活動を通して課題解決を図る学習活動である。先行して普
及していたワークショップと共通点が多く，学校教育関係者にもワーク

ショップが注目され始めた。また，2001 年には中野によって『ワーク
ショップ　新しい学びと創造の場』が刊行され，「参加体験型のグループ学
習」(p. 132) といった学習活動としての定義が明確になされたことにより，
参加体験型の協同的な学習としてのワークショップの認知と普及が加速する
足場づくりが進んだと考える。アート系ワークショップに関する著書でも高
橋・杉山 (2002) による『ワークショップ実践研究』が刊行されている。教
育学系からは佐藤・今井他 (2003) による『子どもたちの想像力を育む―
アート教育の思想と実践』が刊行され，従来の学校での美術や音楽といった
教科教育とは異なる原理からのアートの教育実践の可能性が提起され，その
理論的な論考に加え，現代美術の美術館 (和多利，2003) やアーティストに
よる学校でのワークショップ (堤，2003) 等の事例が紹介されている。2002
年は心理援助に関する登録論文が多いため急激な増加となっているが，それ
らを除いても 1990 年代の年間 10 本以内の状況から著しく増え始めているこ
とが分かる。

　2005 年以降になると年間 20 本から 40 本弱の数で推移し，1990 年代に比
べて年間約 7 倍から 10 倍程度に増えている。この頃からワークショップの
方法論や実践理論の研究も取り組まれ始める。広石 (2006) の「ワーク
ショップの学び論―社会構成主義からみた参加型学習の持つ意義―」では，
社会構成主義の知識観に基づいたワークショップ理論や，田尻 (2005)，苅
宿・佐伯・高木 (2012a, b, c) によるレイヴ＆ウェンガー (Lave, J. & Wenger,
E., 1991) の「正統的周辺参加論」に基づく学び論や，教育工学分野での学
習環境デザインやワークショップ実践者の熟達化の研究 (高尾・苅宿，
2008；森，2008，2009；安斎・森・山内，2011；菊池・苅宿・脇本・小林，
2012；植村・苅宿，2012)，心理学に基づくワークショップの評価 (谷井・無
藤・大谷・杉森，2007) や教育的効果の検討 (縣・岡田，2009) も行なわれて
いる。美術教育では多くの実践研究や実践から理論を生成する研究が多数生
み出された (上浦，2005，2006；片岡，2006；畑中，2006；山田，2007；渡辺，
2008，2010；茂木他，2009；手塚・茂木他，2009，2012，2013；初田・吉田，
2012；茂木・亀井，2012；杉本・岡田，2013；茂木・郡司，2013；茂木・藤原，
2014；茂木他，2014；笠原，2014；笠原・春野，2015a, b；笠原，2015)。

この時期には著書でも，茂木他（2010）の『協同と表現のワークショップ―学びのための環境デザイン―』，高橋他（2011）『造形ワークショップの広がり』，苅宿他による『ワークショップと学び1　学びを学ぶ』（2012a），『ワークショップと学び2　場づくりとしてのまなび』（2012b），『ワークショップと学び3　まなびほぐしのデザイン』（2012c）などが出版され，今日のワークショップ研究の基本文献となっている。

　このように，ワークショップ研究はこの30年の間に量的にも大きく拡大してきていることが分かる。

2．研究論文のジャンル別件数

　次に子どもに関するワークショップの論文365件の内訳を示す（図2-2）。一番多いのは「建築住環境／まちづくり」（79件：22%）で，建築・住環境デザイン，まちづくり，遊び環境，防災・防犯，安全安心と居場所づくりが含まれる。次に「文化活動諸ジャンル」（61件：17%）で，ものづくりなどの広義の表現活動，絵本や読書体験などの活動も含んでいる。次に「心理援

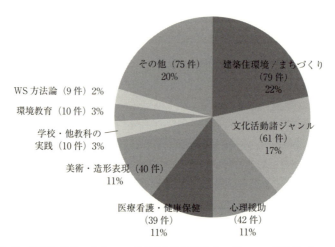

図2-2　子どものワークショップに関する研究論文のジャンル別件数（2015年1月26日現在）

助」（42 件：11.5％），本研究に関連する「美術・造形表現」（40 件：11％）
となる。美術・造形表現は「文化活動諸ジャンル」と内容が近いものや，企
画としては連携して行なわれるものもある。検索に上がってこない未登録の
大学紀要や論文も多数あることも事実だが，子どものワークショップ研究の
ジャンル別割合の概況や年代毎の推移の状況が推察できる。

3.　子どもの表現活動に関連するワークショップ研究の検討

（1）研究論文の抽出方法

　次に，本研究の事例となる，表現活動を媒介とする子どものワークショッ
プに関する論文がどのような目的や内容を持ち，いかなる研究方法を採って
いるのかを 1990 年以降，2000 年，2005 年，2010 年に区切って検討する。
　365 件の論文のうち美術・造形表現に関する論文 40 件の多くは美術教育
系に属しているが，他ジャンルに属しつつも子どもや美術・造形表現が全面
に出ているものも一部この 40 件に含めて検討対象としている。
　365 件の中にも多数の大学紀要の論文が含まれているが，中には実践の概
況報告に留まるものや著者の印象を述べたもの，簡易なアンケートの集計に
よる考察のみのものも見受けられる。個別に各大学のリポジトリにアクセス
していくことでしか読むことのできない大学紀要の論文が多数存在するが，
一定レベル以上の主要な論文はやはり学会論文に多いことと，実践報告的な
多数の大学紀要を網羅することは効率的ではないと考え，継続的にワーク
ショップ研究を行なっている研究コミュニティからの論文を選び，40 件に
加えている。具体的には，美術教育に関連するワークショップ研究に精力的
に取り組み，『協同と表現のワークショップ―学びのための環境のデザイン』
（2010）も刊行している茂木一司らの研究紀要 10 件を加えている[2]。茂木ら
の論文は美術教育系であるが，教育・学習系の分野で近年広がりを見せる学
び論や教育工学系の系譜にも重なり，参照すべき論文が多い。
　同じく，近年ワークショップ研究のまとまった著書を刊行した苅宿俊文ら
の教育工学系の学会論文と紀要論文，それにワークショップの方法論に関す
る他著者の教育工学系の論文を合わせて 9 件を加えた。これら社会構成主義

的学習観に基づく教育工学からの研究アプローチは，アート，学び，協同といったキーワードで，学校や地域，芸術や学習，方法論や評価，人材育成など，領域横断的に実践や理論研究を展開しており，大きな研究の流れを生み出しているとともに，美術・造形表現も重要なワークショップ実践の内容と位置付けて実践研究を行なっている。

　さらに数は少ないが，ミュゼオロジーとアートマネジメントの視点からのワークショップの歴史（三橋，2008）と，社会構成主義からみた参加型学習としてのワークショップの実践理論（広石，2006）に関する2件の論文，筆者の直近の大学紀要論文（笠原・春野，2015a，2015b；笠原，2015）を3件加え，合計64件について目的や内容，研究方法などの分類と検討を進め，研究の動向を整理する。

　(2) 年代毎の研究動向
　1）1990年代のワークショップの実践と研究
〈ワークショップ実践の概況―美術館教育からの普及のはじまり〉
　日本において，地域での表現活動を媒介とする子どもたちとのワークショップ実践は，1970〜1980年代にかけての武蔵野美術大学の及部克人や公立美術館の教育普及活動から生まれた実践の系譜にあると考える。それまでも子どもたちに観劇の機会を提供する地域の親子劇場や，公民館での絵画や工作教室など，社会教育運動を出発点とする子どものための芸術文化活動は存在していた。しかし，ワークショップという言葉で展開される子どもたちとの表現活動は，美術館や美術大学という美術の領域から出発している点で，それまでの社会教育運動から始まった活動とは異なる歴史的系譜として理解すべきであろう（笠原，2011）。

　及部は1978年より10年間，東京都美術館を拠点とした教育普及活動としてのワークショップ「造形講座」に取り組むほか，武蔵野美術大学を中心に美術館やまちづくり等と連携した子どもの表現活動によるワークショップ実践を牽引していた。他方，美術館の教育普及活動では，1980年代に各地に開設された公立美術館の教育普及活動が，現代美術の表現などを取り込みつつ，参加者に美術を通して自分のものの見方や考え方を捉え直すような体験

型の新たな美術実践としてワークショップを展開し始めた。いずれも単に「つくる」のではなく，自己のものの見方を変化させていくような視点が含まれた実践であった。そうしたワークショップ実践の動きは徐々に大学生や若い年齢層へと拡大し，時に美術館を越えてまちの中へと展開していくなかで徐々に市民との接点が拡大していった。

　一方で学校教育においては東京都図画工作研究会の討論会記録をまとめた，『ワークショップへの道』（東京都図画工作研究会，1983）が発行されている。図画工作の授業において教え込みではない実践や，偶然性といった新たな表現の可能性についてワークショップを軸に検討を行なっている。

　1980 年代から 1990 年代までに徐々に動きが活発になってきた美術館などのワークショップの動きと呼応するように，美術館教育の専門誌『Dome』（山本育夫編，日本文教出版）が 1992 年に刊行され（1992〜2006：全 84 号），海外の美術館や国内での先駆的教育普及事業が継続的に紹介されるようになった。当時はワークショップを手法として市民を美術館に巻き込み，美術館を起点としてまちにアートを展開していく様々な試みが繰り広げられた。それがまちづくりや学校とも次第に繋がっていった。

　この頃ワークショップは研究としてまとまった形をとるには至っていないが，『月刊社会教育』（1994 年 10 月号）がワークショップについて最初のまとまった特集を掲載している。及部も「日本・ドイツ美術館教育シンポジウムと行動 1992」での「地域の子どもを地域で祝う大道芸術展」のワークショップなどの取り組みを『月刊社会教育』（1993 年 3 月号）で紹介しており（及部，1993，pp. 44-45），この時期は子どもの表現活動によるワークショップも，従来からの社会教育にも重なりながら展開されていた。

　このように美術館での教育普及活動が少しずつ注目され始めるなか，全国美術館会議が主催する教育普及ワーキング・グループが 1993 年に発足し，教育普及に取り組む全国の学芸員らを中心とした研究プロジェクトが始まった（先述）。同ワーキング・グループの報告書である『全国美術館会議教育普及ワーキング・グループ活動報告 1　美術館の教育普及・実践理念とその現状』全国美術館会議編（1997）は，1990 年代のアート系ワークショップについての議論をまとめた，当時における到達点を示すものである。

この報告書で齋（1997）は，ワークショップには方法としての側面とシステムとしての側面があると述べている。方法としてのワークショップとは，「対象とする活動がどのようなものであれ使うことができ，個人が尊重されながら集団としての自覚も認識され，教えられ，学ぶという，普通の受動的な形態の教育からは感じられない充実感を参加者に与えることができる」（p. 55）ものであるとする。他方，システムとしてのワークショップとは，「一方通行の方法ではなく，相互通行や受ける側の欲求にそって行われる教育という考え方」であるとする。重要なのは参加者（主体）の内的充実感や欲求に基づく活動とされている点である。

　同じく降旗（1997）は，ワークショップとは「美術を普及する手段であるばかりでなく，最も重要な個々人の人間性を活性化するのに広く役立つ方法論としての一面を持つ」とする。こうした記述から，当時のワークショップの概念は多義性を保持しながら，ワークショップのメタ方法的特性が明確に意識されながら理解されていたことがわかる。「ワークショップとは何か」を問うことが，教育や芸術，個人や集団，人間のあり方を捉え直す意識とその方法の探究に繋がるものであるということが明確に論じられており，当時はワークショップの本質的理解と同時にその可能性が模索されていた時期であったと言える。その際も単に手法としてのみ応用するならば，ワークショップが持つ相互変革性や創造性自体が失われてしまうことへの自覚や，ワークショップが民主的な市民社会を担う主体形成に繋がるという視点の上にワークショップの実践が理解されていたことが，同報告書や当時の文脈から理解することができる。

〈ワークショップ研究の概況（論文2件）〉
　1990年代の美術・造形表現でのワークショップの研究は，美術館教育や先行するまちづくりに関連した内容となっている。まだ論文として研究がまとめられている状況ではなく，美術館教育におけるワークショップの調査報告書（齋，1993；新妻，1996；森本，1998）や先の全国美術館会議の教育普及に関するワーキング・グループの報告書など，実践や現状を少しずつ記録し，その考え方を言葉にして発信し始めた段階である。研究方法としては実

践や調査を担当した著者による事例の記述と考察，学芸員へのヒアリングが行なわれている（田中・小野田・菅野，1996）。著書では『チルドレンズ・ミュージアムをつくろう—Knowledge begins in Wonder』（目黒，1996），『子どものためのワークショップ—仙台ビーアイ物語』（関口，1999）があり，子どもの体験型施設や地域でワークショップに取り組むファシリテーターからの取り組みが紹介されている。これらの書籍は，1990年代から2000年代初頭にかけて，子どもとのワークショップの取り組みを広く周知する役割を担ったと言える。

　このように1990年代は美術館やチルドレンズ・ミュージアムなどの社会教育施設を中心にワークショップの可能性が模索された実践と研究の黎明期といえる。実践者や研究者のコミュニティも最初は一部の美術館の学芸員やアーティスト，美術教育の実践者や研究者，学生やアートマネジメントに携わる人々等に限られていた状況であった。それが1992年から段階的に始まった学校週5日制による地域での子どもの体験活動の受け皿づくりや，1998年の特定非営利活動法人活動促進法（NPO法）の施行によるアート系NPOの誕生，2000年から学校教育への「総合的な学習の時間」の導入に向けた体験型の学習活動の普及といった動きの中で徐々に拡大していった。

2）2000～2004年のワークショップの実践と研究
〈ワークショップ実践の概況—ワークショップの共通理解が始まる〉
　2000年代に入るとアート系ワークショップの実践への関心や研究は一気に加速する。特に2000年から学校教育で取り組みが始まった「総合的な学習の時間」での参加体験型の授業実践の導入がその背景にある。同時に特定非営利活動法人芸術家と子どもたち，NPO法人STスポット横浜，NPO法人子どもとアーティストの出会いといった，NPOによる学校に芸術家を招いてのワークショップ実践が始まり，学校教育においてもアート系ワークショップが少しずつ普及し始めるなど，学校教育関係者にも関心が高まるような取り組みが始まったのがこの時期の特徴である。目黒（2002）による篠山チルドレンズ・ミュージアム（兵庫県篠山市）の取り組みなどでも，地域づくりを柱に学校とまちとミュージアムを繋ぐ実践が動き出した時期であ

る。

　書籍では，2001 年に中野（2001）による『ワークショップ　学びと創造の場』が刊行され，ワークショップの定義や実践の類型化によってワークショップ理解の共通化が進み，共通理解となる理論や実践領域の体系的整理などがなされたことの意義は大きい。中野はワークショップの多様性をふまえつつも，「講義などの一方的な知識伝授のスタイルではなく，参加者が自ら参加・体験して共同で何かを学びあったり創り出したりする学びと創造のスタイル」（2001, p. 11）とワークショップを定義し，高田（1996）[3] の研究を基にワークショップの分類を行なっている。

　また，美術教育では『ワクのない表現教室—自己創出力の美術教育』（小串，2000）が刊行され，武蔵野美術大学での美術科教育におけるワークショップの実践記録とその背景にある考え方がまとめられた。続いて同大学から『ワークショップ実践研究』（高橋・杉山，2002）が刊行され，美術館や児童施設の関係者，福祉やまちづくりなどの実践，教育学的なワークショップの解釈可能性が幅広く論じられている。

　学校教育に関連したものとして，『中学校美術科ワークショップ〈1〉平面造形編』（東山・福本，2002），『中学校美術科ワークショップ〈2〉立体造形・総合造形編』（東山・新関，2002），『中学校美術科ワークショップ〈3〉イメージと発想の展開編』（東山，2002）が，シリーズとしていち早く授業へのワークショップ導入のための具体的な実践のあり方を示している。

　また，この時期，社会教育や学校教育の枠を越えて子どものアート系ワークショップの実践や研究に影響を与えたのが佐藤・今井他（2003）の『子どもたちの想像力を育む—アート教育の思想と実践』である。同書は芸術よりも広い概念として「アート」を「生の技法」として位置づけ，従来の美術教育が美術で美術を教え，音楽教育が音楽で音楽を教えてきたことに弊害があったとする。そして，美術でアートを教え，音楽でアートを教える必要があり，アートを通して「もう一つの自己」と出会い，「もう一つの現実」と出会うことで「生きる技法としてのアート」の教育がなされなければならないと述べる（佐藤，p. 23）。そこに拡張したアートの教育実践としてワークショップの取り組みも紹介されている。こうした従来の芸術教育の論理に回

収できないワークショップの今日的な取り組みを，アートの教育という議論の枠組みの中に位置づけた点は評価すべきである。このように中野や佐藤らの研究によって従来の芸術や美術とは違った意味を付与した「アート」という言葉によって，地域での表現活動を媒介とする子どもたちとのワークショップ体験を，アート系ワークショップ，アート・ワークショップとして語る枠組みがつくられていったと考える。

〈ワークショップ研究の概況（論文 6 件）〉
　2000 年代に入っても建築・まちづくりでのギャラリーや美術館に関連した研究の割合が高い。美術教育では菊屋（2003）が大学と美術館の連携実践を振り返り，参加者アンケート，大学院生の反省やレポートの記述をもとに活動の意義について考察している。美術館以外での美術・造形表現に関するワークショップも，最初は地域をフィールドとして実践と研究が行なわれている。この間，先の著書の刊行や NPO による学校でのワークショップなど，アートによるワークショップ実践の認知と普及が加速する足場づくりが進んだと言えるが，研究論文の数はまだ少ない。

3) 2005～2009 年のワークショップの実践と研究
〈ワークショップ実践の概況―ワークショップ実践のひろがりと活況〉
　ワークショップ研究が本格化した 2000 年以降の動きの中で，アート系NPO による学校でのワークショップ実践があった。この取り組みでは活動運営の助成元（行政や企業等）への説明責任としてワークショップの効果を示す必要がある。その必要性からワークショップの評価という研究テーマが立ち上がってきたことや，総合的な学習の時間を契機とした学校教育でのワークショップ実践の導入により教育・学習系の研究が増加したことから，ワークショップ研究，とりわけ分析・評価に関する議論が加速していったと考える。地域でのワークショップ実践も全国各地に広がり，まさに活況を呈した状況となった。2000 年代前後は学校と連携したワークショップも，地域でのワークショップ実践も，まだ手探り状態の活動団体も多かったが，2005 年頃には取り組みも少しずつ蓄積され，徐々にワークショップを扱っ

た報告書や研究論文が増え始める。この時期から教育工学や学習環境デザインなどの研究への広がりも生まれ，美馬・山内（2005）の『「未来の学び」をデザインする空間・活動・共同体』がワークショップをはじめとする学習環境デザインの研究に取り組んでいる。美術系では福祉に関連した『美術と福祉とワークショップ』（高橋他，2009）が刊行されている。

〈ワークショップ研究の概況（論文26件）〉

2005年以降は大幅に研究が増加する。従来の建築まちづくりに加え，多数の美術教育やデザイン教育，保育・子育て支援における造形活動（渡辺，2008；矢野・高垣・田爪，2008）や，ものづくりなどの大学の社会連携実践（佐々木・野崎，2007；村上，2009）を扱ったものが増えている。学校教育での実践も増え始め，高等学校での実践を扱った上浦（2005，2006）はワークショップ参加者の意識変容を明らかにした。小学校では山田（2007）が鑑賞教育の実践を行い，特別支援学校では茂木他（2009）がワークショップのメリットとデメリットを考察し，ドキュメンテーション（記録）のあり方について検討を行なっている。

この時期の特徴はこうした学校教育におけるワークショップの実践研究の増加であるが，もう一つ大きな変化は，実践の方法や理論についての研究が始まった点である。田尻（2005）はワークショップが陥る三つの危険性（「アイデンティティ・スイッチング」「個人の漂流」「共同体の漂流」）を取り上げ，そこからワークショップの構造やリフレクションの意義について考察するとともに，参加者自身が同時に実践を調査するワークショップ研究のあり方をワークショップグラフィとして提起している。畑中（2006）も参加者が実践をメタ的に対象化する実践研究を試みており，「もの」から「こと」へと，作り手と観客の新たな関係を提起している。同様に佐藤ら（2006）は送り手と受け手の対話による場の変化を構造的に明らかにする研究を行ない，「場づくり」と「場づかい」というワークショップ展開のフェーズ毎の縦軸（時間軸）と横軸（相互作用）によってワークショップのプロセスを捉える視点を示している。情報処理学からは友部ら（2008）が同じように時間配置と構造配置の融合によるプロセスとリフレクションの構造化を行なって

いる。曽和ら（2007）も発想支援ツールを開発して記録とリフレクションの
プロセスの解明を試みており，参加者とファシリテーター，参加者同士がど
のようにワークショップを生成し，自ら振り返ることができるかという，
ワークショップのプロセスと構造の解明が複数の研究でなされている。

　他方，スタッフの育成についての研究も始まっている。日本教育工学会に
おいては高尾・苅宿（2008）がワークショップ・スタッフの実践共同体にお
ける十全性の獲得のプロセスを，スタッフへのインタビューの逐語データを
修正版グラウンデッド・セオリー・アプローチ（M–GTA）で分析し，ス
タッフ育成のプロセスの解明を行なった。同学会では森（2008）が学習を目
的としたワークショップのデザイン過程について，実践のベテランと初心者
とのデザインプロセスの違いを発話のカテゴリー分析から検討し，デザイン
モデルの使用や柔軟性，保留といった経験的習慣の使用に違いがあることを
明らかにした。森（2009）は同様にワークショップデザインの熟達化過程に
おけるデザイン方法の変容の契機を明らかにするために実践家への半構造
化・回顧インタビューを行なって変容の契機を類型化した。

　その他，縣・岡田（2009）は心理学研究において大学生がアーティストの
創作活動に触れることで創造活動に関する認識が変化することを複数回の質
問紙での調査から明らかにした。片岡（2007）は社会教育におけるワーク
ショップを論じる中で，ワークショップが過去の学校教育との対比として非
日常性を強調して成立している側面があることを指摘し，一過性のイベント
ではなく自律する足場が必要であると述べる。また，広石（2006）は社会構
成主義的学習観に基づいて学びとしてのワークショップの意義を理論的に提
起し，三橋（2008）は 1980 年代以降のアートマネジメントを論じる中で，
1990 年代以降の美術館におけるワークショップと学校教育との繋がりを文
献等から歴史的に整理している。

　このように 2005 年以降は学校教育の授業や大学の社会貢献への広がりが
生まれたこと，ワークショップのデザインや実践方法と構造，人材育成法の
解明，学習や学びの視点に関連づけられた研究，日本のワークショップの歴
史に関する整理といった，ワークショップ研究そのものが対象化され，研究
の量や目的の幅も充実し始めた時期であったと言える。

阪本・笠原（2004），上浦（2005, 2006），片岡（2006, 2007）などの芸術教育学の領域では，いずれも固有の実践フィールドに根ざした研究を通して体験やその意義を問う研究や，現場での実践力の向上を問う研究が行なわれている。教育工学に根ざした研究では，ワークショップの分析から一般化可能な実践理論や人材育成方法の知見の産出を目的とした研究が進んでいる。研究が増加する中で分野によってワークショップ研究の目的が少しずつ異なっている状況も浮かんでくる。1990年代がワークショップ研究の黎明期とすれば，中野（2001）によるワークショップの基本的理解の共通化が図られた前後の2000年から2004年頃までは萌芽期，2005年以降は興隆期と分類することができる。

4）2010年以降のワークショップの実践と研究
〈ワークショップ実践の概況―学習・学びとしてのワークショップ〉

　2010年になると，「今，求められる力を高める総合的な学習の時間の展開：総合的な学習の時間を核とした課題発見・解決能力，論理的思考力，コミュニケーション能力等向上に関する指導資料」（文部科学省，2010）[5]から，知識基盤型社会において社会の課題解決と自身の生活や行動を振り返り，自分の生き方を考えていく力の育成の必要性が掲げられるようになる。これはOECD生徒の学習到達度調査（PISA）の学力試験の結果（PISAショック）を受け，「課題発見・解決能力」「論理的思考力」「コミュニケーション能力」の必要性が提言されたものである（文科省，2010, pp. 7-8）。特にコミュニケーション能力については「児童生徒のコミュニケーション能力の育成に資する芸術表現体験」（文科省，2010）も相次いで出されるなど，課題解決やコミュニケーション能力育成への期待が，学校へのワークショップ導入を後押ししている。

　学習論については社会構成主義的学習観がワークショップ実践を支える実践理論となりうることが広石（2003, 2006）によって提起され，2010年頃からは学習論や学び論からのワークショップ研究が進展する。茂木他（2010）による『協同と表現のワークショップ―学びのための環境デザイン』は，学びとしてのワークショップについて歴史や理念，実践方法や記録方法などを

体系的にまとめている。渡辺（2010）の「協同描画表現を通した造形ワークショップ」は幼児の発達と集団の学びについて研究している。苅宿他はこれまでの研究をまとめた『シリーズワークショップと学び』（苅宿・佐伯・高木，2012a，2012b，2012c）を刊行し，多元化社会における共生の術として学習論に依拠したワークショップの理論と実践の体系的研究を進めている。学校教育における従来の知識伝達型学習の持つ硬直性を相対化する「まなびほぐし（アンラーン）」という視点からワークショップを考察しており，1990年代からのワークショップの実践・研究の蓄積と課題を踏まえ，研究を拡充進化させている。苅宿他は2008年より青山学院大学・大阪大学の協同事業として「ワークショップデザイナー育成プログラム」もスタートさせるなど，社会におけるワークショップ実践の可能性の模索と人材育成に組織的に取り組んでいる[6]。

　また，齋や降旗は高橋他（2011）との共著において，ワークショップとは「教育の主体をあくまでも受ける側においた教育の方法」（齋，2011）のことであり，それは近代教育ではごくあたりまえの教育概念であること，「美術史や美術を普及するためにだけあるのではなく，人間形成に必要な能動的な姿勢を育てていくために有効な働きを持つ」（降旗，2011）と述べ，1997年，2002年に続いて教育の主体や人間形成の視点からワークショップを捉える考え方を再提起している。同じく武蔵野美術大学の研究コミュニティから，『みんなのアートワークショップ―子どもの造形からアートへ』（小串，2011），『美術館のワークショップ　世田谷美術館の25年間の軌跡』（高橋他，2011），『造形ワークショップを支える　ファシリテータのちから』（高橋，2012）が刊行されている。

〈ワークショップ研究の概況（論文30件）〉
　これらの傾向も大きくは2005年以降に起こった変化を引き継いでいる。論文としては茂木他（2010，2011）が小学校の図画工作科へのワークショップ型授業の導入を試み，ワークショップが持っている学校教育にはない変容の促進力が発揮されることが学校教育の活性化に必要であるとする。同じく小学校での実践では日本教育工学会において菊池他（2012）がワークショッ

プのビデオ記録映像の発話分析から協働的なコミュニケーションが促される前後関係の変化を分析し，協働的なコミュニケーションを促す仕組みと効果を明らかにした。同じく安斎他（2011）はビデオカメラの映像記録と IC レコーダーの音声データのコーディング分析によって，創発的コラボレーションを促す条件とメカニズムを析出している。また，ICT デバイスを活用したワークショップ実践事例での有効性の考察（久保田他，2011）や，タブレット端末を使ったリフレクションツールの開発とその効果（植村・苅宿，2013）などが日本デザイン学会で発表されている。

　研究対象となる参加者や，育成されるワークショップ実践者がどのような体験や学習をしているのかといった研究も 2005 年以降に取り組みがある。縣・岡田（2009，2010）は学生向けのワークショップにおいて創作活動に対して抱いているイメージの変化を主観的な認識変化も含めて対象化していく研究を行なっている。杉本・岡田（2013）は美術館における初心者のワークショップスタッフの熟達過程を質問紙やミーティングの記録を基に調査し，「ファシリテーターに関する学習」，「ワークショップ自体に対する認識の変化」，「作品との関わり方に対する認識の変化」，「日常の自身の姿勢に対する認識の変化」といった認識の変化が生まれたことを明らかにしている。親子のアート・ワークショップの研究では，縣・岡田・杉本（2012）が親子の取り組みの様子のプロセスデータの記録や，事後に質問紙で報告してもらった家庭での様子，鑑賞セッションでの会話データの分析も合わせ，90%以上の親子がワークショップにおいて楽しさを感じ，新たな発見が得られたとする，研究事例を発表している。

　このように，2010 年以降は参加者の中に結果的にどんな変化が生まれたのかを捉えようとする研究が少しずつ始まっている。研究方法としては参加者の内的体験を観察しうる客観的なデータを収集し，参加者個別の分析の上に一般化可能な理論の形成を目指すものである。他方，東村（2012）は幼稚園におけるアート・ワークショップでの幼児の発見について参与観察に基づく記述データを基に考察を進め，子どもや保育者の気づきが園環境とのかかわりの中で変化していくプロセスを描き出す質的研究を試みている。

　こうした 2010 年以降の動向をまとめると，学校教育での実践の考察，実

践方法や実践理論，実践構造や人材育成の仕組みの研究などは概ね2005年からの動向を引き継いでいるが，研究の方法がより精緻になり，ワークショップの実践方法や人材育成方法の開発を目的としたデータ収集と仮説検証による実証的研究が始まっている。一方で参加者やスタッフの体験プロセスや主観的な認識と変化を捉えることで，参加者が結果的にどんな理解や技能を得るに至るかを明らかにする研究もあり，東村のように観察者が場の内側で感受したことに根差して参加者の変化のプロセスを捉えようとする研究も見られる。ワークショップにおいて何をどんな目的と方法で捉えようとするかが明確に意識され始めた状況になってきている。

4. ワークショップとしか言えない今日的なワークショップ

　以上が，1990年代から今日までのワークショップの実践と研究の年代毎の状況である。2005年以降ワークショップはすでに日常の中に拡がり出し，従来の建築やまちづくり，美術館教育や福祉といった枠を越えて，学校教育や人材育成の分野などに広汎に拡がっている。身近な公共施設に行けばワークショップと名のついたチラシを多数目にする。それらは厳密には従来から定義されてきたワークショップの実践と言えるものばかりではないが，ワークショップという言葉は体験的な活動を総称する言葉として定着している状況にあるのは確かである。

　こうした近年の状況について高橋（2011）は，ワークショップの歴史的変容を踏まえ，「ワークショップとしか言えないワークショップ」が今日のワークショップなのだと述べている（p. 15）。それは学校の図画工作科や美術科での美術の陶冶とも異なり，「従来の教師や指導者とは異なる企画運営する側の立場」（p. 20）や様態で行なわれ，美術の知識技能の習得よりも「造形の楽しさを誰もが享受できることを目的としておこなわれる」（p. 20）ものだという。学校教育のように予め目指すべき学習成果の達成に強く動機づけられているわけではないワークショップをこのように呼ぶならば，本研究が対象とする実践も，さしあたっては同様に「ワークショップとしか言えないワークショップ」ということになる。高橋はこの「ワークショップとし

か言えないワークショップ」という今日的な意味でのワークショップを第三のワークショップとも呼び，演劇や美術領域の活動がその始まりであったとする。それは実際には表現活動を伴う教育・学習系ワークショップと似た実践形態になり，内容的にも重なるところがあるものの，造形の楽しさの享受に目的が置かれる点では従来のワークショップとは異なるものと考えるべきであり，差し当たってワークショップとしか名づけられない，今日的なワークショップを表す表現と言える。また，高橋は海後宗臣の「教化」（生徒は媒介に接して学ぶが，教師は存在せずに企画運営する人は背後にいるという，博物館や図書館のモデル）(2011, p. 15) を基に，それが裏に隠れた操作や誘導として教え込みとなる危険性を自覚した「反教化的教化」によってワークショップは実施されるとしている。このことは 1990 年代に齋らが指摘した教育の相対化を踏まえたワークショップ理解とも重なっている。

中野 (2001) は，アート系ワークショップには，通常の創る人と見る人の固定的関係の問い直しを迫るラディカルさや，自己発見の内的な学びのプロセスの重視，未知のものを集団で創造していく創造性，自らの身体や声による切実な表現が社会や世界の変革に繋がる視点を持つものなど，多様な実践があるという (pp. 21-22)。ワークショップの意義についても，生きることの歓びや自分らしく生きること，個の総和を越える協働作用，市民意識の醸成があり，ワークショップは利害の相克性を越えて多様な関係を可能にする相乗性や，環境破壊や戦争の根本的課題解決を生み出す力になるとする (pp. 151-166)。これらを踏まえれば，ワークショップを理解する視点も一つの理論や目的に収斂されるものではないことがわかる。

5. 研究目的と研究方法の検討

これら 64 件の研究に関して研究目的や研究方法別に分類し（表 2-1），その内容や年代毎の変化を考察し，ワークショップの研究目的と研究の傾向を把握する。

（1）分類方法

　研究目的は検討する論文中の明確な記述がある場合はそれに則り，明確な記載がない場合には筆者が分類した。研究方法も同様で，質問紙も5検法などの尺度項目による場合は「量的研究」とし，自由記述データを重視した考察を行なう場合には広義の「質的研究」に分類した。「アンケート」は尺度項目と自由記述の使用意図，研究方法に関する説明や意図の明示が不明瞭で，著者（観察者）の経験した事実の記述と印象にアンケートの集計値や自由記述が部分的に引用されたものなど，明確なデータ使用の方針が確認できないものを多数含んでいる。参加者に概ね楽しんでもらえたか，好感や効力感を感じさせたかといった効果の把握に簡易的なアンケートが使われているものもこれに該当する。「事例記述」は事実内容の記述的説明やワークショップの中で聞いた参加者の声や作品の写真などを基に，明確な効果ではなく「意義」という大くくりの実践の考察や報告となっている場合である。「併用」はそれらが複数用いられている場合である。

表2-1　研究論文の目的と研究方法

	発行媒体		研究目的										研究方法					
	学会論文	大学紀要	実践構造	実践方法	実践改善	実践理論	実施効果	人材育成	体験理解	研究方法	研究視点	その他	量的研究	アンケート	質的研究	併用	事例記述	その他
発行年																		
1990 年～	2	-	1	-	1	-	-	-	-	-	-	-	-	-	-	1	1	-
2000 年～	5	1	-	-	-	-	2	-	-	-	-	4	-	-	1	1	4	-
2005 年～	17	9	-	3	2	1	4	3	2	1	-	10	-	3	9	3	9	2
2010 年～	16	14	1	3	1	3	12	3	2	1	-	4	2	4	9	3	12	0
小計	40	24	2	6	4	4	18	6	4	2	0	18	2	7	19	8	26	2
合計	64		64										64					

(2) 発行媒体と研究のスタイル

これら 64 件の内訳であるが，学会論文（一部大会論集を含む）が 40 件，大学紀要が 24 件である。内容としては研究目的が曖昧で実践報告の色合いが強いものの割合が比較的多く，研究方法も「事例記述」や「アンケート」からの引用が多い。

日本教育方法学会や日本教育工学会などの論文では執筆者はワークショップを実施するファシリテーターだけでなく観察者や分析者である場合もあり，協同実践者として別に講師（アーティスト等）や担当者がいる場合も多い。美術教育では自身が企画者であり実践者かつ研究者である場合が多い。実際に自分で企画から実践まで手がけているだけに，事例記述が多く，参考としてアンケートの自由記述を（分析ではなく）参照するといったスタイルも少なくない。そのため，内容としては実践全体の説明を柱とする傾向があるなど，研究分野毎に研究のスタイルに特色や違いがある。

(3) 研究目的
1) 研究目的毎の状況

研究目的の中では「その他」が 19 件で一番多かった。実践報告に近いものや目的と研究方法の関連づけが曖昧なものが含まれ，最後にいくつかの実践の「意義」を提起するといった内容構成になっていることが多い。しかし，それらは 2005 年頃をピークに 2010 年になると減少していく。2010 年以降には目的と研究方法の関連づけがより明確に意識されるようになってきている。同じく「その他」には広石（2006）の学び論の社会構成主義的学習観による基礎づけや，三橋（2008）のアートマネジメントを論じる中でのワークショップの歴史についての 2 件の研究が含まれているが，これらの論文はワークショップの実践と研究の枠組みそのものに視点を向け始めた研究動向を示唆しているとも言える。

その他，研究目的としては「実践構造」，「実践方法」，「実践改善」，「実践理論」があるが，「実施効果」を解明するものが 18 件と多く，2010 年以降に 12 件から大きく増えている。近年のワークショップ研究では実践の効果を明らかにする研究が増えてきている状況にあることが窺える。次に「実践

方法」（6 件）が他より若干多い。主に教育工学の分野で取り組まれることの多い「人材育成」は同じく 6 件である。「体験理解」（4 件）と「研究方法」（2 件）はいずれも 2005 年以降に散見される程度で，「研究視点」に関するものは見当たらない（0 件）。

2) ワークショップの評価の問題と研究目的

　こうした「研究目的」について茂木・福本（2010）は，ワークショップのデザインについては「目標の達成」ではなく「プロセスの活性化や創発」（高橋，2012）が重視されるとする。その評価は参加者や企画者のリフレクションでの主観も含まれるとし，測定できるものだけを対象としてきた従来の学習評価とは異なること，個人の固定された知識の獲得・蓄積を測るもの（行動主義）よりも，知識と社会的文脈の中で生み出される社会構成主義的な知のあり様がワークショップの特徴であるという。そのためワークショップの評価とは学習効果とは相反する「状況に埋め込まれた評価」になるという。そして，ワークショップの目的が自己変容や社会変革などの長期的な経過・効果の観察が必要になる場合には，予め評価軸を設定するのではなく，現場においてその意味や機能を探っていくというプロジェクト評価によって参加者の長期的な変容を捉えることができるとする（茂木・福本，2010，pp. 119-121）。

　また，評価のあり方としては言語に偏りがちなところを，ビジュアルやノンバーバルな要素も含んだ形で評価を語り表現することが新しい評価論の創出の鍵になるという（p. 120）。さらに，「ワークショップでは，ひとり一人が予定化された画一的な目的ではなく，活動の過程全体を通じて自分なりの意味づけを紡ぎ出しながら経験を意味あるもの，すなわち『楽しさ』として受け取るかどうかがプログラム評価の最大のポイントになる」（p. 121）と述べる。

　こうした評価のあり方の問題は根底では「研究の視点」に関連しており，こうした問題をより具体的に掘り下げていくこと，例えば単発的な体験の場合であってもワークショップ体験が主観性に対していかなる意味を持つと考えるのか，経験を意味あるものとして受け取る「楽しさ」をどのように意味

づけられるのかといった，人が何かを体験することの意味に向けて問いを深めていくことが評価の背後にある「研究の視点」を浮き彫りにしていくことにつながる。

　高木（2012）はこうしたワークショップの評価について，一回または数回で完結するワークショップは学校教育の積み上げや連続性とは異なり，「複数の参加者が示す多様で個別的な反応を統一的に評価する『目標』は一般的には存在せず，また短期間で完結してしまうため顕在的な変化を見いだすことも難しい」ため，「盛り上がったまま終わってしまうが，本当のところ何が起こったのかわからない」（p. 282）という状態に陥る難しさがあるという。そして評価が参加者やファシリテーターの主観に頼ることになってしまうため，ミーティングやビデオ記録を参照した振り返りにおいても明確な基準や判断の枠組み，つまり，「達成することを目指した状態」を明確にすることで振り返りも活性化・深化されるとする。また，こうした評価の視点については，評価の主体によって評価目的が異なるとも述べている。先の「予算獲得や報告書作成のためにワークショップの『効果』を明らかにしたい行政の担当者や，ワークショップで生じる何らかの過程に関心があり，収集したデータに基づいて分析を行なう研究者」（p. 287）などの「外部者」は，評価の目的が客観的評価となることが多いとする。「デザイナ・ファシリテータ」にとっての評価はファシリテーションの技能向上や改善が評価の目的となり，「参加者」が評価の主体となるのは振り返りであり，アンケートで得られた参加者の主観的評価は客観的評価や改善にも利用されるが，その際の評価主体は外部者やデザイナ・ファシリテータになるとする（p. 288）。このことと研究論文の分類傾向を見れば，評価主体が誰であり，評価目的が何であるかによって，取り組まれやすい研究や，採用される研究方法に違いが生まれることが理解できる。

　また，高木はここで「まなびほぐし＝アンラーン」を目指すワークショップについて，その基本的な展開構造のモデルを用いて評価の基本的視座を示し，ワークショップの振り返りにおいては参加者が自身の「まなびほぐし」の経験を豊かに語ることで体験の意味づけを深化させることが重要であると述べていることは，本研究にとっては重要な点である。そして，「参加者に

よってワークショップはいかなる言葉で語られるべきか」（pp. 297–298）という問題はほとんど取り組まれてきておらず，今後の課題なのだともいう。こうした指摘から，実践者や研究者側の意図や目的を中心にワークショップを語る言葉が産出されてきた従来の状況とは違った視点や言葉からワークショップの体験を捉えていくことが必要であることが見えてくる。

3) ワークショップの評価を考える際の特性と研究の視点

こうした，茂木・福本，高木らの評価の考え方から見えてくるのは，ワークショップの評価とは従来どおりの学習観に基づいて，学校教育的な目的やねらいの効果的な達成という視点から行なうものとは異なる点があり，実践の効果や目的的な視点からのみ捉えるのではなくプロセスや創発性を重視すること，評価の目的や方法は評価主体の目的によって変わること，評価のためには基準や判断の枠組みを明確化し，主観も含みつつも客観的に行なうこと，言葉や数値化はもちろん，ノンバーバルな表現も含んだ形での評価が必要であること，そうした評価の方法や表現（参加者の言葉など）はまだ模索の途中であるということである。

こうした評価の問題とは「研究方法」と同時に「研究の視点」にかかわる問題である。ワークショップ実践の理論的背景については社会構成主義的学習観が一つの視点として提起されているが（広石，2006；茂木他，2010；苅宿他，2012a），「研究の視点」，つまりワークショップを人間のいかなる営みと捉えるか，またそれを捉え，表現する方法をどういった視点から検討していくのかについては，まだ十分に研究が進んでいるとは言えない。上記64件の研究の中にも部分的には今後求められる研究方法や研究視点への展望が最後に述べられるものはいくつかあるが，そのこと自体をテーマとした研究そのものは行なわれていなかった。

また，「体験理解」については上浦（2005，2006）による参加学生の意識変容を問うものや，縣・岡田（2009）によるアーティストとの協働の中で参加者（学生）の主観的な認識変化の意味を問う研究がある。それらをふまえつつ，今回の研究目的としては，参加者と場を共にする立ち位置からの主観的な体験のあり様を捉える研究に，より焦点を当てた取り組みを進めていく必

要がある。

　こうしたワークショップの「研究目的」を振り返ると，「実践方法」（6件）や「実施効果」（18件）の解明を目的とするものが2010年頃から増えてきているが，「研究視点」を直接対象としたものは見当たらないこと，実践の「意義」を論じることが目的になると研究目的自体が曖昧となりがちであることがわかった。実践者が研究者を兼ねる場合には主観的な評価やアンケートを援用する実践報告的なものが多く，外部者の視点からは明確な基準や判断の枠組みに基づく客観的な評価や研究方法が求められるという状況が見えてくる。体験理解についての研究自体がまだ始まったばかりであり，ワークショップ実践における主観性をどのように位置づけるかについても明確な視点を提起していく必要がある。

　4）研究方法

　次に64件の先行研究がどのような研究方法に基づいて行なわれているのかについて検討する。ほとんどのものが実践を扱った研究であるが，広石（2006）の理論研究や三橋（2008）の歴史研究は文献資料の研究を中心としており，表2-1では「その他」に分類した。研究方法としては「事例記述」が26件（64件中）と最も多い。実践報告的な意味合いが強く，研究目的と研究方法の関連づけが曖昧なものは「事例記述」や「アンケート」に多かった。ワークショップの研究方法にあまり意識が向けられていなかった1990年代から2000年代初頭にも「事例記述」が多い。

　「量的研究」がそう多くはないことの背景には，研究者の学術的背景が関連すると考える。多くの研究は著者自身が実践者でもあるワークショップ研究が多く，他に講師がいて著者が観察や分析に専念できる場合や，量的研究方法の理解を持つ者でなければ十分な信頼性と妥当性を持った研究を行なうことは難しい。今回「量的研究」に分類したのはワークショップの効果を研究した縣・岡田・杉本（2012），西野・西野（2012）の研究で，いずれも日本心理学会のものである。質問紙尺度への回答や自由記述，会話データやプロセスデータなどを活用している。しかし，こうした複数のリソースを使った量的研究や，それを質的データで補完する量的研究は多くはない。

　明確に量的または質的データの使用が判別できないものの多くが「アンケート」に分類されており，自由記述の質問項目を重視しなければ広義の「量的研究」に分類されるものも多い。今回「質的研究」に分類したものは，インタビューや事後のレポートなどの発話や記述データを中心的に使用していること等が明確なものである。採用する研究方法や収集するデータに対する明確な検討がなされていないものは差し当たり「アンケート」に分類している。

　このように，研究の多くは尺度項目と自由記述による「アンケート」を活用した「事例記述」という方法を採っている。アンケート集計の結果や自由記述の言葉を適宜引用しながら執筆者の事例記述が進み，最後に「意義」が述べられる。実践報告なのか実践研究なのかが曖昧な研究が多数存在するのは，ワークショップ実践のもつ曖昧さだけでなく，こうした実践者（＝研究者）側の研究目的や研究方法への意識の向け方やその曖昧さにも理由があると言える。リサーチ・メソッドについての理解も必要になってくると考える。

5）研究目的と研究方法の検討のまとめ

　以上の「研究方法」についての考察を振り返ると，研究目的と研究方法の関連づけが曖昧なものも含め，「事例記述」や「アンケート」による研究が多い。量的研究は少ないが，アンケートに基づく広義の「量的研究」は多数存在している。アンケートの自由記述の参照をもって「質的研究」とすれば数は多いが，インタビューやM-GTA，発話分析など，目的と分析方法を明確化して行なっている質的研究はあまり多くない。既往の質的研究は教育工学系や教育心理学系に多く，予め設定された研究目的と分析視点に基づく仮説生成型の研究に組み入れられている。

　研究目的と研究方法が曖昧なまま，実践者の主観的な印象が述べられる理由が，研究方法の技術的問題で主観に頼らざるを得ないからなのか，主観を重視する必要性を感じながらも適切なアプローチを見出せていないからなのかは分からない。いずれにせよ，体験理解についての研究自体も行なわれてきておらず，ワークショップ実践における実感や主観性をどのように位置づ

けるかについて明確な視点は提起されていない。

　しかし，参加者が自ら実践を対象化し検討していくプロセスを内包した実践と研究を提起したものもあり（田尻，2005；畑中，2006），参加者と実践者（観察者）が共に場に内在した存在であるワークショップの特性を生かした研究方法も模索されている。ワークショップの場に内在し，意図をもって関与する当事者である実践者は，ワークショップの中で除外できない存在であることを考えれば，場に内在した観察者の実感という主観性に根差した研究視点とその方法の解明には可能性があると言えるのではないだろうか。

6．ワークショップ研究の今日的状況に潜む問題点

　こうしたワークショップの実践と研究の歴史的展開は，より精緻な実践理論やモデル，効果的な実践手法の開発など，ワークショップ研究の意義のある発展と捉えることができる。だが，学習や望ましい変化の達成に向けた効果的な実践技法としてワークショップを捉えることには，多くの実践者や論者から注意が必要であるとの指摘があるのも事実である（齋，1997，2002，2011；中野，2001；岩崎，2002；高橋，2002，2011；長沢，2011；苅宿，2012）。特に強調されるのは，先にも述べたようにワークショップを学校教育的な目的的視点で捉えることで，ワークショップの特徴や実践の意義を喪失させてしまうという点であった。

　岩崎（2002）は「わたしたちが，成長して豊かに開かれた感性をもつために，学校だけでなく，社会教育施設も共同してその可能性を追求する『教育』の環境がワークショップであると考えている」（p. 32）とし，ワークショップ興隆の中で，ワークショップの言葉の真の意味を問い直す必要性があり，教育においては学校教育を肩代わりするものではないとする。先述のとおり茂木他（2010）も学校教育にワークショップを導入する際に，ワークショップの持つ変容の促進力が重要とし，そうした特性が生かされる必要性を述べている。「目標の達成」ではなく「プロセスの活性化や創発」が重視されるというワークショップの特性（高木，2012）もこの点に関連する指摘である。

　このように学校教育との特性の違いの理解が重要とされるのは，とりわけ地域で行なわれる子どもを対象とするワークショップは，見かけの上で学校教育の実践との類似性があることや，地域の体験活動よりも学校教育の方が研究（やその方法）の蓄積が豊富であるという背景があるためと考える。そうした学校教育との類似性と，学校教育における研究蓄積の量的優位が，その研究方法や研究の視点を十分な検討を経ずに地域での子どもたちとのワークショップ実践に適用してしまう状況を生み出しやすくしているのではないだろうか。ワークショップに評価自体が馴染まないとは考えないが，学校教育において教育効果を測定するような，実践の明確な目的やねらいに即した客観的なエヴィデンスに基づいた観察や分析による研究方法以外にも，ワークショップの実践に関する研究方法を幅広く検討していく必要があると考える。

　その際に外部者としてワークショップを研究対象とするのか，場に内在する協同実践者として関与するのかといった立場の違いや，ワークショップの過程で何を捉え，何を分かろうとするのかによって研究方法も変わってくる。ワークショップの体験が持つ予測不可能性や創発性，曖昧さや体験の主観的で間主観的な実感。それらを客観的ではなく信頼できないものとして排除するのではなく，それらを包摂した体験の全体性を捉えていくような研究方法が構想される必要がある。

　たしかに従来の客観的で科学的な研究の要件に沿った研究が進むことで，ワークショップの効果や実践技能の改善に新たな知見が生まれ，ワークショップ研究が深化・発展することは不可欠である。今日，人文社会科学，とりわけ子どもを対象とした臨床的な実践に関しては，こうした合理的な科学的研究が不十分とされ，客観性の高い科学的な研究が求められてもいる。しかし，多くの論者らが指摘した問題点や，従来の学習観や目的とは異なる特性を持つワークショップ実践の研究を進めていくには，従来的な視点での研究方法の一層の精緻化だけではない，新たな研究の視点と方法が必要である。このことは今日のワークショップ研究の大きな課題であると言える。

7. ワークショップ研究の今日的状況の先にある問題点

　こうした近年のワークショップ研究の動向の先には二つの問題が潜んでいると考える。一点目は，ワークショップがそもそも学校教育の持つ硬直化した学習のあり方を越えるメタ方法的な実践であるにもかかわらず，その特性を捉える適切な体験理解と研究方法とそのバリエーションを持っていないために，ワークショップが持つメタ方法的な特性を失い，硬直化した学習の目的的な技術論にワークショップの体験理解が回収されてしまう可能性があることである。そうなればワークショップとはより一層効果的に企画者（実践者）の意図を達成できる他者操作性に動機づけられた共同行為として理解され，本来の意味での創発性や予想を越える創造性，メタ方法的な特性が失われるだけでなく，長沢（2011, p. 253）が指摘するように，場合によっては管理教育の新たな効果的な技術として他者を操作し，抑圧する術にさえなってしまう。そうなれば子どもたちのワークショップの体験は，企画者やファシリテーターが意図した視点からのみ捉えられ，語られるものとなり，客観的に示せるエヴィデンスが揃った事象や，意味の解釈に適した目的的な視点からしか論じられなくなってしまう。当然のことながら有意な学習に繋がりにくく見える，参加者が体験の中で感じる主観的な実感や場に生成する一回限りの体験の固有性などは価値が与えられにくい状況になっていくと考える。

　二点目の問題は，ワークショップと参加者にとっての体験の可能性を，体験の生き生きとした事象の内側から捉えていこうとする研究の視点や方法を生み出すことが難しくなるという問題である。参加者はもちろん関与する観察者や実践者においてもワークショップの体験とは内的な実感として体験されるものである。それが主観的で信頼できないものとして捨象されたならば，ワークショップではプロセスが重要と頭では理解しつつも，実際は体験過程そのものには目が向けられず，最終的な結果や成果物，変化として析出可能な目的の達成レベルでしかワークショップの体験を評価できなくなってしまう懸念がある。

　ワークショップの体験とは目的を越えるような未知の変容や創造にひらかれているはずである。ワークショップの場においてはファシリテーターと参

加者，参加者相互の関係性における相互的で互恵的な創造性が重要であり，実践者や観察者の予断を越えた創造的なかかわりや解釈に可能性があるはずである。そのことからも参加者や実践者の間で共に実感されている体験を捉え，表現し，その意味や価値を考察していく研究のあり方を示していく必要がある。ワークショップが日常的に普及し，関連する研究も増えてきた状況にあるからこそ，今一度ワークショップの実践とその体験を捉える新たな視点を提起していく研究が必要なのである。

8. 本研究の目的

こうした状況をふまえ，本研究はワークショップの体験について，実践者や観察者を現場の内側に内在する存在として位置づけ，関与観察を通して間主観的（Trevarthen, 1979；Newson, 1978；鯨岡・鯨岡，1989；鯨岡，1997, 1999a）に感受する様々な実感を，心理学者で精神科医のダニエル・スターン（Stern, D. N.）の提起する「vitality affect」(1985, 2004, 2010) という情動の力動感と共に捉え，発達心理学者の鯨岡峻が提唱する関与観察に基づく「エピソード記述」(2005, 2008, 2013) の考え方と方法によって，ワークショップの出来事を客観的な事実も含めて記述的に描写し考察を行なう研究方法を採用する。それによって表現活動を媒介とする子どものワークショップ体験とはいかなるものであるか，そしてワークショップの場の内側において vitality affect として感受される実践者の実感に根ざした体験理解の方法を明らかにする。

9. 本研究で使用する用語の確認

そこでまず，本研究で使用する言葉や概念の意味について確認する。

(1) 体験
ワークショップの「体験」というように，本研究では「経験」ではなく「体験」を問題にする。体験とは先ずもって知覚的な感性的認識である。経

験とは体験を意識的に対象化し，思考による吟味や概念化（知識化）を経ることで得られる反省された体験である。体験から経験への変化は，感性的認識から理性的認識への変化である。本研究では体験をいち早く知識化して経験に回収するのではなく，関与する中で相互に間主観的に身体と心で感じ合うこと，体験自体を十分に感受することを重視している。事例研究のエピソード記述の考察では体験について反省（メタ観察での考察）を加えるが，その際，元となる体験の感性的認識を重視しなければ，参加者と場を共にする中で感受された体験を軸に研究を進めていくことは出来ない。そうした理解の上に本研究はワークショップの「体験」を中心に研究を進める。

(2) 間主観性

ワークショップ体験の実感とは主観的な感性的認識であると同時に，場を共にする者の間に間主観的に感受・共有されるものでもある。鯨岡（1986）は間主観性（intersubjectivity）の概念とは，間主観性，相互主観性，共同主観性，間主体性，相互主体性など多様に訳出されており，多面的で曖昧な概念であるとし，研究者の視点として次の五つに整理できるとする。①二者の身体が意識することなく呼応し，そこに相互的，相補的な「関係」が成立する相互身体的で間身体的な関係 intercorporéité（Merleau-Ponty, 1960）や二者身体の共振（広松，1986）という二者関係の間身体性に基礎を置く理解，②相手の意図がわかる，こちらの意図が相手に通じるという相互意図性 inter-intentionality（Trevarthen & Hubley, 1978），③相手の情動とこちらの情動が通じ合うという相互情動性 inter-emotionality（Stern, 1989），④相手の語ることが共感的に理解できるという empathetic understanding（Rosers, 1957），こちらの話が相手にわかってもらえたと実感できる相互理解 mutual understanding（Newson, 1978），⑤自らの主体性や主観性と捉えられるものが，すでに最初から他者の主体性や主観性によって媒介されているという相互主体性や共同主観性の次元，の五つである。間主観性とはこれらの相互規定的な重層性をもった概念である（鯨岡，1986，p. 507）。こうした理解をふまえつつ，本研究では異なる主体（主観）の間に起こる，身体的，情動的，意図的（認知的）な感受認識を総じて間主観的な営為として扱う。

(3) 変容

ワークショップの体験過程において，参加者の体験（様態や感受認識）が変化していくことに加え，関与観察者である筆者の感受認識や観察者視点の変化が起こる。それは単に表層的に観察された時間的な前後の変化という差異に留まらず，「私」自身のあり様自体が変わっていく「変容」である。矢野（2000, 2003）はバタイユに依拠して教育における自己変容を考察している。それによると，近代の労働をモデルにする教育には，未来の理想的な状態を設定し，そこから現在の状態を否定して目的に向けて現在に働きかけ，望ましい状態へと人間を変化させる企て「＝企図の観念」が組み込まれているとする。こうした有用な目的に主導された教育を「発達としての教育」と呼んでいる。一方，こうした予め未来に想定される目的を否定し，「企図の観念」から離脱することによって，有用性や予め設定された目的を越えたところに世界との十全な交流が生まれる体験が生成されるとし，こうした体験に人間変容の重要な契機があるとする。本研究では予め設定した分析の視点が切り出す体験の様相やワークショップの目的に即した理解の枠組みからは捉えることが難しい，企図を越えたところに生成する体験の実感や，目的外の視点へと開かれたことによってもたらされた新たな体験理解と観察者自身の相互変容が，ワークショップの体験理解にとって重要と考えている。本研究における変容は，そうした目的的な視点を越えて，出会い，生成する自己変容（あるいは相互変容）という意味で用いる。

(4)「たのしさ」と「よろこび」

ワークショップ体験の中で参加者が感じる「たのしさ」については，日常的な感覚に通じる楽しさを意味する場合は「楽しい」を使い，ワークショップにおいて感じる，より深い体験に対しては「愉しい」を使う。同様に「よろこび」についても日常的な意味では「喜び」を使い，ワークショップにおけるより深い体験に根ざすものについては「悦び」を使用する。

註

1) 本データは国立情報学研究所（NII）の学術情報ナビゲータ CiNii で，「ワーク

ショップ」,「子ども」の検索キーワードからリストアップされた 368 件（2015 年 1 月 26 日現在）の論文を発行年とジャンル毎に分類したものである。子どもとワークショップの関連研究は CiNii に登録されたもの以外に，各大学や短期大学等での紀要などにも関連するものが多数存在すると思われるが，CiNii 検索論文の考察でも子どもに関連するワークショップ研究の推移とジャンルの概況の把握ならば十分可能と考える。なお，検索情報では 3 件の重複が認められたため，365 件を対象としている。

2）茂木氏が所属する群馬大学のリポジトリから入手し検討した（2015 年 7 月 7 日現在）。

3）高田の研究（修士論文）は未刊行であるが，中野（2001）や苅宿（2012）においても，最初のまとまったワークショップ研究の学術論文として引用されている。図 1-1 で高田の論文に依拠した中野の作図を基にしている。

4）知能を生まれもった単一のものと見なさず，異なる方向性を持つ多元的なものだと考える理論を展開する，言語的知能，論理数学的知能，空間的知能，音楽的知能，身体運動的知能，対人的知能，内省的知能の七つに分類している（Gardner, 2001）。

5）「今，求められる力を高める総合的な学習の時間の展開：総合的な学習の時間を核とした課題発見・解決能力，論理的思考力，コミュニケーション能力等向上に関する指導資料」（文部科学省，2010）http://www.mext.go.jp/component/a_menu/education/detail/__icsFiles/afieldfile/2011/02/17/1300459_1.pdf（2015 年 2 月 3 日）

6）ワークショップデザイナー養成プログラム http://wsd.irc.aoyama. ac.jp/index. html（2015 年 7 月 20 日現在）

第3章

感性的な体験理解のアプローチ

　ここでは，関与観察における vitality affect の感受に基づいた間主観的な
実感という，感性的な視点からの体験理解のアプローチを採る。感性の研究
は美学や認知科学，デザイン工学まで幅が広く，それぞれが固有の原理や目
的・方法で感性を対象化し論じている。本章では芸術教育における感性研究
を概観し，他領域での感性研究の現代的動向をふまえながら，子どもたちと
のワークショップの体験理解に適した視点を提起する。

1. はじめに

　表現活動に関する研究フィールドは学校教育から地域の実践まで幅が広
い。フィールド毎に目的の違いや表現活動の考え方にも違いがあり，そこに
普遍的な学知を構築することは容易ではない。芸術教育学者の石川毅は，
「芸術教育学と呼ばれている学問は，いまのところ，その名称も，またその
学問に固有な対象や方法も確立していない，いわば架空の学問である」（石
川，1985，p. 166）と述べているが，多様な表現活動の実践を体系づける学問
の構築は，現在においても未だその全体像を示すことは難しい。

　石川は美に対する与り（participate）を芸術教育の重要な方法と考えてい
た。アート系ワークショップにも表現の深化・卓越性がもたらす深い体験領
域があるのは確かだが，日常生活の中にある子どもたちとのワークショップ
においては，共に体験を生成する場への「与り（participate）＝関与」が重
要な意味を持つ。予め決められた芸術固有の体験理解の枠組みで事象を解釈

する研究ではなく，ワークショップの場に関与する中で何がどのように起こっていくのかという視点で，その生成的な体験の様子を当事者として場の内側から，間主観的な視点で捉えていく研究が必要であり，観察者自身も場への与りを通して（関与観察），vitality affect の感受という間主観的に感受される実感に即した体験理解を試みることが必要となる。つまり，場の中での感受という感性的な認識を重視した体験理解のアプローチが，芸術教育実践の研究においては重要なのである。では，芸術教育の歴史において感性とはどのように位置付けられてきたのだろうか。

2. 感性と理性の統合という芸術教育の命題

　芸術教育において感性は，古来，理性と感性という人間が物事を認識する二元論的関係の中で捉えられてきた。感覚的な知覚である感性的認識が，どのように理性的認識と統合されて物事の真実を捉えられるようになるかが重要な問題として論じられ，具体的な表現活動を伴う芸術においては，そうした表現活動がどのように統合にかかわるのかが，様々な理論でもって検討されてきた。

　美術・文芸批評家のハーバート・リードによれば，『芸術による教育』（Read, 2001）において，プラトンが芸術を教育の基礎とするべきであるとした命題に対して，それを哲学の歴史において継承したのはシラーであったという。シラーは『人の美的教育について』（Schiller, 1977）の中で，カントが論じた感性（Sinnlichkeit）・悟性（Verstand）・理性（Vernunft）による認識論に対し，感性と（悟性）理性という二元主義を，感性的衝動と形式衝動との相互作用（遊戯衝動）によって統合を図るべきだという美的教育論を提唱した。感性的衝動の対象は「生命（Leben）」，形式衝動の対象は「形態（Gestalt）」で，遊戯衝動の対象は「生ける形態」＝「現象のすべての美的性質・美」であり，それは「人間性の完成」なのだという（Schiller, 1977, pp. 148-150）。シラーは「人間は言葉の完全な意味で人間であるときにのみ遊ぶのであり，遊ぶときにのみ全く人間なのです」（Schiller, p. 53）と述べ，美を対象とする遊戯衝動における感性と理性の統合が，人間性を完成させる唯一

の方法であると考えた。それは中世から近世への移行の中で価値の相対化や
文化の世俗化が進み，真理の認識や価値意識と人格形成のあり方を捉え直そ
うとする気運が背景にあり，シラーは感性と理性の二元主義的な認識構造の
問題を芸術によって統合を図るべきだと考えた。

　リードはそうしたシラーの統合理論を 20 世紀の教育課題のなかでさらに
発展させた。リードは「芸術」と「教育」の問題の基礎に，個人にとっての
教育が，その人自身になるように教育されるべきであることと同時に，個人
の能力は自由な社会の枠組みの中で発展させられるべきという，矛盾する二
元主義的な問題を見ていた。そして教育とは個別化の過程であるだけではな
く，「統合（integration）」の過程でもあるとし，個と全体の調和の問題，人
間個人の知性や判断力の基盤となる諸感覚を教育し，感覚が外界との調和的
で継続的な関係に持ち込まれることで統合された人格が形成されると考え，
芸術教育がその役割を担う方法になると考えた。

　こうしたリードの問題意識には，知覚における主体と客体や，主観的世界
と客観的世界を区別する年齢にない子どもに必要な美的経験の問題や，人間
性一般のための「感覚主義」と「主知主義」の相対的価値の問題としての，
二元主義的な構造が現れている（Read, 2001, pp. 58-73）。当時，それまでの
思考体系は合理主義的な思考のシステムが完全に支配し，教育もその影響に
あったとする（p. 9）。子どもは合理的思考よりも芸術家の直観や想像力に親
和性があるため，芸術が遊びの一形式なのではなく，遊びが芸術の一形式な
のだと主張した（p. 134）。そして現代の若者が直面する社会は，破産状態の
世界，つまり，政治的革命や不安定な経済，倫理的権威の不在などによって
混乱した世界であり，知性だけでなく，現実の感覚の中で生きる力や創造的
な自発性が必要であるとする。そのためには美術作品の鑑賞のように，物質
と直接触れながら精神的感受性を働かせる，美的理解の習慣の発達が有効で
あると考えた（pp. 296-297）。

　美的教育は，理性が眠っている子どもの時期にも作用することができ，理
性が訪れたときには芸術によってすでに道が用意されていると述べ（p.
321），感性と理性を人間存在の基礎に統合的に位置づけることによって，プ
ラトンからシラーを経た「芸術を教育の基礎とするべきである」という命題

に，より具体的な解決を与えようとした。

　リードの主著『芸術による教育』は，合理性の追求の果てに二度の世界大戦を引き起こした人間のあり方に根本的な反省を加えるものであり，1943年の第二次世界大戦のさなかに刊行され1953年に邦訳された。理性と感性の二元論主義的な問題は，認識論と同時に人間観の問題でもあり，今日の芸術教育においても違った形で再浮上してきている。それは芸術教育においてどのように統合が実践されるのか，命題にあるように教育的営為全体の基礎として行き渡ることができるのかということの課題と可能性の再浮上だと考える。理性的かつ感性的な存在である人間のあり様を問うとき，必ずそこに芸術や表現活動が深くかかわり，同時に感性のあり方が問題にされるのである。

3. 1980年代以降の感性主義の時代

　金子（2003）によれば1980年代は「感性主義美術教育の時代」（金子，pp. 227-246）とも呼ばれ，今日なおその大きな潮流の中にあるとする。1980年代は高度経済成長が終わり，人々の意識が量的目標から質的目標へ転換し，多様化・抽象化した生活諸事が明晰な論理や概念ではなく，感性や両義性でしか捉えられなくなったという変化があったという。さらに冷戦構造の崩壊やバブル経済という世界経済史上類を見ない経済的活況とその破綻など，ポストモダン的な多様性や何でもありという社会状況の中で，学歴競争や高度消費社会の中で，個人の価値意識や心がその差別化と商品化の対象とされた時代であった。校内暴力や非行に見られる社会病理と混沌が子どもたちの心を蝕み始めていたことが大きな社会問題として浮上してきた。こうした現実の手応えの無さという状況の中で，これまでの美術教育が困難なものとなり，感性に望みをかけた感性主義的美術教育が模索されることになったとする[1]。

　こうした感性主義の美術教育と時代の状況に対し，宮脇（1988）は『感性による教育』の中で，芸術教育がどのような処方をとることができるかを論じている。宮脇は学校組織において，きまりや正確な時間，順序ある指導法

といった直進性，つまり教育のリニア主義がいっそう強くなってきているとし，増える中退者といった学校不適応など，急速に変化する社会に対して学校教育システムが相対的に価値を下落させている中で管理主義教育という形式死守の反応が生まれたとする。そして「教育」という営みの自然のサイクルよりも，何を優先させるのかというカリキュラムの「計画の論理」，「優先の論理」が強くなり（pp. 91-93），「教育される他者の存在」（p. 97）に対する重みが抜け落ちてしまうという問題を指摘している。

　そこで宮脇が繰り返し論じているのは，教育の営為とは「感情などの感性にかかわる内容を，本来なら子どもが育てられるあらゆる場面で分割，分離されずに計画するのが原則ではなかったのか」（pp. 143-144）ということである。しかし学校は要請される社会の要望の優先順位，進歩という啓蒙主義に従って，個の感受性に根ざす教育の営みと社会的な適応とのバランスを著しく欠いてしまったのではないかという[2]。だからといって，知性と感性の分裂を統合へもっていくことで近代化の過誤の集積に対する解決を図ることはできず，分裂したものを統合するという発想ではなく，分裂していない動的な統合を精神の表現（芸術）と捉えることに可能性を見出した。分裂し細分化したものを単に積み戻せば済むわけではないのである。それは「運動としての統合」[3]を根底とした方法論である。

　宮脇によると，美術教育における感性教育の議論は，知と感の分離を前提とした「補完」対策，次に反動としての自由画教育での重要性の主張へ，そしてリードのように形態心理学を援用させながら人間の根底のところでの統合へと展開したとする。そして，遊びと労働，教育と遊びといった，現実では対立し合いながらも共存する緊張関係をいかに持続させ得るかが課題となるとしつつも（p. 171），変化の早い現代社会では，無意識の統合方法への原則的な期待と同時に，現実打破の方法の併存による展開の必要があるとする（p. 173）。

　理性と感性，意識と無意識のどちらか一方が主導する原理によってではなく，そのいずれをも含む両義的な位相において体現される動的な統合の模索に加え，さらに現状を打破する可能性を持った，従来の統合を越える新しい感性のあり様と位置づけ方が模索されている。感性を単に理性の前段階と捉

え，理性との統合方法を考えるだけでなく，現実を大きく動かす現実打破の原動力が，感性に根ざした営みにあることを示唆している。

　2000年代に入り学習指導要領に「感性を豊かにし」という目標が入ってきたことについて遠藤（2000）は，感性を「心に感じる力」と定義し，感性は何も芸術だけを意味せず，「感性と知性の合一（感知合一）の時代」として，感覚は育てなくても生まれながらに持っているが，「感性は意図的に育てなければ，育たない」とし，感性の教育の重要性を論じている（p. 40）。そのためには子どもの発見に共感できる教師の感性が求められるとし，「感じることによって知ることが，つまり知が深くなる。それから何か知ることによって，感じる世界が広がっていく，深くなっていく。感性と知性というのは，交互に作用し合っている」という「感知合一」が21世紀の人間形成の重要なポイントになるとする（pp. 34-35）。

　統合，融合，合一という言葉の背後にある芸術観，人間観の吟味もさることながら，それがどのような具体的実践の理論と方法になりうるのかが重要になってくる。そして課題の背後にある，個人と社会の多様性やディスコミュニケーションの顕在化は，今日グローバルな規模での進展のみならず，ローカルな生活世界[4]の関係性の中でも進行している。それは教育の現場だけでなく，主知主義的な人間理性の傲慢さや抑圧が，様々な社会現象の形をもって顕在化する毎に突きつけられる問題であり，21世紀の人間存在の根本を揺るがす問題にも繋がっていると考える。今，感性を問うことは芸術教育学がその問題にどういった具体的なアプローチが可能なのかを構想することに他ならない。

4. 感性研究の視座

　それでは今日，感性を中心とした研究はどのような広がりをもって行なわれているのか。感性の概念成立の歴史を振り返り，近年の感性研究の特徴を比較検討する。

(1) 感性概念の成立

　ビルギット・レッキ（Recki, 2001）によれば，感覚・知覚・認識のための外的な感官の働きに加え，感情という主観の内的状態の理解（感性の理解）が，真の意味での認識へと方向づけられた理性的な自己理解に帰されうるかという問題として，古代以来の哲学者は感性を論じてきたという。「反省された感性の場としての美的経験及び芸術は，これに相応して両義的で相反するものとして評価されている」(pp. 45-46) とし，プラトンも「美」と「快感覚」という感性的基礎を認め，アリストテレスの感性的知覚（アイステーシス：Aisthesis）の規定に今日の美学の主導的概念も依拠しているとする。18 世紀にはルソーが感情の根源的欲求をもって感性的人間を擁護し，バウムガルテンが理性的認識の絶対的優位に対して感性の役割を復権させ，感性学（感性的認識の学）としての美学が構想された。そしてカントは感性を直観の能力として把握し，概念把握能力としての悟性の自発性と区別して感性を感受性と規定し，美的なものの判断基準として積極的な意味を与えた。

　このように感性の問題はまず人間が真理をどう認識しうるかという認識論の中で哲学的・美学的に扱われてきた。近世までは真理の認識とは超越論的な視点から，神の似姿の人間は理性によって知的に真理を認識するに至ると考えられていた。しかしカントは有限な知性を持った有限の存在である人間が，そうした超越論的な認識を行なうことが原理的には不可能であることを論じ，「認識は対象に従わなければならない」という認識論の視座を，「対象が私たちの認識に従う」と発想を転換させた。人間は知性によってのみ「永遠の真理」（物自体）に達することができるという知性と理性の二元論的認識論の下では誤謬の原因とされ，理性に対置され下級の認識とされていた感性の位置づけが大きく転換された。理性による推論が真理の認識に至る唯一の方法だとされた従来の認識論の前提を，いわば神から人間のものへと，有限性（不確実性）の中の客観性へと認識論的視座を転回したのである。そのことによって，「現実的全体的な人間」を「抽象的な理性」に対置させ，事物のあるがままの認識の基礎を人間の具体的な世界の側に位置づけたことの持つ意義は大きい。その際に，理性だけでなく人間固有の感性の働きに明確な位置づけを与えたのである。

こうした人間の具体的な生に対する関心の高まりの背後には「文化全体の世俗化」と，ルネサンスや宗教改革による中世から近世への移行過程での，旧世界の崩壊による「価値の相対化」の流れがあった（佐々木，1995，p. 6）。感性は後にシラーやリードを経て，芸術教育において人間固有の認識の基盤である個性や多様性という，人間存在の固有の意味を提供する足場となっていったのである。

(2) 近年の感性研究の領域

純粋に思惟のみによるのではない，身体の様々な知覚とそれが生成する感情や直観，それらを人間の認識能力の重要な感性的側面と位置づけて様々な研究が行なわれている。研究領域によってその概念も目的も異なっているが，現在その研究は次の三分野に大別される。

①感性学研究（美学的アプローチ）

感性学研究は主に美学の研究に位置するもので，美学者の岩城は「美学」（Ästhetik）をその語源である「感性学」として捉え直して美学の研究を進め『感性論』(1997) をまとめている。感性論としての美学の目的とは，「人間の経験の感性的性格の変遷を現象的に記述するのみでなく，感性的経験の変化の隠れた〈メカニズム〉を明らかにし，それを通して私たち自身の思考の枠組み（無意識）に反省を加えたい」(p. iii) とし，美学とは物事の存在とその感性的認識の基本原理についての理論的探究であり，無意識の恒常性に抵抗する知的営為（反省）であるとする。

その際の「感性的＝美的」な経験とは，「感覚に直接与えられる」という意味であり，概念や記号の媒介なしに，つまり言語コミュニケーションに媒介されるのではなく，視覚や触覚などの芸術表現を中心にした経験とその意味生成を対象とする美的（＝感性的）経験に基づく芸術哲学の研究としての感性学が，感性学研究の美学的アプローチである。

②感性工学研究（工学的アプローチ）

感性工学（Kansei Engineering）研究とは感性学研究をふまえつつ，認知心

理学（Cognitive Psychology）等をベースにした，ヒューマンインターフェース研究などの領域で取り組まれている（篠原・清水・坂本，1996）。三浦（2000）は感性工学において感性を「物や事に対する感受性。とりわけ，対象の内包する多義的で曖昧な情報に対する直感的な能力。よいセンス」，「対象のもつ明確にはできない側面を，直感的にとらえ処理する能力」と定義し，「曖昧な」，「直感的」がキーワードであるとする（p. 61）。人間は気分が良いときと悪いときの判断では，合理的判断に影響があることや，知覚や思考が必ずしも合理的判断だけで成り立ってはおらず，感性工学では様々なヒューマンエラーにみられる人間固有の認知プロセス（曖昧さや直感的等）の解明を脳科学や生理学との連携で進めている。

　また，椎塚（2013）は感性とは基本的には外界からの何らかの刺激に対する心の反応であるとしつつ，「心地よさ，美しさ，おもしろさ，楽しさ」等のポジティブな情動を感性の不可欠の属性とし，これらの心のはたらき（反応）を感性と呼ぶ（pp. 2-3）。さらに感性工学においては要素還元論的な考え方からシステム思考的な考え方へとパラダイムがシフトしてきており，感性とは原因（インプット）と結果（アウトプット）の間にある知覚の変数と定義づけられるとし，感性とは「心のフィット感」を生み出す作用であるとする。感情については，それが心理学的には個人の心の中で起こる喜びや悲しみといった"主観的な経験"からくるもので，その全体のまとまりをアフェクティブ（affective）と呼び，感情（feeling），情動（emotion），情操（sentiment），情熱（passion），気分（mood）などで構成されるとする（p. 8）。そして従来使用してきた Kansei Engineering から，Affective Engineering へと，感性工学研究の国際的な流れを展開していく必要があるとする。

　③感性的コミュニケーション研究（質的心理学アプローチ）
　感性的コミュニケーション研究は主に，コミュニケーション理論と質的心理学に基礎をおくアプローチである。本研究が依拠する vitality affect とその感受感応という視点もこの研究に属している。
　感性学が美学を，感性工学が工学及び認知心理学を基礎に研究が行なわれてきたことに対し，感性的コミュニケーション研究は，コミュニケーション

論と質的心理学研究の実践知・臨床知としての研究を基にしている。情動の力動感である vitality affect が媒介する，気持ちと気持ちの繋がりを生み出すようなコミュニケーションが「感性的コミュニケーション」（鯨岡，1997）であり，発達心理学者の鯨岡峻が提起する視点を基に新たな感性研究が始まっている[5]。

　こうした新たな視点から提起される感性も「曖昧さ」,「直感」といった概念を持つことは他の分野と同じだが，その研究対象が臨床現場での感性的な領域のコミュニケーション実践であることが特徴である。舞踊等の身体表現，音楽療法，医療支援など，表現行為やケア的行為において体験を通した情動の媒介・生成が起こる，生活世界としての体験領域に対して有効なアプローチである。子どもと教師や保育者，ワークショップ参加者とファシリテーターとの間のかかわり合いや，そこに生まれる体験の質や意味を問うことで，様々な活動体験の感性的領域を扱うコミュニケーションの研究として，少しずつ広がり始めている（勝山，2010；笠原，2012a，2013a，2014，2015a，2015b；砂上，2012；笠原・山本，2013）。

　「感性コミュニケーション」という言葉自体は感性工学でも使われるが，その意図と背景には先に述べてきたような違いがあり，この領域の中心的理論を提唱している鯨岡は「感性的コミュニケーション」（鯨岡，1997）と呼び分けている。感性的コミュニケーション研究は教育現場での質的研究，とりわけ関与観察に基づくエピソード記述を中心にした記述的な研究方法が採られ，その考え方と方法も含め，ワークショップの体験を捉える上で有効な視座を与えるものと考える。

　こうした三つの領域で感性研究が行なわれているなかで本研究は感性的コミュニケーションに基づく研究の重要性に着目する。感性学は認識論の哲学・美学的基礎づけを，感性工学は感性領域の自然科学的基礎づけを探究し，それらの原理に即して分野固有の研究理論を形作っている。しかし，表現活動によるワークショップ体験とは，とりもなおさず生きている人々の生そのものの，相互の触れ合いの中にある主観的・間主観的な体験と実践知に大きくかかわるものである。ワークショップの体験が参加者にとってどのよ

うな感情や気持ち，意味や価値ある体験として生きられているのかを，コ
ミュニケーション過程や心理的過程の記述的考察を通して理解していくこと
が重要となる。

　そうした表現活動による他者とのコミュニケーションとは，理性による合
理的なコミュニケーションだけで生まれるものではない。感情や気持ち，そ
れを媒介する非言語的な表現や身体性をも内包した感性的認識を伴うもので
ある。よって，ワークショップの体験を共にする場の中での実感という，間
主観的な感性的認識による体験の内側からの理解を試みる必要があるのであ
る。その点では，ワークショップの体験理解においては，感性的コミュニ
ケーション研究からのアプローチには大きな可能性があると言えるだろう。

5. 感性的コミュニケーションとは

　鯨岡によればコミュニケーションはこれまで，情報の授受を中心に置く
「交信モデル」を中心にその理論が研究されてきたという（鯨岡，1997, p.
43）。しかし，人間が気持ちをやりとりする対面コミュニケーションにおい
てなされるのは，情報や認識の共有や確認ではなく，むしろ言葉のやりとり
の上に親愛の情を載せ，「それを相手の身体に送り届けて，互いの身体がそ
の親愛の情に感応するにまかせて，それによってその感情を共有する」(p.
55) ということではないかという。つまり言外の意味が伝わることによって
共鳴が起こり，一つの気分が共有できること自体が目的なのではないかとい
うことである。そして，「言語の一義的・理性的な意味に基づいて，厳密か
つ正確な認識を不特定多数の人同士のあいだで共有する」理性的コミュニ
ケーションに対して，距離の近い関係において「気持ちの繋がりやその共
有」が問題になるようなコミュニケーションを「感性的コミュニケーショ
ン」と位置づけている (p. 65)。理性的コミュニケーションが「言葉のもっ
ぱらの一義的・公共的な意味に拠ってなされる」情報授受の役割を持つのに
対し，感性的コミュニケーションは「言葉の一義的・公共的な意味に基づき
ながらも，その言葉が二者間で共有される気分や感情を纏うようになる」
(p. 65) とし，常にコミュニケーションの基層にある情動の共有を担うコ

ミュニケーションであるとする。当然ながら，気持ちの共有が第一の目的ではない場合においてさえ，理性的コミュニケーションによる意味の授受の中にも感性的コミュニケーションは絶えず存在しているのである。言語的以外の多様な言語が含まれる美術・造形表現などのワークショップの活動においては，感性的コミュニケーションはより重要になると考える。

　感性的コミュニケーションは，言語が介在する場合もあれば，言語が介在しない場合もあり，「たとえ言葉が交わされなくとも，まなざしが合うことによって，あるいは手を握り合うことによって，気持ちを繋ぎ，気持ちを共有することができる」(p. 65)。言語的コミュニケーションはもちろん，非言語的コミュニケーションが纏うニュアンスや，表現活動の中での生き生きするような気持ちのやりとりといったものが感性的コミュニケーションの実相であるということになる。

6. かかわり合う主体の両義性

　「自分の心」の主体とは，「自己充実を求める気持ち（自己充実欲求）」と，「大事な人と気持ちを繋ぎ合って安心感を得たい気持ち（繋合希求欲求）」の両方を抱える「根源的両義性」を持った存在である（鯨岡，2009，p. 8）。同時に主体は「ある」と「なる」という，存在と行為・形成（時間的）の側面を持っており，「私は私」と「私は私たち」という個と社会的相互性を持った両義的存在である（p. 9）。そうした相互主体的な関係の本質を鯨岡は「相手の思いを受け止めつつ，自分の思いを表現し相手に伝える」，「自分の思いを表現しつつ，相手の思いを受け止める」ことが，周囲の人と共に生きるときに必要な基本姿勢であるとする（p. 10）。そうした意味伝達行為を越えた営みとして感性的コミュニケーションによる情動の通い合いが重要なのだという。

　こうした相互の関係性は「育てる─育てられる」，「世話をする─される」，「教える─教えられる」という行動的関係に解消されるものではなく，主体と主体の相互主体的な関係であり，思いと思いの重なり合いやせめぎ合いの関係として捉える必要があるという（鯨岡，2009，p. 5）。そこに「個の主体

としての心の変容」が生まれ，その中心としての「自分の心」がある。それらが感性的コミュニケーションの相互主体性の特性なのだという。鯨岡のこうした理論は，乳幼児と母子間のコミュニケーションや保育の研究の中で生み出されてきたものだが，ワークショップ体験においてもこのようなかかわり合いによる参加者相互の変容が起こっているのではないだろうか。そうだとすれば，ワークショップ体験の実相には感性的コミュニケーションが大きくかかわっているということになる。

7. 関与観察と間主観性

　こうした主体相互の間に感受される感性的コミュニケーションを考える基盤となるのが，関与観察の中で"間主観的"に感受される，実感が纏う「感じ」である。従来の客観科学に根ざした研究においては，観察者の内的実感という主観的な事実は，誰が見ても同じように確認されるという客観性や，条件さえそろえばいつでも同じように再現性を持つものではないことから，研究で着目すべき情報としては信頼性が低いとされた。しかし，ワークショップでは観察者はもちろん参加者にとっても，実際に場を共有するなかで共に何かを感じ合いながら，相互にコミュニケートする中でワークショップが展開していくという事実がある。ワークショップの場を共にする者同士の間に，相互主観的に感受される実感を対象化していくことが体験理解の鍵になる。

　鯨岡のエピソード記述における現場への関与観察は，サリヴァンの「関与しながらの観察」（Sullivan, 1953）に基づいて方法を練り上げたものである。関与観察の中で実感として感受される「感じ」は，観察者（研究主体）の主観内に生じた出来事であり，観察者（研究主体）の主観に属するが，それが「被観察者の情動や意図や気持ちとして研究者に感じ取られている限りでは，それは被観察者の主観的なものに属する」（鯨岡，1999a，p. 129）。つまり，「被観察者の主観的なものが研究主体の側へと通底し，そのように感じ取らされたという受動的様相の下に立ち現れたもの」（p. 129）だと言える。よって，この「感じ取られたもの」とは観察者（研究主体）と被観察者の双方に

帰属したものだと言え，観察者と被観察者のあいだに生まれたものとなる。鯨岡によれば，「一方の主観的なものが，関わり合う他方の当事主体の主観性のなかに或る感じとして把握されるこの経緯を，二者の『あいだ』で通底して，一方の主観性が他方の主観性へと移動する」ということが，「間主観性＝intersubjectivity」の概念であると説明している（p. 129）。こうした当事者間の間主観的把握の特性には，以下のようなものがある（以下，（鯨岡，1999a，p. 130）を基に要約）。

〈当事者意識性〉
　間主観的に把握されたものは，常に当事主体の意識にそのようなものとして把握される。

〈第三者的確認の困難性〉
　当事主体の意識にそのように感じられたという事実の当否は，第三者的に確認することはできず，その限りでは当事主体の主観的なものにとどまらざるを得ない。

〈当事主体の感性的受動性〉
　その場に関与していない第三者からは，当事主体による「解釈」に見えるが，当事主体の意識に照らした場合，それは理性的な判断による解釈というよりも他者の主観的なものが直接的にこちらへと押し寄せ，そのように感じさせられたといった，我が身が共鳴して感性的に感じ取らされたものと意識される。その限りでは一つの事実として受け止められる。

〈当事主体の潜在的解釈能動性〉
　当事主体には相手から通底してきたという受動意識があるにもかかわらず，当事主体の思い込みや「いま，ここ」での情動状態を背景にしたある種の「解釈」が入り込む余地を全く残していないわけではない。

〈当事主体の間主観的応答性〉
　通常の対人関係のなかでは，当事主体にそのように感じられたからこそ，当事主体はそれに基づいて何らかの反応（＝応答）を相手に返している。相手の下に何を間主観的に感じとっているかが，当事主体の相手への応答の鍵を握っている。間主観的に感じ取られたものが対人関係を実際に

動かしていくのであるから，対人関係の機微を捉えるためには，この間主観的な領域に踏み込まざるを得ない。

8. 感性的コミュニケーションによる情動体験の把握

　しかし，ここまでの説明だけでは，今ひとつ感性的コミュニケーションが何によって捉え得るのかがはっきりしない。鯨岡（2009）は音楽療法などの声や音による非言語的コミュニケーションについては，音が振動として体に伝わってくる力動感＝vitality affectが身体に響いてくるという事実や，こちらの身体の動きや姿勢の変化に浸透している力動感が相手に響いていくという事実に基礎を置いているとする（p. 11）。このvitality affectが伝えるのは情動の力動感であり，こうした感情的な力動感が共鳴・感応し，相互に通底することで「何かが通じた，何かを分かち合えた」という気分になるとし，これが「通じ合い＝分かり合い」の感性的基盤だという。

　このvitality affectは心理学者で精神科医のダニエル・スターン（Stern, D. N. 1934-2012）が提起した概念である。邦訳（Stern, 1989）では「生気情動」[6]と訳されている。怒りや悲しみなどの明確に判別できるようなカテゴリー化された情動に対して，明確に判別できないような行為や動きの中に潜む情動や，そうした動きを通して伝わってしまう情動を指す（Stern, 1989）。つまり，「感じ」として感受される情動の力動感であり情動の質感である。嬉しさや喜びのようには明確に分別（カテゴリー化）できないが，確かに場において感じられる，「この感じ」という「無様式」[7]な感覚体験とは，このvitality affectによって媒介され感受しているのである。いわば，コミュニケーションが生み出す情動的な印象や質感ということになる。

　美術における鑑賞では色や形の造形的刺激や情報が，造形表現等の過程においては身体を使った具体的表現行為と対象との間に起こる変化の相互作用が，そうした感情的な力動感を生み出す。その共鳴や感応が相互に気持ちを共有するコミュニケーションになると理解することができる。ワークショップの場において間主観的に感じられている情動の力動感＝vitality affectを，目に見えて現前する事象と同時に，体験や情動の「感じ」である質感として

捉えていくことが，ワークショップの体験を感性的コミュニケーションによって浮き彫りにしていくことになる。

　鯨岡が提起する感性的コミュニケーションでは vitality affect が重要な役割を担う。それまでは「感じ」や「印象」として何となく感じているが，はっきりと形や言葉としては提示しにくかった情動や雰囲気が，vitality affect という実感の持つ力動的な質として対象化することができる。先に感性工学で椎塚（2013）が感情の"主観的な経験"の全体のまとまりをアフェクティブ（affective）と呼んだように，生活世界の実感に根ざした体験を，vitality affect を媒介とすることで，形ある全体のまとまりとして捉えることができるはずである。

註

1）こうした現実の分かりにくさは一般教師にとっての美術教育の分かりにくさとなり，マニュアル的な描画指導法を法則的な教育技術として取り込もうとする反動を生み出したとする。金子においてはこうした一連の感性主義美術教育への移行とは戦後美術教育理念の中核であった自己表現論が結果として主観絶対主義の人間を形成したという限界であり，今後は美術の方法論の教育によって合理主義的人間を形成すべきと論じている（金子，p. 234）。

2）こうした宮脇の問題認識と感性の重要性の提起は，後述する鯨岡の人と人の触れ合いにおける気持ちと気持ちといった感性的な側面を「接面」として捉えていく必要があることを強く提起していることに重なるものであり，今日の教育などの臨床現場に感性の視点が必要であるとする理由として共通するものである。

3）宮脇によれば，小野二郎はリードがラディカルに論じた「教育」と「芸術創造過程」の一致は，社会のあらゆる局面において展開される過程であるととらえているとし，そうした「すべてのシステムの中に不断の創造力をもちこむことであって，静止を否定した「運動」の連続」であること，それは無意識の統合方法（人間のあらゆるレベルで無意識を意識化させ，さらにまた無意識へと振りもどす）も，子どもなら実行可能であるとしたことにリードが感性教育の方法上の根拠をもったと述べている。同，pp. 170-180.

4）本研究はワークショップの体験理解に対して，質的研究ならびに鯨岡の現象学的アプローチを土台とした研究方法をとる。そこで「生活世界」の概念に対しては，それらの源流となる，フッサールが『ヨーロッパ諸学の危機と超越論的現象学』（1936）で行った近代の客観主義的・合理主義的な世界像へのアンチテーゼ，諸学説の対立，

学知の生活世界からの乖離，学知と生活世界の根拠関係の逆転等（竹田，1993）をふまえ，各人にとって固有の意味と価値を持った世界（像）の意味で使用する。よってワークショップの体験理解においても，予め実践者や研究者が定めた視点からの分析と結果としての体験理解ではなく，関与する中で参加者との間に間主観的に感受される実感に即した体験理解と意味生成を目指し，そうした固有の営為や場としてのワークショップの体験理解を目的としている。

5) 鯨岡峻の「感性的コミュニケーション」概念を中心に南博文らによる研究が行なわれている。

6) 生気情動の意味についてであるが，「生気」とは，「1：成長，発育する力。2：いきいきした気力。活気。」「気力：強い精神力。元気。きはく。」といった意味がある。「情動」は「心理学で，そのえいきょうが身体に現れるほど強い一時的な感情。情緒。エモーション。」とされる（講談社国語辞典新版　1966）。よって生気情動とは，「身体に現れ出る，いきいきとした気力や活力に充ちた感情のことである」と端的に述べることができる。もちろん活動的な強い感情のみならず，穏やかな感情の状態が与える「感じ」が纏う情動の質感もまた vitality affect であり，vitality affect の訳に当てられている生気情動は，様々な情動の質感を言い表す言葉である。本研究はそうした vitality affect が包含する多様な情動の質感を問題にするために，生気情動ではなく vitality affect をそのまま使用する。

7) 無様式な感覚体験にある「無様式知覚」（amodal perception）とは，「ある1つの知覚様式で受信された情報を何らかの形で別の知覚様式へと変換する，生得的で普遍的な能力」（Stern, 1989, p. 61）である。スターンによれば，乳児は「人間が表出するいかなる形の行動をいかなる様式で知覚しても，そこに無様式の特性を認識し，その特性を抽象的に表象し，さらにそれを他の知覚様式へと変換する」ことができるとする（p. 62）。こうした乳児が体験する抽象表象は目に見えるものでも聞こえるものでもなく，触れたり，名前のつけられるような物体でもなく，形，強さ，時間的パターンなどの総括的（global）な体験の特性を持つとする。この形，強さ，時間的パターン等は，感覚様式間で翻訳され得るもので，アリストテレスのいうすべての感覚によって共有される基本的（つまり無様式）感覚である（Stern, p. 179）。

第4章

Vitality affect の検討

　本章では形としては捉え難い，ワークショップ体験の感性的な位相を捉える視点として感性的コミュニケーションを媒介するスターンの vitality affect の概念を詳しく検討する。

1. 情動の力動的な「感じ」

　スターンは乳幼児が未だ言語による理解やコミュニケーション能力が未発達であるにもかかわらず，どのように外界を感知し認識するのかを考察し，感覚や認識を統合する自己感の形成について研究した（Stern, 1989）。スターンは乳幼児が関係する他者や事象を知覚し，刻一刻と変わる対象や状況の変化の中に不変的な自己や対象の統一感を見出すことができるのは，言語や認識としては名づけられない無様式な知覚体験を，ある「感じ」として知覚体験するからだとし，その無様式な「感じ」である力動感を vitality affect と名付けた。乳児は様々な情動を力動感 = vitality affect として感じており，これは単に乳幼児期にのみ成し得る前認識的な知覚体験であるだけでなく，人間が生きている中で止むことなく絶えず感受され続けている基層的な知覚領域だという。Vitality affect は情動に備わっている力動感（質感）ではあるが，情動そのものではない。そのことをスターンは乳児の世界体験の三つの特性を述べる中で次のように示している（表4-1）。

　スターンはまずカテゴリー性情動と vitality affect の違いを「ほとばしり（Rush）」を例に説明している（Stern, 1989）。スターンの説明によれば，感

表4-1　乳児の世界体験の三つの特性

○総括的な無様式知覚
　知覚様式—交叉能力に関する，力，強さのレベル，動き，数，リ
　ズムなどの人や物体の特徴は，総括的な無様式知覚という特性と
　して直接体験されるものである。
○カテゴリー性の情動
　怒り，悲しみ，幸せなどのカテゴリー性情動として直接体験され
　るものである。
○ vitality affect
　人との出会いによって直接起こってくる生気情動として直接体験
　されるものである。

情には「喜びや怒り」などのカテゴリー性情動と，明確な概念では示し得な
い広義の情動があるとする。例えば「喜びや怒り」のどちらにも，情動の
「ほとばしり」が知覚されることがあるが，「ほとばしり」とは，光の氾濫，
加速度的に起こる思考連鎖，音楽により誘発される測定不可能な感情の波な
どにおいて類似する，「ほとばしり」という神経発火による変化として感じ
られる特性であるとする。そうした情動に共通する「ほとばしり」という力
動感に当たるものが vitality affect であり，カテゴリー性情動であれ広義の
情動であれ，共通する「感じ」としての力動感が vitality affect なのである
（p. 67）。既知の名づけられた特定のカテゴリー性情動に着目するのではな
く，曖昧で未だ名づけられない「感じ」ではあるが，力動感としては確かに
感受されるという，非特定的な無様式の知覚体験の層において事象やコミュ
ニケーションを捉えることができる手がかりとなる概念なのである。
　喜びや怒りなどの明確な感情にも一瞬毎に異なる vitality affect がある。
言葉にならない，時には自分でも自覚していないような，その場において
浸っている情動の力動感や調子といった質も vitality affect である。いわば
行動や存在の状態（How）を捉えて示す際に，常にその「感じ」の力動感と
して vitality affect は知覚されるのである。

2. 形としての vitality affect

　Vitality affect が常にどのようなコミュニケーション過程にも存在してい
るとすれば，それは時間的・空間的な流れの中に見出されるものだというこ
とを意味する。スターンは体験される無様式な情動の継時的な強さの変化
は，「活性化輪郭 activation contour」（p. 69）（形を持った力動の感じ）とし
て描写され，また，直接体験されるという。活性化輪郭とは感受される情動
の「活性化」（感情特性と緊急性の量）の瞬間毎のパターン化された継時的
変化のことである。具体的には人物の動きの活性化や生気，光や音の伝達な
どを表す，劇画の輪郭線として考えると理解しやすい（p. 69）。

　しかし，vitality affect は知覚されはするが，具体的な形をもったものと
して捉えることは難しい。ここでスターンはウェルナー（Werner, 1948）が
相貌的知覚と呼ぶ，無様式知覚として知覚される言葉や事象の持つ表情の描
画によって，こうした力動感を線描画での二次元的な表現として捉えること
ができるとする。幸せだ，悲しい，怒っている，などのカテゴリー性の情動
を例にすると，表 4-2 のように知覚（描画）される（Stern, 1989, p. 64）。

　例えば，「このリンゴ，一つ食べてもいいですか」と尋ねられ，「いいです
よ」と返答する場面を考えてみよう。「いいですよ」という発声を理性的コ
ミュニケーションとして捉えれば，それは許可を表す意味の伝達である。一
方で「いいですよ」と発する人の個別特殊性・感性的な側面（感性的コミュ
ニケーション）を捉えれば，「いいですよ」という発声には発した人が今感

表 4-2　感情知覚の相貌性の描画例

カテゴリー性の情動	幸せだ	悲しい	怒っている
相貌的な描画			

Stern（1989, p. 64）の記述を基に作表。

じている「いま，ここ」での情動が被せられているはずである。この場合は許可という肯定的な意思表示のニュアンス（表情）を持たせるように音を形どって発しており，それが受け手には肯定の意味（意思・気持ち）であることが伝わる（感受される）のである。ここで重要なのは，「いいですよ」が纏う情動的なニュアンスが言外の意味を伝えてしまうということである。つまり，もし本当は食べてほしくないが，しかたなく許可しているとか，どちらでもよいと思いながら適当に返答しているとか，ぜひ食べてもらいたいと積極的に思っているといった，発した主体がどのような気持ちで「いいですよ」と言っているのかが，発声の質感や纏う雰囲気などのニュアンスに表出され，それが受け手に感受されるのである。こうした体験の実感が持つ質感（＝表情）の力動感が，こうした相貌的な表情として感受され，上記のような描画として表されるのである。相貌性の描画図はその時のニュアンスを視覚的に表して説明する例である。

　この相貌的な知覚様式は，日常的に物がその《幾何学的─技術的な》あるがままの性質に従って把握されるような日常的な知覚様式とは根本的に異なり（Werner, 1948, p. 70），「対象が内的生命力を直接に示していると一般に知覚される領域」である。それは人間が内的生命力を表情（顔）として知覚するからであり，人間が顔を通して様々な感情体験をするからであるとする（Stern, 1989, p. 64）。こうした相貌性はシンボルの発達と個体発達の中で減少（シンボル体と指示対象とが距離化）するが，相貌性の度合いが少なくなるだけで，その力動的構造化過程が消失するわけではない（Werner, 1948, p. 210）。こうした相貌的に知覚される「感じ」とは，感性的コミュニケーションの実感が纏う表情であり，情動のニュアンス（質）である。

　こうした相貌的な形や「活性化輪郭 activation contour」として力動感の継時的な変化を捉えようとする視点は，ワークショップにおいて刻々と体験される実感の連続（または不連続）したまとまりを捉え，描き出す上でのアイディアを与えてくれる。

3.　体験の実感に形を与える

　スターンによれば，主観的に体験された今現在の体験とは，生きられた物語（Lived Story）であり（Stern, 2004, p. 70），構造化された継時的なナラティブ形式で客観的（外在的）に記述でき，それによって臨床的な場がより明らかになるという（pp. 70-71）。また，活性化輪郭（または継時的な力動感の推移）として体験される vitality affect は，様々な種類の情動体験はもちろん，固有のカテゴリー性の情動信号（幸せ，悲しみ，恐れ，怒り etc.)としての価値が何もない行動においても体験されるものであった（p. 67）。生き生きと楽しく描画する姿が感じさせる子どもの躍動する気持ちの動的な「感じ」はもちろん，我を忘れ集中し没頭して描いている静的な「感じ」の中にもそれぞれに固有な「感じ」の質や状態（How）の vitality affect がある。

　このように，ワークショップの中で明確に感受される体験の実感はもちろん，その場の雰囲気や「感じ」として曖昧に捉えていた情動なども，力動的な質感として捉えていけるのが vitality affect の考え方であり，それが時間と空間の中で継時的にまとまりをもった実感として知覚されるとき，私たちは形を持った力動の感じ「活性化輪郭 activation contour」を知覚（体験）していることになる。

　先に感性工学において椎塚（2013）が，感情の全体的なまとまりをAffective と捉えることができるとしたが，vitality affect に着目し，その時間と空間の継時的なまとまりを「活性化輪郭 activation contour」として捉え，記述することができれば，それは Affective な感情の全体的まとまりを表現するものとなる。だとすれば，vitality affect は Affective な感情の全体性の基本となる要素でもあり概念と考えることもできる。

　Vitality affect は内的で主観的な「感じ」であり，場を共にする相互性の中で間主観的に感じ合い共有される「感じ」であり，主観的・間主観的な体験の実感に形を与え，それを扱うことを可能にする概念なのである。

4. 出来事ベースと体験・情動ベースの違いによる相互交流の検討

　では，常に存在する「感じ」である vitality affect は，ワークショップの
ような相互交流の体験において，どのような体験特性や体験領域を浮かび上
がらせ，どのような方法で体験を捉えることを可能にするだろうか。スター
ンは相互交流の体験について，出来事に着目した場合と，情動に着目して体
験を捉える場合に分けて考察を行ない，情動に着目して見えてくるものが相
互交流の内実だと述べている。表4-3 は，ここまでの論考をふまえながら
スターンの相互交流の考え方を基に，相互交流の体験事象を，出来事
（What）ベースと体験・情動（How）ベースによって捉えた際の違いをまと
めたものである。下段部の「志向性」，「意味（meaning）と価値（value）」
は筆者が考察を発展させて追記した項目である。

（1）出来事（What）ベースの相互交流の理解

　まず，出来事ベースに着目した場合の体験理解の研究は，相互に交わされ
る行為内容を記録し，頻度やジャンルによって分類し，全体の流れの中でど
ういった展開構造を持っているかを分析し，表現活動や創造行為の相互交流
モデルを析出するものとなる。各自の体験の固有性や文脈性，情動の
vitality affect は，分類や一般化の過程で捨象され，作業モデルが析出され
たときには，実感からは離れてしまう。実感は作業モデルと出来事（What）
を説明する情動的一側面となる。

（2）体験・情動（How）ベースの相互交流の理解

　体験・情動ベースで見る場合，出来事の中で出会う体験や情動の諸属性は
主観的・間主観的な「感じ」や客観的事実も含めて，エピソードとして一つ
のまとまりを持った意味連関として記述される。体験は事象と実感や意味，
他者と共にあるという情動的体験が継時的に統合されて理解される。
　体験が積み重なる中で，体験は作業モデルの理論的・概念的な理解に回収
されるわけではない。一連の意味連関や実感を取り込んだ形でのエピソード
によって，記憶の中に体験事例が積み重なり，経験的に参照できる同じよう

表 4-3　出来事ベースと体験・情動ベースの違いによる相互交流の比較

	相互交流	
ベース／着目点	出来事（What）ベース／相互行為	体験・情動（How）ベース／内的で主観的・感主観的に共有する「感じ」
考え方	具体的に目に見える行為を単位要素として捉え，その集積やモデル化によって体験の仕組みや構造を明らかにしようとする	体験とは相互行為の中にある止まることのない「感じ」の流れであり，文脈や固有性をもった経時的な全体として体験を捉えようとする
事象の研究方法とその結果	・設定した目的に関連する諸属性を出来事の中からサンプル事例として抽出 ・分析，一般化（理論化）を経てモデル産出（体験はモデルの代表的なサンプル事例） ・作業モデルの産出を目指す	・出来事やその中で出会う諸属性，主観的・間主観的に感受された「感じ」は，客観的事実も含めエピソードとして記述する ・エピソードは一つひとつ積み重なり，類似性によって一般化された相互交流の表象（RIGs），呼び起こしの友，が生まれる
固有性について	・個々の体験の固有性は捨象される ・脱固有性，脱文脈性 ・vitality affect も捨象される	・個々の体験の固有性は一つのまとまりをもった意味連関と連続性を有し，固有性，文脈性，vitality affect も含めエピソードに記述される
実感	・体験の当事者が自己感として感じる情動や，その生き生き感といった体験の実感とは切り離されてしまう ・What＋Why を扱うため	・体験の当事者の記憶や実感に近い形で，エピソードとして体験が捉えられる ・他者と共にあることの情動的側面がより実感と繋がった形で捉えられる ・（What＋Why）＋How を扱うため
目的	【コミュニケーション】 他者の信念や行動システムを変えようと，情報を交換したり伝達したりすること	【対人コミュニオン】 「共にある」ことが情動的かかわり合いの最大の目的
志向性	他者操作性，目的志向に繋がる	相互主体性，互恵的共生，過程志向に繋がる
	意味（meaning）と価値（value）の生成へ	

なエピソード体験の表象が出来上がる。こうした表象をスターンは一般化された相互交流の表象（Representation of Interaction that have been Generalized：RIGs）と名付けている。これによって複数のエピソードからなる体験を参照するような記憶が生まれる。それは明確に言葉や概念で記憶されるものではないが，「あの体験」といったように，直観的に感じ思い描くことができる

体験の積み重ねのイメージとなる。

　こうした概念的理解へ収斂しない体験そのものの深化に関して矢野（2003）は，体験がより深い体験として生きられることで，主体と客体の連続性や，生命との接触を保持した「世界と十全にかかわる体験」（p. 38）が生み出されるとする。つまり，体験の言語化や知識化とは異なる，体験を生きることの中に体験の意味と価値とが分かち難く結びついている，全体性を持って生きられる体験の姿を思い描くことができるのである。

（3）コミュニオンという情動的交流の体験

　スターンは二者間のかかわり合いの中で，「内的状態の行動による表現形をそのまま模倣することなしに，共有された情動状態がどんな性質のものか表現する行動をとること」を「情動調律 affective attunement」（Stern, 1989, p. 166）と呼ぶ。楽しさが共有されると共に笑いが大きくなっていくことや，相手の気持ちが表れている動きや声などに，こちらの動きや声がマッチしていくようなことは日常的によく見られる。スターンは乳幼児の母子間コミュニケーションの研究において，二者間でこうした調律を行う唯一最大の目的とは，「乳児と"共にある"，"共有する"，"参加する"，"仲間に入る"」ことであるとし，こうした機能を「対人コミュニオン interpersonal communion」（p. 173）（表4-3「目的」参照）と呼んでいる。これは感性的コミュニケーションが人間の根源的な繫合希求性に根ざすとする考えに通じる視点であり，表現活動に媒介されたワークショップの相互的なかかわりの感性的な体験の位相においては重要な視点となる。

　スターンによれば意図的に為されるコミュニケーション行為とは「他者の信念や行動システムを変えようと，情報を交換したり伝達したりすること」（p. 173）を目的とし，その志向性はコミュニケーション的（相互作用的）だとする。一方の対人コミュニオンは「他者が何をしていようが何を信じていようが，それを全く変えようとすることなく，その人の体験を共有することを意味する」（p. 173）という。つまり，ワークショップ体験を相互作用的な意図的かかわり合いとして考えるならば，互いに意図し期待する信念や行為を相手において実現させようとする相互作用が見出され，そうした目的的行

為としてコミュニケーションが捉えられ解釈されることになる。他方，情動レベルでの対人コミュニオンを志向する体験・情動ベースのかかわり合いに着目すれば，他者操作性とは異なった，共にある情動的なかかわり合いの関係としてワークショップの事象が捉えられ，解釈されることになる。

このように，出来事（what）ベースの相互行為に着目するならば，コミュニケーションは他者の信念や行動システムを変えるための他者操作性に動機づけられた目的志向の相互行為（interaction）の理解へと体験を一般化し，行動変容を引き起こすための操作的技術を生み出す研究に繋がることが予想される。

一方の体験・情動（How）ベースでは，内的で主観的・間主観的に共有する「感じ」に着目することで，「共にある」体験自体を生み出す対人コミュニオンの情動的かかわり合いを捉えるものとなる。こちらは相互主体性・互恵的共生性を志向する情動体験を生み出し，その体験の味わい自体を目的とするような体験過程を志向するものになることが予想される。この二つの視点（ベース）とその目的の潜在的な違いとは，先に長沢（2011）が指摘した，ワークショップが新たな人間管理技術になってしまう危険性にかかわる分岐点にもなる。とりわけ共にある体験という対人コミュニオンは，ワークショップという協同的な表現活動の目的や価値としても重要な志向性である。

Vitality affect は相互にかかわり合う情動的な触れ合いの中で感じられる情動の力動感であり，生き生きとした参加者の姿に満ちている生命力とはこうした力動感のことだと言える。それは具体的な相互行為と同時に存在している体験の質感であり，共にあるという対人コミュニオンの実感にあたるものだと考える。そうした知覚体験領域を媒介・生成するのが vitality affect である。vitality affect はそうした人間相互のかかわり合いの中にある，体験を生きる情動の動的な現れを捉え，形を与える概念であり，感性的コミュニケーションを媒介・生成する鍵となるものである。

5. Vitality affect と芸術表現の理解

(1) Vitality affect に関する既往研究

では，vitality affect については，これまでどのような研究がなされてきたのだろうか。スターンの vitality affect に依拠した研究は，『乳児の対人世界—理論編』(Stern, 1989) 以降，鯨岡による『原初的コミュニケーションの諸相』(1997) や『両義性の発達心理学—養育・保育・障害児教育と原初的コミュニケーション』(1998)，『関係発達論の構築—間主観的アプローチによる』(1999a)，『関係発達論の展開—初期「子ども—養育者」関係の発達的変容』(1999b) での乳幼児の母子間の関係発達論の基礎となっている。

また，小林による障害児の知覚研究 (Kobayashi, 1999)，黒田ら (2004) の医療領域での研究がある。砂上 (2012) の保育現場での幼児の相互行為の同型的行動の研究に vitality affect の視点に基づく考察がある。

芸術領域では真壁 (2003a, 2003b) の音楽による美的経験や共感原理の研究や，Vickhoff & Malmgren (2004) の音楽での感動の原理についての研究，勝山 (2010) の音楽療法の実践研究がある。いずれも，vitality affect の情動的な力動感の媒介共有が分析の手がかりとなっている。ダンスでは鯨岡が vitality affect や感性的コミュニケーションの可能性について言及 (鯨岡, 2003) しているほか，笠原・山本 (2013) が行なった即興ダンスのワークショップ研究では，動きの中に表出・表現される vitality affect が相互に繋がりあうような身体表現を媒介生成していることを明らかにした。美術では Massumi (2008) の視覚的表現様式の研究の中に言及があるのみである。

Vitality affect の概念考察では Køppe, Harder & Væver (2008) が，Mark (2013) は vitality affect による知覚体験の研究をふまえ，人間の経験や知識さえもが身体的な感覚に深く根ざしているとし，vitality affect はそれらを全体性として統合する概念になりうるとする研究をまとめている。

このように vitality affect に基づく研究は，人間の知覚や体験，芸術や表現活動，身体や心，生命の力動感やその形態の全体的統合を対象として展開されており，情動の力動感を捉えると同時に，人間の生命力の躍動を考える上で重要な概念となりつつある。Affective な情動の全体性という問題も，

表 4-4　スターンによる vitality affect に基づく芸術諸ジャンルの特性理解

絵画	二次元だが，三次元空間における虚の感情を作り出す。虚の空間は，広さ，距離，前進，後退などの虚の性質を持っている。
彫刻	二次元だが，三次元空間における虚の感情を作り出す。虚の空間は，広さ，距離，前進，後退などの虚の性質を持っている。
音楽	現実の物理的時間的事象としては時間的に一次元的かつ均一で，同時に虚の時間，ほとばしる，軽快な，間のびした，ドキドキするなど，活きた体験的な時間である。
ダンス	現実の精力的な動きや身振りで，同時に虚の力界，力強さが見てとれる，外破（爆発），内破，静止，うねり，自然さなども表す。

Vitality という生命力の問題も，いずれも表現活動に関連が深いものだが，ワークショップなどの協同的な表現活動の実践に関しては論じられていない。

(2)　スターンの芸術諸ジャンルの特性理解

　先に述べたように，スターンによる芸術分野への言及にはジャンルによって違いがある。スターン（1989）はランガー（Langer, 1953）に基づいて次のように芸術諸領域の体験特性を挙げている（表 4-4）。こうした芸術諸ジャンルの特性理解は，スターンの芸術観と，vitality affect の具体的な構成要素に関連している。スターンによれば vitality affect は，動き（movement），時間（time），力（force），空間（space），意図・方向性（intention/directionality）の五要素で構成される（Stern, 2010, p. 4）（図 4-1）。スターンはこれらの要素を基にして表現ジャンルにおける vitality affect の要素を検討しているが（Stern, 1989, 2010），中でも音楽，ダンスは vitality affect の力動性を動きや強弱，時間の推移のなかで real time に生成し表現することができる体験過程を持つ芸術表現として積極的に論じている。

　これに対して絵画や彫刻は静的（static）な空間芸術であり，音楽やダンスのような直接的な力動感の時間的表現が難しいジャンルと考えられている。また，詩などの言語表現についても，テクスト化されることで複数の

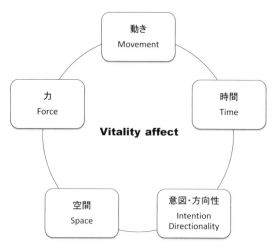

図4-1　Vitality affect の 5 つの構成要素

real time が同時に含まれることになるとし，時間特性が複雑化するために積極的に論じられてはいない。つまり，スターンが論じる vitality affect と表現活動の関連性とは，直線的時間軸に沿った real time な表現様式をもつジャンルに限定されている。

　しかし，スターンが美術表現の領域で例とした，鑑賞という静的な美術体験だけに限定せずに，ワークショップなどの協同的な表現活動に研究対象を拡張するとすればどうなるだろうか。自らの身体を使った直接的な表現行為や相互行為の体験を通して感受するものは，絵画空間（2次元）内のイリュージョンとしての虚の感情体験だけではないはずである。その点に関してスターンの言及はないが，音楽やダンス同様に，表現する者として動的で実の感情体験としてワークショップにおける表現活動を vitality affect に着目して捉えることには十分可能性があると考える。

（3）知覚から感情への表現様式と行動類別

　また，vitality affect がワークショップ体験とその研究の中で，どこに位置づけられるのかということも検討が必要である。表4-5 は日常的な行動

表 4-5　Vitality affect と様式・表現方法のレイアウト

行動の類別	自発的行動	表現ワークショップ	芸術
表現様式	Vitality affect	Vitality affect ＆ 表現方法 style	表現方法 style
対象世界の因果のもつれとその洗練に対する違い	生活世界	生活世界・観念や理想	観念や理想
	因果のもつれ	因果のもつれと洗練	洗練と因果のもつれの解放
共通する無様式知覚	無様式知覚としての vitality affect は常に存在している		

である自発的行動と芸術的行為との間で，知覚が感情へと様式化された場合の違いについてのスターンの見解（Stern, 1989, pp. 184-187）を筆者が整理したものである。横軸には「自発的行動」と「芸術」があり，筆者はこの二つが浸透し合うところに「表現ワークショップ」の列を加えることができると考える。縦軸の「表現様式」は，知覚や感情がどのような表現形式によって表現（媒介・様式化）されるかを，「vitality affect」と「表現方法（style）」に分けて示した。次に「対象世界の因果のもつれとその洗練に対する違い」を整理した。生活世界における日常的な自発的行動の中では様々な因果がもつれあい，時に自己の感情に心が奪われるなど，感情を他者と調律することもできなくなるという。自発的行動はそれらが湧き起こる具体的な瞬間だけしか扱えないが，芸術は観念や理想という形でそれらを扱うことができるとする（Stern, 1989, p. 186）。つまり，日常の因果のもつれを「表現方法（style）」によって洗練させたものが芸術（体験）なのである[1]。

　こうしたスターンの考え方によれば，芸術において知覚された「感じ」は様式「表現方法（style）」が扱い，日常的な自発的行動における「感じ」は vitality affect が扱うということになる。一方で vitality affect は無様式知覚として常に存在していることをふまえれば，芸術と自発的行動の共通の基層にも vitality affect を位置づけて理解する必要がある。

　さらに本研究で問題としている近年の美術表現を媒介とするワークショップなどは，洗練されていない日常生活の自発的行動や様々な因果のもつれを多分に含む中で営まれる活動であるとも言える。日常の生活世界の因果のも

つれと，芸術による非日常的な洗練が浸透し合う，自発的行動と芸術の両面の要素を含み持った実践領域として，今日的なワークショップの体験を構想する必要がある（表4-5の中央列）。

　このように，芸術（スターンが美術において主に論じたのは鑑賞である）では非日常的時間と表現の洗練によって現実生活での因果のもつれから解き放たれ，純粋な状態で情動や認識に向き合うことができ，そこに芸術の非日常性と有効性があるとスターンは考えた。しかし，複数主体間の複雑な因果のもつれの中で営まれ，同時にその過程自体を表現・生成し，体験もするというワークショップでの表現活動の体験理解は，芸術を生活世界の因果のもつれから切り離してしまうことで逆にその理解可能性が失われてしまうのではないだろうか。それゆえに日常の生活世界に即し，因果のもつれを含んだ様式（vitality affect）と表現方法（style）が浸透し合う中にワークショップの表現活動を捉える視点を書き加えていく必要がある。そう考えると，日常生活の中にある表現活動に媒介された子どもたちのワークショップ体験を捉える手がかりとして，vitality affect の感受には可能性があると言える。

註

　1) Stern（1989, p. 186）は知覚から感情への変容，外的（時に他者から）に感受される感情やその生気情動を自ら内的に調律することは，芸術体験の前駆体であるとする。

第 5 章
関与観察とエピソード記述

　ここまでワークショップの体験理解について場に関与する主体の内側からの実感の感受認識に根差して体験を捉える必要性を論じてきた。本章では関与観察者の主観性・間主観性を重視したエピソード記述の考え方と方法について検討する中で，ワークショップ体験を捉える研究方法としての可能性を考察する。

1. 臨床研究における客観科学の相対化

　先に芸術教育の実践においては理性と感性の動的統合を具体的にどう行なうかが，認識論と同時に芸術と人間形成にかかわる難問であることを確認した（Read, 2001；宮脇, 1988, 1993）。表現活動を媒介とするワークショップの体験においても，感性はその曖昧さ・両義性（ambiguity），全体性（Holistic）の説明と理解の難しさゆえに，必ずしも十分な評価を与えられてこなかった。それは感性的な認識そのものの曖昧さに起因するだけでなく，客観科学のパラダイムが要請する科学的研究の要件に十分応えられないというパラダイム上の困難があったためである。その点で心理学はいち早く自然科学と同様の科学的な学問になることを目指して，自然科学的な客観科学のパラダイムに適合していったが，それによって臨床的事象の固有性や文脈性に基づく体験の一回性を捨象してしまったことは，今日の人文諸科学に広く共通する問題となっている。

　全ての事象に適用可能な普遍的な一般理論の発見を目指す自然科学とは異

なり，人文科学では事象の個別性や固有性，主観性を多分に含む生態学的な
リアリティを持った生活世界の実践を研究対象とする。本質的に自然科学と
は要請されるパラダイムが異なるものである。現代社会において圧倒的に支
配的である自然科学の客観主義パラダイムに基づいて臨床実践の研究を行な
うことで得られる知見も多いことは確かである。しかし，客観科学パラダイ
ムに即しては捉えられない体験もあり，異なるパラダイムを志向した研究を
模索していく必要がある。

2. 臨床的実践研究における接面の重視

　心理学ではこの問題に対して質的研究による新たなパラダイムの模索が行
なわれてきた。質的研究は 20 世紀に主流であった行動主義心理学に基づく
実験心理学の反省に立っている。柴山（2006）によれば，今日の心理学は
「子どもを日常生活から切り取り，環境や他者と関わりを持たない孤立した
個体であるかのように見なしてきたことへの反省」や「子どもの育ちを要素
に還元して一義的な因果関係として分析してきたことへの反省」を基にして
いるという（p. 16）。

　ワークショップとは，望ましい発達や目標に即して相手の行動を変える意
図的行為が必ずしも中心的なものではない。そのため，意図的視点から捉え
られる行動変化だけを有意なエヴィデンスとして取り上げるのではなく，現
場での人と人のかかわり合いにおける自分の気持ちや心の動き，相手の心の
動きを捉えていく必要がある。そうした心の動きが生じ，相互に触れ合って
いる関係的な場が「接面（= In Between）」（鯨岡，2013）である。自分や相
手の気持ちとその動きが主観的・間主観的に感じられる，接面における人間
相互の感性的体験を臨床実践の研究では重視していく必要がある。

　こうした接面を重視するパラダイムは「接面の一方の当事者である研究者
自身がその接面で起こっていることを自らの身体を通して感じ取ることに重
きを置く枠組み」（鯨岡，2013，p. 24）である。実践の目的に即した合理的な
言葉や行為といった理性的コミュニケーションに加え，目に見えない相手の
心の動きや場の雰囲気の感受，情動やその力動感である vitality affect の交

わし合いによる，主観的・間主観的に媒介される感性的コミュニケーションが重要になる。「接面を無視ないし消去する枠組み＝客観科学パラダイム」に対し「接面で生じていることを重視する枠組み＝接面パラダイム」の方がより現場の実体に即しており，鯨岡は観察者や当事者としての「私」が接面で感受した感じや，その時に考えていたことの生き生きとした実感を重視し，それを軸に事象理解を深め考察する方法としてエピソード記述を練り上げた[1]。

3.　エピソード記述のアクチュアリティと明証性

　臨床的な体験を捉えるエピソード記述とは，出来事を描き出すための文書作成技法や状況記述は異なるものである。「書くことをとおして体験の『意味』へと向かい，新たな問いを立ち上げ，他者と『意味』を共有することへと向かう」（鯨岡，2005，p. 11）ものである。そのためには，ある現場の事象の生の断面を描こうと思い立つ人の背景的な問題意識や，そこに立ち現れてくる基本的な問いが重要となる。そこから生の断面の意味が掘り起こされるところにエピソード記述があり，質的研究としての特性がある。

　また，エピソード記述はその人の生き様の「あるがまま」を目指し，その意味の浮上が重要となる。「あるがまま」を把握する上では事象の客観的側面は重要であり，現象学に基づくエピソード記述では事象に忠実であることは必須の条件である。この場合の事象に忠実であるとは，客観主義＝実証主義と同義ではなく，接面を捨象せず，「人の生のアクチュアリティを可能な限りあるがままに描き出すこと」（p. 21）という意味である。

　しかし，客観的な事象の忠実な記述だけでは「あるがまま」に迫ることはできない。そこに関与者が主観的・間主観的に感じ摑んだことを入れ込んでいく必要がある。そのためには場を共に生きる関与者，場から切り離すことのできない当事者でもある「私」（関与観察者）にとってはそう感じられたのだという，否定しがたい実感の事実と実証性を手放すべきではない。それゆえ観察者も接面の一方の当事者として，「『その接面でいったい何が起こっているか』を研究者自身の身体を通して感じ分ける態度で観察に従事する」

（鯨岡，2013，pp. 23-24）必要がある。

　エピソード記述は客観科学が要請する事象の再現性や反証性を満たそうとするものではない。多くの事例で共通項を導き出すグラウンデッド・セオリー（Glaser & Strauss, 1996）やKJ法等の質的研究とも異なり，たとえ一つの事例や出来事についての考察でも，それが了解をもたらしたならば，その考察結果は明証的なものであると考える（鯨岡，2013，p. 163；やまだ，2004，p. 10)[2)]。

4. パラダイムと生活世界への問題意識

　鯨岡は事象の異なる質を浮かび上がらせようとする，異なる研究方法の安易な併用に注意を促している。近年，質的研究が注目され始めた学問動向の中で，「数量的アプローチもナラティブ・アプローチも」（鯨岡，2013，p. 20）という棲み分けの論理が持ち込まれるようになったという。研究方法を併用する理由とは，質的研究が科学的要件を満たせないとする客観主義的な視点からの批判に応え，客観的なエヴィデンスを示して妥当性と信頼性を確保し，事象の科学的理解に繋げるためである。このことについては質的研究の基礎づけと評価の視点からフリック（Flick, 2002）も複数方法の併用（マルチメソッド）や多視点的な分析（トライアンギュレーション）の必要性を述べている（pp. 271-295）。

　しかし，鯨岡はこうした棲み分けの論理とは，質的研究にほんの少し客観科学の片隅を分け与えてもらうだけで，結局のところ圧倒的なエヴィデンス主義の支配の容認に加担することに繋がるとして，人間の生活世界の生の実体や，固有性をもった人と人がかかわり合う接面を扱うオルタナティブな視点と研究方法を，人文科学が提起すべきであるという。「パラダイムに抵触したとしても『人と人の接面で何が生じているか』に踏み込み，『人が人と共に生きることの意味』に取り組むことが大事と考えるか」（鯨岡，2013，p. 19），それとも旧来のパラダイムを守るのかという選択が突きつけられている。ワークショップの体験理解においてもこの問いは深く関係してくる問題である。

　しかし，こうした鯨岡の批判を理解した上で，ビデオ記録に基づくコーディングによる実践の分析が補完や棲み分けの論理を越えて，むしろ間主観的に感受する体験の理解に資する可能性の考察も必要と考える。実践者としてはそうした異なる研究視点からの実践の理解可能性も手放し得ない実務的な要請もある。そこで本研究では，間主観的な体験の実感を直接的に記述して対象化するエピソード記述と他の分析方法を比較することで，逆にエピソード記述の有効性や特性を対比的に明らかにすることもできると考える。そのことによって生活世界の接面を捉えることに対するパラダイムと方法論的な自覚がより明確になるはずである。

5.　関与観察とエピソード記述

　エピソード記述は，多面的で両義性（鯨岡，1997，p. 84)[3]を抱えた主体と主体がかかわり合い，場を共に生きる接面を「間主観的に分かる」ことを起点に，出来事の事象をあるがままに捉え理解しようとする方法である。観察者も実践に関与しつつ現象を捉えようと場に臨む「両義的な欲望を抱えた一個の主体」（鯨岡，2013，p. 42）である。

　場に関与する際には素直な気持ちと謙虚な態度で望み，予断的評価を排し，人の生き様を自分も含めて描くことが目的であることを協力者に伝えておく必要がある。見るだけでなく自然に関与し，場の関係を生き，感じたことにしたがって柔軟に対応しながら，関与の中で間主観的に感じられたものやその捉え方を絶えず吟味する態度が必要である。その上で印象深かった出来事を記憶にとどめて，後にエピソードとして描き出し，なぜ自分にとって印象深かったのかを考察することが，関与観察に基づいてエピソード記述に取り組む際に必要となる姿勢である（鯨岡，2005，p. 128)[4]。

　このように既成の見方や態度を保留して事象そのものが示すところを忠実に捉えようとすることによって，フィールドという「未分化な経験」として未だ「意味と秩序」があからさまではない現象領域が，「手応えをもって現れてくる様相」として立ち現れてくる（南，2004，pp. 19-20）。それによって事象は生きられた体験としての質感を露にする。それがエピソード記述に

よる生活世界の記述的理解となる。

　エピソード記述は順番に［背景］［エピソード］［メタ観察］の三つで構成される。エピソード記述の条件は，まず関与観察の場がどのような場であるかを明示し，背景となる状況を描き出す［背景］記述を行ない，現場での自分の立場や目的，興味・関心や理論的関心を記述する（［背景］か［メタ観察］にて）。エピソードでは場面をできるだけ「あるがまま」に時系列に沿って関与のかたちも含めて描き，エピソードを提示した理由となる，観察者が感じたことや気付いたことの動機も読み手に分かるように描き出す。間主観的に摑んだことや摑めなかったことなど，自分と関与対象がどのようにそこに現前していたかを，状況も含めて，書き手の訴えたいことが読み手に伝わる限りで簡潔に書く（鯨岡，2005，p. 128）。

　こうした記述を通してエピソードの場面が接面のアクチュアリティ（動態感）を伴って把握され，メタ観察を経て関与観察者の問題意識が十分に摑めることで，エピソードが提示したものが読み手に了解されることになる。これは出来事の明証的な考察の提示であるばかりか，記述をとおして「その場に生きる人を生き生きと甦らせる作業」（p. 158）につながり，生活世界の意味と価値を蘇生させる作業となる。

　本研究ではエピソード記述を中心的な研究方法と位置づけながらも，ビデオ記録からトランスクリプトを作成し，M-GTA（木下，2003）に基づくコーディング分析を並行して行なう。質的研究法の中でもより一般性と客観性を志向したM-GTAによるコーディング分析と比較することで，エピソード記述によって関与観察者が間主観的に捉えた実感が何をどう捉え，どのような考察や事象の理解を可能にするものであるかを，比較考察を通して明らかにする。

註

1）接面を重視したエピソード記述に至る鯨岡の客観科学パラダイムへの批判とは，フッサールが『ヨーロッパ諸学の危機と超越論的現象学』（Husserl, 1936）において，自然科学的な客観科学が臨床研究を歪める危険性があると指摘した問題意識に連なるものでもある。それは主観的・間主観的な vitality affect の感受を提起したスターン

においても同様で，主観性を排した実験観察による被観察乳児に対し，臨床的な関係の中での主観性を含めた乳児の姿を臨床乳児と捉え，客観主義的な視点からでは捉えがたく理解しがたい乳児の自己感形成の研究を行なった問題意識にも共通する（Stern, 1989, pp. 16‒41）。

2) やまだも質的研究が量的研究とは異なり，固有性や一回性の中にある明証的なローカルな知を生み出すものである特性を述べている。やまだようこ（2004）質的研究の核心とは，無藤隆・やまだようこ・南博文・麻生武・サトウタツヤ，質的心理学：創造的に活用するコツ，新曜社，p. 10。

3) 鯨岡は，人間は各々他者から独立した存在であるが，一方で他者と共に生きるしかない存在であるという，個に向かうベクトルと，他者に向かう逆向きの相拮抗するベクトルを本来的に持っているという意味で両義的であるとする。鯨岡峻（1997）原初的コミュニケーションの諸相，ミネルヴァ書房，p. 84。

4) 鯨岡，前掲（2005, p. 128）を基に要約。

第6章
動きの中にあるワークショップを捉える視点

　ここまで関与観察と vitality affect の感受に基づいてワークショップの体験を捉える視点を提起してきたが，ワークショップの体験過程の継時的な動態を，実感を伴った全体性をもった形としてどのように捉えて描写することができるのか，その理論的枠組みとその構造を考察する。

1. フィールドへの向き合い方

　南 (2004) は，フィールドとは出会いにおいて「未分化な経験」として未だ「意味と秩序」があからさまではない現象領域であり，当初から要因に分解できる性質の物ではないとする (pp. 19-20)。それゆえに既成の見方や態度を保留して，現象そのものが示すところを忠実に捉えようとする姿勢が必要であるとする。客観的な観察という無関与的なかかわりから見えるものではなく，「相手に人として向き合い，場に臨み，関与しながらの観察において手応えをもって現れてくる様相」(p. 20) こそがフィールドの出来事そのものである。

　その現象が実際に生きられた体験としてどのようなものであるか，どのような「見え」，「感じ」をもった体験であるかという，体験の「質感」を明らかにしていく必要があるとする。そのためには予断を排してワークショップの接面を共に生きることが関与観察者にとっても必須かつ重要であり，そうした関与を通して，両義的で多面的な揺らぎのあるコミュニケーションの動態の中に接面のアクチュアリティを捉えていく必要がある。この点は鯨岡の

指摘と重なるものである。

　そうした体験まるごとを「生活世界の記述的理解」として捉え直していく方法が，こうしたフィールドの事象や体験を捉える方法となる。それはつまり，ワークショップにおける主体間の多元的な主観性と間主観性が接面で交じり合う動態である接面のアクチュアリティを，「まるごと」，「ありのまま」に記述的に捉えて理解していく視点と方法でフィールドに向き合っていくことである。

2．トランザクショナルなワークショップの体験過程

　では，ワークショップの間主観的な体験と実感の動態とは具体的にどのように想像することが可能であろうか。南（2006）は「私（自己）」の情動は「他者（環境）」の情動や行動をある方向や仕方にアフォードするのだとし，こうしたアフォーダンスは「自己―環境系のなかでトランザクショナルに産出される」（p. 30）という。そして相互に情動や行為を表出し合い，アフォードし合うことは，相互作用的（interactional）というよりは相互浸透的（transactional）[1]であり，予測できる相互のやりとり（相互作用）の先に予測できるようなものではないという。

　もちろん場（環境）を相互作用的に見ることは可能であるが，スターンが考えるように場の相互交流を相互作用的なコミュニケーションと見るか，対人コミュニオンと見るかによって，場の事象の感受のされ方や生きられ方，生成される意味は変わってくる。南が自己と環境の関係を相互浸透的と見るように，刻一刻と立ち現れてくるワークショップの出来事は，予測（意図や方向性）に回収して理解してしまえるものではない。観察者自身もワークショップへの関与と観察のプロセスを通して，共に接面を生きる中で感受認識が変化し，事象の感じられ方や見え方が変化していくという，自身の変容体験を生きることになると予想される。予測を絶えず解き放つことで見えてくる「あるがまま」，「まるごと」とは，個々の行為の相互連関の積み上げ（interaction：相互作用）としてのみ理解しうるものではなく，相互に浸透し合いながら変容していくトランザクション（transaction：相互浸透）の動態

として捉える必要がある。

3. 二者関係での理性的・感性的コミュニケーションと接面の構造

　ワークショップの体験過程の接面の動態を二者間のコミュニケーションにおける理性的コミュニケーションと感性的コミュニケーションに分けてみると，図6-1のような構造として理解できる。

　まず上部の理性的コミュニケーションにおいて概念や意味が交わされ合い，ワークショップにおいて明示的な目的（絵を描く，映像を作る等）に向かって営まれる目的合理的な相互作用が取り交わされる。互いが持つ意図と目的的な意識によって絶えず自他は分離しており，いかに自分の意図を相手に伝え，理解させたり，相手の意図を理解するかが相互に目指される。その点では相互交流についてスターンが述べたように，相互行為的に捉えることができる理性的コミュニケーションは意図や目的に沿って「他者の信念や行動システムを変えようと，情報を交換したり伝達すること」(Stern, 1989, p. 173) を志向し，他者を操作しようとする意識的で目的的な行為的側面を持つ。ここに着目してワークショップを観察すれば，知らず知らずのうちに他者操作性を志向した目的に動機づけられた事象の理解と分析を行なうことに繋がっていく。

　一方で下部にある感性的コミュニケーションでは，情動やその vitality affect が交わされ，共に感じている間主観的な体験の実感としての接面（図中「接面」の円形部）を形づくる。その実感は力動感の継時的な持続によって，ある「感じ」というまとまりをもった動的な形「＝活性化輪郭 activation contour」となる。この形と感情のまとまりとは「Affective な全体性」（椎塚, 2013）と考えることができる。

　理性的コミュニケーションを中心とした相互作用と，感性的コミュニケーションに媒介された接面の動的生成（動態）として感受認識される，ワークショップの間主観的な実感に根ざして，体験の固有性と文脈性を含めた意味的まとまりを持つエピソード記述として統合的に把握し・表現し，省察を加えていくことで，実感と繋がった体験理解を生み出すことが可能になる。

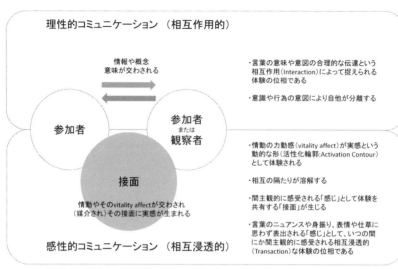

理性的コミュニケーション （相互作用的）

情報や概念
意味が交わされる

・言葉の意味や意図の合理的な伝達という
相互作用（Interaction）によって捉えられる
体験の位相である

・意識や行為の意図により自他が分離する

参加者

参加者
または
観察者

接面

・情動の力動感（vitality affect）が実感という
動的な形（活性化輪郭:Activation Contour）
として体験される

・相互の隔たりが溶解する

・間主観的に感受される「感じ」として体験を
共有する「接面」が生じる

情動やそのvitality affectが交わされ
（媒介され）その接面に実感が生まれる

・言葉のニュアンスや身振り、表情や仕草に
思わず表出される「感じ」として、いつの間
にか間主観的に感受される相互浸透的
（Transaction）な体験の位相である

感性的コミュニケーション （相互浸透的）

※鯨岡（1999,p.149;2015,p.102）の図を参考に筆者作成

図6-1　二者関係における理性的・感性的コミュニケーションと接面の構造

4. 事例研究にむけて

　ここまで子どもとのワークショップの体験理解に向けて，新たな視点と研究方法の考察を進めてきた。アート系や教育・学習系ワークショップはもとより，様々な領域固有の原理や目的に根ざした体験理解とは異なる視点として，参加者と場を共にする実践者・関与観察者が場の情動の交わし合いである感性的コミュニケーションにおいて，vitality affect の感受から捉えることができるものを記述的に考察していく理論と方法が整理された。こうした方法を仮説として次章から実際にワークショップ実践において事例研究を行なう。

子どもアート・カレッジ 2012 を対象とした事例研究

　そこで，これまで取り組んできたワークショップ実践の中から，「子どもアート・カレッジ2012」（全7講座）の二つのワークショップを考察対象と

する。筆者はこれまでも自身が企画実施するワークショップだけでなく，芸術家や様々な実践家によるワークショップを企画し，また多く外部のワークショップに参加者として参加してきた。実際に他団体のワークショップで関与観察を行なった研究もあるが，今回は実践者・関与観察者の実感に根ざしたワークショップの体験理解のあり方を探るために，筆者自身が企画し，勤務する大学の演習を受講している学生らによるボランティアと共同で実施したワークショップを対象とした。後に紹介する二つの実践事例は，7回連続講座の初回と最終回であり，その間の4ヶ月間の取り組みの中で学生ボランティアはもちろん筆者自身も様々な体験をしており，長期間のプロセスの中で相互のあり様や関係性も変化していった。

　プログラムと当日の実施運営は共同で取り組んだ学生ボランティアが主として担当している。参加した子どもたちや保護者だけでなく，学生も含めた体験の接面における感受認識を捉えながらエピソード記述を基に考察を行なっている。その後，ビデオ記録から作成したトランスクリプトのコーディングによって概念を産出し，エピソード記述の考察結果と比較検討を行なった。エピソード記述による体験理解のみならず，間主観的な感受認識に基づいた体験理解の方法について，明証性や有効性の検証も行なっている。

　本事例は筆者と学生ボランティアとの小さな実践コミュニティによる取り組みである。外部の実践者や研究者等の関与はなく，実践と検証の質的担保には客観的判断材料が少ないという課題がある。しかし，場の中に関与する実感という内側からの体験理解とその記述や描写，考察に際しては，自らが主催し，直接協力を依頼して行なう実践であるからこそ詳細な記述や検討が可能となる利点がある。また，序章で検討した既往研究のほとんどはワークショップ実践者によるものである。ワークショップ研究では実践者自らがどのように自らの実践を捉え考察できるかを示すことが重要かつ有益だと考える。

　また，近年は親子で参加する形態のワークショップも多い。本事例も親子での参加も想定しているが，必ずしも必須というわけではなく，親子それぞれのかかわり方を受容している。親子で取り組むことで何が起こるのか，どんな体験や変容が引き起こされるのかという未知なる創発性も出来事として

捉えていこうと考えている。

　以上，ワークショップ実践での研究を通して，ワークショップの体験とは何なのか，ワークショップの体験理解の新たな研究方法やワークショップ実践の新たな可能性について，次章から実践的な考察を展開する。

註

1) トランザクション（transaction）とは，個人と環境，環境と個人の両極の影響の循環性を表す概念である（南，2004, p. 4）。トランザクションは相互浸透論としてデューイらのプラグマティズムにその源泉があるとされる。トランザクションとは現象を捉える視点であり世界観の一つである。1960年代の環境心理学の成立によって，人間と環境の相互浸透的な関係性を捉える視点としてトランザクションがその重要な視点として注目された。環境心理学は個人（individuals）と環境（physical settings）の間の相互浸透についての研究であるとされる（Gifford, 2007）。アルトマンとロゴフ（Altman & Rogoff, 1987, pp. 7-13）は相互作用論等との比較から，相互浸透論の特徴を次のようにまとめている。※南（2004, p. 7）による訳。

○分析の単位
・全体的なものは，分離した部分や要素ではなく，異なる側面からなり立っている
・側面は相互に規定しあっている
・時間的な特性は全体にとって固有なものである
○時間と変化
・安定性／変化は固有なもので，心理学的な現象の特徴を定義づけているものである
・変化はたえず起こっている
・変化の方向性はあらかじめ予定されているものではなく，（結果的に）生じてくるものである
○因果性
・形相因を強調，すなわちパターン，形や現象の形態の記述と理解
○観察者
・相対的：観察者は現象の一側面，異なる"位置"（物理的，心理学的）にいる観察者は現象について異なる情報を引き出す
○その他の特徴
・事象，すなわち人びとの集まり，空間，時間に焦点

・事象のパターンや形態の記述と理解
・一般的な原理の探求に開かれてはいるが，基本的には事象を説明することに関心
・状況にふさわしい原理や法則の実用的な適用
・そこに生じてくる説明原理に心が開かれていること
・予期することも受け入れられるが決して必要条件ではない

　ワークショップの体験理解においては，自己と他者，自己と環境との間の影響を，独立した個々の要素間の相互作用（interaction）として捉えるのではなく，相互に規定し合って出来事が生成されていく，時間を伴った動態として捉えて描き出す必要がある。その点で自己と環境との間での相互浸透というトランザクションの視点は，ワークショップの体験理解において手がかりを与えてくれる。

第 7 章
事例研究（1）　絵画表現ワークショップ

　本章では絵画表現ワークショップの体験理解について考察する。参加者は絵を描く中で何を感じ，場を共にする中でどのような体験をしているのか。関与観察と vitality affect の感受に基づいたエピソード記述による考察を行なうとともに，ビデオ記録を基にしたトランスクリプトからのコーディング分析を併用し，考察と分析結果との比較検討を行なう。

1.　絵画表現ワークショップについて

　このワークショップは，筆者らが企画した「子どもアート・カレッジ2012」の七つの連続講座の第一回講座である。実施に当たっては学生ボランティアが具体的な活動内容を企画し，準備から当日の運営までを行なった。活動名を「のびのび描くドローイング―心が色に溶け出す日―」として，絵画表現の活動を企画した。5メートル四方ほどの大きなダンボールを床に敷いて海に見立て，足や手，刷毛やローラーを使い，たくさんの絵の具で描いていく。今回は絵を描くことの技術講習ではない。全身で絵の具と一体となって描くことを楽しむ体験を味わってもらうことを意図して企画した。このように描かなければならないという方向づけや，表現の巧みさなどの評価はしないという考えで行なっている。その点では参加者一人ひとりが，または参加者同士で，絵画表現をいかに体験していくかというプロセスの創造自体が探究される活動であると言える。まさに高橋（2011）が言うところの，「造形の楽しさを誰もが享受できることを目的としておこなわれる」（p. 20），

図7-1　制作風景

差し当たっては「ワークショップとしか言えないワークショップ」(p. 20)
の実践だと言える。

　楽しく絵画表現に取り組む子どもの姿が予想されはするが，それが実際ど
のように体験されるかは始まってみなければ分からない。もちろん参加者が
発達的にどのような姿を見せるかを調査するわけではない。一人ひとりの絵
画表現との向き合い方は異なるであろうし，そうした中で参加者がどのよう
な体験をするのかを予断を排して捉えていく。

2. 事例研究の概要

(1) 事例の概要
○活動名：のびのび描くドローイング―心が色に溶け出す日―
○実施日：2012 年 X 月 X 日 10：00-12：00
○会場　：福岡県内公共施設
○参加者：3～9 歳の幼児・児童（13 名）
○スタッフ：筆者（主催者・観察者），団体メンバー1 名（記録），学生ボラン
　　　　　ティア3 名
○助成：独立行政法人国立青少年教育振興機構子どもゆめ基金

○倫理規定：申し込み時に研究目的で記録を行なうことを文書にて説明し，同意を得て参加してもらっている。当日も説明を行ない，撮影や協力はいつでも拒否できることや，公開に際するプライバシー保護等を説明し，承諾を得て行なった。

(2) 研究方法

　筆者は主催者兼スタッフの一人として関与しつつ観察を行なった。記録方法は固定ビデオカメラ（一部移動）とデジタルカメラでの撮影である。途中でメモをとる余裕はなく，終了後に印象に残った出来事をメモに書き起こし，エピソードに書き改めた後でメタ観察（省察）を行なった。その後にビデオ記録から発話を文字起こししたものに参加者の行為や様子を書き込んだトランスクリプトを作成し，M-GTAに依拠してコーディング分析を行なった。今回は連続講座の初回ということもあり，準備や実施体制が十分ではなく，ワークショップとしては以下のようにいくつかの点で厳しい展開となった。

・スケジュールの都合でスタッフ間の十分な事前最終打ち合わせができない
・講座の内容に対してスタッフ数が少ない
・汚れ対策，時間，水場確保などに使用会場の管理上の難しさがある
・上記の問題から参加者に実施後の感想を聞き合う時間がとれない
・スケジュール上の理由で実施直後のスタッフの振り返りができない

初回の本講座のみこうした条件が重なり，多くの情報源を活用してワークショップの体験を分析・考察していくことが難しい状況となった。スタッフが少ない中，筆者も観察しつつ実働スタッフとして終始慌ただしく活動した。

(3) ワークショップの概要と展開

Phase1：活動は2時間であるが，当日の準備も手一杯で，準備が終わる前

に受付が始まる時刻となった。そのため，使う絵の具を混ぜるところから子どもたちに手伝ってもらうことにした。そのおかげで準備もなんとか間に合い，開始の挨拶とスタッフ紹介や記録についての説明などを行ない，早速活動に入った。

Phase2：まずアイスブレイクとして「ジャンケン列車」の歌に合わせて，みんなで連なって海に遊びにいくという設定で遊びを行なった。

Phase3：雰囲気が少し打ち解け，砂浜に見立てた大きな段ボールの上で，絵の具を足につけて浜辺を歩くように段ボールの上に足跡をつけていく。足裏の感触を感じた子どもたちから歓声が上がり，一気に場の雰囲気が楽しくなる。絵の具の感触を面白がる姿や，滑る感触を楽しむ子もいる。

Phase4：ローラーや筆を用意し，じっくりと描く活動へも展開できるようにする。

Phase5：楽しくなってどんどんダイナミックに描くようになるが，じっくりと描きたい子も出てきたため，ここで段ボール（支持体）を分割し，より集中して描くこともできるようにする。

Phase6：じっくりと絵の具を塗る感触を味わい，没頭する姿も見られる。

Phase7：大分満足し，描き終わったところで片づけに入り，体や道具を洗って鑑賞の準備を始める。

Phase8：乾燥させた段ボールの絵を子どもたちの周囲を取り囲むように立てかけて，海の中のような空間をつくった。子どもたちは一枚の段ボールを

図7-2　足で絵の具をつけて砂浜を歩く

図7-3　ローラーと筆を使って描く

筏に見立て，それに載って鑑賞会が始まった。初めはあまり感想も出なかったが，学生のナビゲートによって次第に感想を述べ合う雰囲気になっていった。

Phase9：鑑賞が終わり，記念撮影をして挨拶とアンケート記入の時間をとって終了となった。

3. エピソード記述による考察

　ワークショップの体験過程において筆者が間主観的に感受した実感に根ざして抽出した出来事についてエピソード記述による考察を行なう。エピソード内のカオル，レイナ，ノリコの三人は学生で，カオルはファシリテーターを担当している。他は参加した幼児・児童である。筆者（笠原）以外は全員仮名である。

　なお，場の中で関与観察者である「私」の実感に根ざした事象の「ありのまま」を捉え，アクチュアリティとともに読み手に十分な明証性を持って伝わる（了解される）ことを意図して，エピソード内では「筆者」ではなく，「私」という言葉を使う。ただし，事後の分析や理論的な考察等においては適宜「筆者」と使い分けて記述する。

（1）エピソード１：こんなに汚れたの初めて！

［背景］

　自己紹介の後でアイスブレイクも兼ねて，「ジャンケン列車」の遊びで電車に乗って海に行く遊びをした。会場の近くに海行きの電車の駅が出来たという設定で，ダンボールを敷き詰めてつくった砂浜に子どもたちを連れだした。早速ファシリテーターのカオルが，先ほどみんなで準備した絵の具を足につけて浜辺を歩いてみるように誘う。絵の具のぬるりとした感触で歓喜の声が上がり，楽しくなった子どもたちの気持ちが高揚しだす。しかし，徐々に足についた絵の具でスケートをするように滑って遊ぶ子どもたちが出てきた。滑って転んだりするのだが本人は楽しそうである。怪我をしたり他の子を巻き添えにしないかと思い，私と保護者は心配になり，何度か「危ない」

と声をかける。その状況を見てスタッフのレイナがローラーを出してきた。おそらく足で塗ると滑って転ぶので，道具を使って描く方法を提示する意図もあったのだろう。ほとんどの子はローラーを使って色を塗り始めた。しかし，ノブヨシ（9歳）はローラーで塗りつつも滑って転ぶのをやめる気配はない。

［エピソード］

ダンボールの上にローラーで濃い青と水色の線が次々と描かれていく。その様子を見てファシリテーターのカオルが「うわあっ，海になっていく」と声を上げる。子どもたちは敷き詰められたダンボールの中央部に置いてあるトレーから好きな色をローラーに載せて描いていく。トレーの位置がシートの端にあると，シートを越えて壁やカーペットに絵の具が着いてしまう危険があるので，トレーの位置を中央部に変更したのだった。その周りをサトシ（6歳）が濃い青で取り囲むように線を描いていく。ノブヨシもローラーを持って滑りながら歩いては滑ってわざと転んでいた。転んで怪我をしてはいけないと思い，途中で声をかけて注意をしつつ，心配しながら見守っていた。保護者も心配して声をかけるが，一向に止める気配はない。そしてまたノブヨシが「バタッ！」と滑って転んだ。するとノブヨシは「こんなに汚れたの初めて！」と嬉しそうに声を上げた。そうした様子を見ていると，本当に彼はこうして滑って絵の具まみれになるのを楽しいと感じているのだなあという気持ちが，私の中に湧き上がってきたことを感じた。

［第一次メタ観察］

開始早々，絵の具で滑って転んだりするのを楽しんでいるサトシとノブヨシ。転んで怪我をしたり，他の子に迷惑がかかってはいけないと思って心配しつつ見ていた。試しに私も足に絵の具をつけて滑ってみたが危険という意識があったためか，滑る感触を楽しいと感じる気持ちにはなれなかった。「危ない！」と声を上げて心配する周囲のリアクションが面白く，注意を引きたいがために何度も滑って転んでいるのではないかとも思いながら，怪我をしたり，周りの子にぶつかったりしないようにと注意しながら，もう少しだけ見守ろうと思っていた。

しかし，その後に滑って転んだとき，ノブヨシが「こんなに汚れたの初め

図7-4　こんなに汚れたの初めてとはしゃぐ姿

て！」と，とても嬉しそうに声を上げたのだ。そしてその声や表情から，「この子にとっては本当に面白いんだな……楽しいんだな……」と，彼の楽しい「感じ」が私の中にも突然湧き上がってきたのである。今までは危険な行為としか感じなかったことが突然，彼自身が心から楽しいと感じているのだという「感じ」が，私にも伝わってきたのである。

　[第二次メタ観察]

　この感じ方の変化で重要なのは，ノブヨシが「こんなに汚れたの初めて！」と，とても嬉しそうに声を上げたときの声や表情から「この子にとっては本当に面白いんだな……楽しいんだな……」と，彼の楽しい「感じ」が，私の中に伝わってきたことである。

　何がそうした「感じ」を伝えたのかといえば，「こんなに汚れたの初めて！」という言葉（理性的コミュニケーション）の表情や声のトーンに表出されている気持ち（情動）の力動感が，彼が心から楽しいと感じているあの「感じ」を伝えた（感性的コミュニケーション）のだと考える。それまでも楽しそうにしている様子を見てはいたが，それ以上に心配であったため，その楽しさの情動が私には感受されていなかったのである。ノブヨシの楽しさが理屈で分かったというよりも，「こんなに汚れたの初めて！」と嬉しそうに言うノブヨシの言葉とその姿全体が発する楽しさの力動感が私に伝わり，

それに近い情動を喚起させるといった情動伝染（affect contagion）（Stern, 1989, pp. 167-168）が彼と私の間に起こったと言える。他者の感じる主観的体験と似た感覚が私にも伝わってくるという間主観的な共感が起こった瞬間である。それは同時に，彼の情動が通底してきたことで生まれた「私」の感受認識の変化でもある。こうした変化は vitality affect が情動の力動感を伝えることで引き起こされた，彼と私の接面における感受認識の変容とその動態なのである。

(2) エピソード２：ジュンイチが絵の中に

［背景］

ローラーや筆を使い，絵の具まみれになって全身で絵を描いている参加者たち。一人ひとりが自分のダンボールを決めて，それぞれの海を描くことに集中していく。自分が思っている描きたい形や絵の具の色，描く感触に触発されて制作が進んでいく。ジュンイチ（6歳）も手で絵の具を塗ったりしながら，描くことを全身で楽しんでいる様子である。

［エピソード］

立って歩いている子はおらず，みんなしゃがんで黙々と塗っている。色がどんどん複雑な重なりを見せて深みが増している。みんなとても集中している様子である。ジュンイチはダンボールに顔を近づけて黙々と手のひらで青色を伸ばしつつ塗り込んでいる。手のひらで絵の具を伸ばす動きと，色が塗り広がったり混ざり合ったりする様子を，何も言わずに食い入るような眼差しで見つめながら描いている。そうした無言で色の変化を見つめる表情と，その感触をしっかりと感じながら描いているようにゆっくりと繰り返し動かす手の動きを見ていると，彼が深く没頭しているように感じられる。カオルも「すごい，手で塗っている，手で伸ばしている」と思わずその集中した姿に言葉を漏らす。ジュンイチは手で塗り広げたり，滑ってお尻をついたり，絵の上に寝転んだりしている。手足も青や緑色になっており，ジュンイチが絵を描いているというよりは，むしろ絵のなかにジュンイチがいるような感じに見えてくる。

図 7-5　絵の中にいるようなジュンイチ

[第一次メタ観察]

　ジュンイチはダンボールに顔を近づけて黙々と手のひらで絵の具を伸ばしながら塗り込んでいる。無言で絵の具をじっくりと塗り広げることに没頭している様は，我を忘れているように見える。確かに，絵の具の感触や，塗り広がる色の変化の様子，目の前に広がる色の世界，それが絶えず自分の体の動きや感覚と共にあるという，絵と繋がっているという感覚を感じているのではないかと思われる。

　しばらくすると手だけでなく，滑ってお尻をついたり，絵の上に寝転んだりしている。先程は顔がダンボールや絵の具にくっつく程近づいていた（しかしまだ距離があった）が，今はもうダンボールや絵の具と身体全体が接地している。手を通して知覚していた「絵と自分」という物理的な自他の隔たりはもはやなくなっており，おそらく感覚的には繋がっているように感じているのではないかと思われる。こうした絵と渾然一体となっているように見える様子から，ジュンイチ「が」絵を描いているとか，ジュンイチと絵が別の存在であるとは感じられず，絵の中にジュンイチがいるように見えてくるのである。

[第二次メタ観察]

　絵と溶け合うように見えるジュンイチの体験とは何なのであろうか。矢野（1996）は遊びや芸術体験における自他の区分けや隔たりが溶解するような

体験を「溶解体験」と呼ぶ[1]。おそらくジュンイチが無言で絵の具や手先をじっと見つめながら絵の具の感触を味わい没頭しているその様子が，ジュンイチは絵の具の感触を体全体，気持ち全体でもって深く味わっているのだ，という感じられ方を私にもたらすと考える。客観的に見ればジュンイチは絵の上にいて描いているのだが，筆者の主観的な「感じ」としては絵の中にジュンイチが気持ちと体ごと溶け込んでいるように感じられるのである。

　こうした姿はワークショップの活動名「のびのび描くドローイング―心が色に溶け出す日―」にある，解放された心が色と溶け合っていくような深い絵画表現の体験そのものである。心と体が色に溶け合うほどに我を忘れ，意識と無意識の両面で色と混じり合って戯れる体験の様子から伝わってくるのは，言葉なき感覚的な体験の味わいへの没頭であり，描く中で感受する「感じ」の心地よさや快感情を連続的に味わおうとする姿であるといえる。

　この連続的に快感情を味わうというのは，自己と環境（絵画）の接面に感受される「感じ」としての vitality affect が持続的に感受され続ける動的な体験の形「活性化輪郭 activation contour」とその affective な相互浸透的動態である。スターンは vitality affect を絵画表現ワークショップのような，「いま，ここ」での美術表現の生成的事態については考察を行なっていない。しかし，接面において間主観的な感じを共有する他者を絵画という「環境」で置き換えてみると，絵の具や支持体，色や形との生成的な体験過程の実感を，自己と環境との間の接面の実感と捉えることができる。彼が繰り返し色を塗り込む姿とは，連続的にこの手に伝わってくる「あの感じ」や，目に入る「あの色の変化」を味わいたいと感じ，繰り返し体と気持ちが引き込まれていく状態であると考える。それゆえに，彼のこの一連の様子は，自己と環境（絵・絵の具）との相互浸透だといえる。ジュンイチは色と戯れ，色と混じり合い，色に溶け込んでいるように見えた。色と絵の具にまみれているのであった。何らかの再現的描写を意図して描いているわけではないとすれば，何度も塗り重ね，色の変化や色の重なり，べっとり，つるつる，とろ〜り，といった視覚的な変化や触覚的な感触を味わっているということになる。こうしたジュンイチの姿とは，絵画表現と絵の具や段ボールといったメディアの特性との間に生まれる感触の変化による気持ちよさ，心地よさとい

う，自分と絵の間に生成する接面の実感を繰り返し味わっている姿であると言える。

　ジュンイチのこうした自他の境界が融け合い交じり合う体験とは，先の「主語がない現象領域」での体験であり，言葉で自覚的に言い表し，自己と他者・環境を明確に分けることもできない，分離不可能な原初的な体験の層にあると考えることができる。そうした体験とは無様式な vitality affect によって媒介される，言葉にできない力動感に突き動かされた体験である。このエピソードにおいて絵画表現の体験の内的実感を vitality affect の感受の動態として捉えることが可能であることが見えてきた。

（3）エピソード3：楽しくなって動き出す

[背景]

　描く活動が終わって片づけを始めた。道具や手足を洗って鑑賞会に臨む。スタッフは会場をぐるりと囲むように絵を立てかけて並べた。周りの空間を海の絵で囲み，海の中にいるような空間をつくった。その真ん中に一枚のダンボールを置き，海を旅する筏に見立てた。カオルがみんなを筏に載せて鑑賞会を始めた。「この海描いた人！」と尋ね，手を上げた子にどこを頑張ったかを尋ね，一つひとつに丁寧にコメントをしていく。絵の具で描いた絵だけでなく，画用紙の切り抜きで作った魚を絵の中に塗り込んで隠した子もいる。そうした作品も紹介しながら順番に鑑賞を進めている。

[エピソード]

　子どもたちがダンボールの筏に載り鑑賞会が始まろうとしている。手を洗いに行っていたミナエ（3歳）は「魚，魚〜」と言って，両手を合わせて前に突き出して，魚になって駆けて戻ってきた（図7-6）。アキコ（8歳）は狭い筏の段ボールにみんながひしめいて載っている様子を「沈没船の先っぽに座っている人みたい」と言って，弟のリョウスケ（6歳）を抱っこしている。鑑賞が始まるまでの僅かな時間も子どもたちは思い思いに海の筏ごっこを楽しんでいる。

　魚になっているミナエの様子を見てカオルが「魚みたいになってるね」と筏に載ったみんなに向かって言う。ミナエは「魚，魚！」「ここにお魚いる

図7-6　楽しくなりお魚になって走り出す

よ！」「お魚，いっぱい泳いでる〜」と言って，立てかけてある海の絵の中に隠されている魚を発見して楽しんでいる。楽しい気持ちでいっぱいで，鑑賞会が始まるまで待てないようである。

　鑑賞会が始まりカオルが作品を一つずつ紹介していく。「この海描いた人！」と言って制作者にどこを頑張ったかなどを訪ねている。そんななか，突然ミナエが「お魚，お魚〜！」と言って，魚になって再び駆け出した。ミナエはみんなと次々に絵を鑑賞し，海の世界の想像が膨らんできて，その楽しさに心と体が突き動かされたのではないだろうか。突然また魚になって駆け出す様子を見たとき，拍手でもなく，凄いとか上手といった言葉でもなく，楽しさの情動が強い力動感となって直接ミナエの体を突き動かしているように感じた。海のお魚ごっこを想像して体と心をたっぷりと想像の世界に浸し，楽しさを味わっているように見える。

　［第一次メタ観察］
　ミナエは海の世界を描くことを随分楽しんでいたようである。最年少の3歳児であるが，ローラーを持って最後まで色を塗ったり，魚を描いたりしては，スタッフのノリコやレイナに見てもらい嬉しそうであった。鑑賞会が始まり，みんなの絵が自分たちを取り囲むと，まるで海の中にいるような雰囲気になり，ミナエは「お魚，お魚〜！」と言って会場内を駆け回りだした。両手を体の前で合わせて魚の形になり，嬉しそうに走り（泳ぎ）回る。自分

たちが描いた絵が集まって大きな海になったことの嬉しさや，筏に載って鑑賞するという展開も楽しいと感じたのだろう，つい魚になった気持ちで駆け出してしまったようだ。子どもは嬉しくなりワクワクすると体が飛び跳ねることがある。気持ちが高まると居ても立ってもいられなくなり，体が知らず知らずに動き出す。ミナエは海の世界を想像してそれを存分に楽しんでおり，楽しさや嬉しさの情動の力動感に，体が突き動かされている状態にあると考える。

　［第二次メタ観察］

　絵画で作られた海の世界を体と心で存分に楽しみ，魚になって嬉しそうに駆け出す姿とは，内面に湧き起こる楽しさや嬉しさの情動の強い表出が身体レベルで現れた姿であると考える。駆け回る体の動きや，「お魚，お魚〜！」と何度も言葉を繰り返したり，鑑賞の途中で後からまた衝動的に体が突き動かされるような姿とは，楽しさの情動の持つ vitality affect の力動性によるものであり，その力動が直接的に体と心を突き動かしていると考える。そう考えると，この「お魚〜！」という一連の動態は，体験の実感としての affective な全体性の形（form）の表出だといえる。

　年齢が上の子どもたちは感じたことを言葉や拍手という間接的な表現形式によって表すことができるが，3 歳児のミナエにおいては感じた気持ちはより素朴な身体的な表出に繋がりやすい。ワークショップの体験の中で感じ取り，意識を向けていかねばならないものとは，制度化されて相互に理解可能な間接的表現形式として顕在化する相互作用的な事象だけでなく，情動と身体現象が一体となった直接的で制度化されていない内的情動の力動感の表出によって感受される，こうした姿であろう。ミナエの行動は一見すれば楽しそうな微笑ましい姿の一つにしか見えないものである。しかし，「お魚，お魚〜！」と言って走り回るその姿（form）が表し（表出）ている，彼女が実感している体験とは何かを内側から捉えようとするならば，ワークショップで体験している楽しさの情動の vitality affect が，彼女の身体と心を突き動かしているという事実を間主観的に知ることができるのである。

（4）エピソード４：カオルのファシリテーションの変化

[背景]

　事前の打ち合わせで，鑑賞時にどのように子どもたちに声をかけるかを学生と話し合ったとき，「頑張ったところはどこか」を尋ねるという意見が少なくなかった。それに対して私は絵を描く体験をした子どもたちに「頑張ったところ」を尋ねる意図は何かと問いかけた。たとえそれが感想を引き出すきっかけの言葉であったとしても，絵を描く体験とは頑張る以外にもかなり多くの体験があるはずである。どのように声をかけて何を尋ねるのか，ファシリテーターの表現観が顕れるところである。

　当日，活動が始まると，「海になってきたね！」などと直接的に形や色を示す誘導的な言葉も発せられ，海の絵を描かせる意識が働いていることを感じた。鑑賞会は「一番頑張ったところはどこですか？」，「上手！」，拍手という形式化されたやり取りになっているように見えた。子どもたちが互いの絵をちゃんと見ているのかどうかも少し心配になってきた。そんな気持ちを抱えながら，どうしてもそれは違うと思うところはカオルに伝えるが，それ以外はできるだけ彼女の判断を尊重して進めていくことにして様子を見守った。

[エピソード]

　鑑賞のとき最初カオルはあまり絵の具体的な内容には触れなかった。どこを頑張ったかを尋ねては「上手！」と言って拍手していた。しかし７作品目の紹介では，「ほら，これ見て，みんな分かる？　何匹いるか」と子どもたちに尋ねるようになった。するとアキコが「１，２，３，４，５！」と魚を数える。リョウスケも「１，２，３，４」と絵に駆け寄って隠れている魚を数え始めた。「すごいね，魚隠したんだって。海の底みたい。深海みたい」とカオルが感想を言うと，さらに他の子も「タコが３匹でしょ！」，「タコが３匹いる！」といってサトシの絵の中に塗り込められた魚を探し始めた。このように，カオルも見ている子どもたちに質問し，絵の世界に引き込み，互いの絵を見る楽しさが高まるような声かけへと変化していった。そして９作品目の紹介では，「タコから墨がポーイッて！」と言いながら実際にジェスチャーを付けて画面の中のタコが墨を吐き出す動きを表した（図7-7）。言葉だけ

図7-7　鑑賞の様子

でなくジェスチャーが付くことで音と墨の動きの躍動感を伴ってタコが墨を
吐いているところが思い起こされる。絵の中の躍動感がこうした言葉とジェ
スチャーにのせて発せられることで，みんなで見ているこの場の中にも絵の
世界の躍動感が引き出されてきたように感じた。

　初めは絵をちゃんと見て言っているのか疑問を感じる点もあったが，次第
に声のかけ方が変わっていき，子どもたちも食い入るように互いの絵を覗き
込み，魚を探したり，感想を伝え合うように変化していった。

　［第一次メタ観察］

　人手が足りなくスタッフとしては少し慌ただしい展開であったが，なんと
か鑑賞会の時間となった。カオルは当初，頑張ったところはどこかと質問
し，形式的なやり取りを繰り返していたが，徐々に鑑賞をナビゲートするこ
とにも慣れてきたのか，絵に描かれているものや自分が感じた印象を伝えた
り，子どもたちにも問いかけたりしながら鑑賞を進めるように変化していっ
た。子どもたちも魚やタコを探したり，友だちが描いた絵を楽しみだすよう
に変化した。

　本研究で取り上げたエピソード以外の箇所でも，「（ウニの白い絵の具が）
バアーってなっているね」と言って，白い絵の具で描かれたウニがたくさん
並んでいる「感じ」の状態を，「バアーっ」というジェスチャーと擬音語で
伝えている。カオル自身が絵の世界の中にある力動感を感受するように変化

してきたことによって，それを擬態語とジェスチャーによって伝えるように変化している。そのため，子どもたちは自分の目による知覚に加え，カオルが感じた印象とその力動感を，擬態語とジェスチャーから感受することになる。それによって次第にこの場は，鑑賞という観る行為とそのための言葉のやり取りという理性的コミュニケーションに加え，情動や様々な実感が持つ感じが相互に行き交うような，感性的コミュニケーションの場へと変化していったと言える。感受された絵の「感じ」が纏う力動感を，擬態語や動きジェスチャーの中に vitality affect の力動感を表現し媒介させていくことで，子どもたちもより絵から力動感を感受するようになり，自らも主体的に鑑賞を楽しむように相互に変化していったと考える。

　［第二次メタ観察］

　鑑賞会も中盤を過ぎると，子どもたちと作品との距離は次第に縮まっていった。友だちの絵の中に魚やタコを見つけては歓喜する姿も見られるようになった。こうした参加者の変化とは，カオルも含め，鑑賞している参加者が感じている実感としての「感じ」を相互に交わし合うことで，一緒に絵を見ることが楽しいと感じられるようになってくるような情動がこの場に満ちていったという「場の変容」と捉えることができる。

　感受した感じやその力動感を，vitality affect を伴ったジェスチャーと声でもって表現した「ポーイッ」は，その事物が引き起こす効果を子どもに強く印象づけようとするボーカル・マーカー（vocal marker）（Newson, 1978, p. 176）であり[2]，音声と動作を「力動的に型取って表出」（鯨岡，1999，pp. 208-209）している。このようにジェスチャーと声で力動感が表出され，コミュニケーションを通して媒介されることで，カオルの感じている情動や力動感は間主観的に参加者間に共有されていく。

4. エピソード記述の総合考察

　以上のエピソード記述によるメタ観察を総合的に考察する。まず，ワークショップの体験からエピソードとして浮かび上がった出来事とは，ノブヨシの楽しさを体全体で感じている姿であり，描く感触に没頭しているジュンイ

チの心地よさ，嬉しさや楽しさの情動の力動感がミナエの体を突き動かして
いる様子であり，鑑賞でカオルが絵の躍動感を声やジェスチャーで伝える様
子から互いに絵を観る楽しさが深まっていく参加者と筆者の感受認識の変容
の姿であった。

　こうした姿に共通しているのは，情動の力動感や「感じ」としての実感が
相互に媒介・共有されることで，楽しさの情動や描く体験の心地よさが深
まっていき，そうした場の情動を共に感じ合い，循環的に場をつくり出して
いった体験過程が生まれたことである。その際のカオルや筆者も含めた参加
者と場の変化は，「流動する過程のなかで相互に浸透し合う領域」（南，
2006, p. 11）にあり，ここに人間と環境（場）のトランザクションがあっ
た。そうした参加者相互の相互変容を生み出し，身体と心を突き動かしてい
たのが情動の力動感である vitality affect であった。これらのことから
vitality affect は主体間に媒介・共有される情動の力動感であるだけでなく，
参加者たちを変容させ，場そのものさえも突き動かす力動的な作用にもなる
と考える。

　また，これらの場面は，彼らが感じている体験の実感を，筆者が最初から
同じように感じられてはいない場面で起こっている。言い換えるならば，起
こっている事象を絵画制作に直接につながる合理的で理性的コミュニケー
ションとして相互作用的に理解しようとしていた時には感受しえなかったこ
とである。その時の感受認識は，危ないとか，没頭している，または楽しそ
うだとか，形式的な言葉のやり取りで鑑賞が進められている，といったよう
に，場の管理者としては不可欠な行為レベルでの状況認識であった。しか
し，体験の接面での実感に間主観的に繋がってくると，そうした参加者や出
来事との距離のある外部者の立ち位置が，一気に彼らの実感を共に感じる場
の内側からの感受認識に変わったのであった。その変化は筆者の「私」の主
観において間主観的に感受される実感を通して体験できるものであり，その
変化が起こった時，筆者の立ち位置はワークショップにおいて外部者（責任
者ではあるが）としての客観的な立ち位置から，参加者と共にある体験の中
に，つまり接面パラダイムでの関与へと変位したのだ。

　このように，ワークショップにおいて観察者は当初は理性的コミュニケー

ションに依拠し，スターンの言う相互交流における出来事ベースに基づい
て，出来事を相互作用として認識し理解しようとすると考える。そのとき観
察者はワークショップを運営する側の外部者の視点に位置しており，参加者
との情動的な接面には未だ十分に繋がっていない。しかし，参加者との接面
に繋がったとき，体験の実感が観察者側にも通底してくる。それは vitality
affect が媒介する感性的コミュニケーションに根ざした間主観的な感受認識
であり，スターンのいう体験・情動（How）ベースでの相互交流の体験理解
への変位である。その時，観察者は共に感じる体験の実感を味わい，楽しさ
や悦びなどの情動がこちらの身体と心に伝染し，共にある体験，共に感じる
体験を参加者と共有するように感受認識と事象を捉える視点が変容してい
く。

　ワークショップの体験過程においては，物理的・客観的に場を共にするこ
とが必ずしも体験を実感レベルで共にしていることを意味しない。それゆ
え，当初から同じ場にいるにもかかわらず，観察者の立ち位置やパラダイム
が変位した途端，共にある参加者との接面に繋がったという実感がもたらさ
れ，相手の体験の実感がこちらにも伝わってきたという感受認識がもたらさ
れるのである。こうした感受認識の変容は，実感に根ざした体験理解の手が
かりとなる。

　ワークショップの場の中で何を感受し捉えることができるかは，実践者の
場へ臨む立ち位置によって大きく変わってくる。しかし，そうした感受認識
に基づいて実践者はファシリテーターとして場に内在し，場を構成する一人
として関わっている以上，ワークショップの体験理解に際しては実践者の立
ち位置のあり様は無視することのできない重要な要因となる。そしてそのあ
り様は一様ではなく，ワークショップの展開の中で変容していくものなので
ある。

　以上，エピソード記述を通して実際にワークショップ体験について実感と
繋がった記述と体験理解がもたらされ，関与観察者の拠って立つ視点の違い
がワークショップを捉える視点の違いとなっていることが示された。

5. コーディングによる分析

（1）産出された五つの概念

　次に，ビデオ記録から作成したトランスクリプトを時系列に沿って意味的まとまりをもったユニットに分割し，M–GTA に依拠してコーディング分析を行なった。23 個のユニットから体験を説明する概念について 4 次カテゴリーまで分析を行ない（表7–1），五つの概念を産出した。その上で全ユニット中の概念の出現状況を確認してワークショップの体験構造を考察し（図7–8），産出された五つの概念を用いてストーリーラインを作成し，このワークショップの体験がいかなるものであったかを描き出した。

　M–GTA は GTA の問題点とされたデータの切片化による全体性及び観察者やデータの固有な特性が低減される問題を修正し，できるだけ分析者固有の特性を活かした形で概念を産出することを目指している。質的研究法の中では比較的，一般化を志向する研究方法である。この点で M–GTA はより分析者や質的データの特性に配慮した分析方法とされる（木下，2003）。分析の過程では概念毎に分析ワークシートを作成しながら概念を産出し，全ユニットからの産出が終わった後に再度全ユニットと分析ワークシートを照らし合わせて理論的飽和に至った。M–GTA は概念毎の分析ワークシート作成を基本とするが，ワークショップという 2 時間の活動を対象とした分析では概念の多くは時系列に沿って産出される傾向がある。本研究ではワークショップ展開の理解のしやすさを考慮し，データシートを時系列の表形式で掲示する（表7–1）。以下が各概念の説明である。

〈五つの概念〉
【1：受容と安心感】
　受容的で肯定的な雰囲気が安心感と体験の深化を生み出す
【2：情動の表出・表現】
　情動の力動感に即して表出と表現を生きる
【3：溶解体験】
　目的や意図を越えた「いま，ここ」でのメディアの媒介による身体や意識

表7-1 コーディング表（一部抜粋）

Unit	1次カテゴリー	2次カテゴリー		3次カテゴリー	4次カテゴリー
1	委ねることで主体的になる	当事者性や互恵性による主体性の高まり		2：受容的で肯定的な雰囲気が挑戦を生み出す	1）受容的で肯定的な雰囲気が安心安全と体験の深化を生み出す
2 5 6 17 18	安心安全と言ってもよい雰囲気 素直な感情表出が肯定される場 相互に共感を交し合うことに開かれた場 互いの情動や行為が相互にアフォードする 客観的な視覚特性以上の生気情動（vitality affect）を伝える方法	素直な気持ちや情動を，言葉や行為で表出・表現してよいという安心安全な場を創り，生きる体験をする		1：相互の情動の表出と感受による安心安全の表出	1）受容的で肯定的な雰囲気が安心安全と体験の深化を生み出す
11 19 21	頑張りでは捉えられないこの場の体験 自分の「いま・ここ」での気持ちやあり方が受容されている感覚 予め教育的な目的設定をしない中での意味生成と相互の変容（トランザクション） 場の安心安全が表出・表現・コミュニケーションの相互浸透（トランザクション）を生み出す	ファシリテーターが方向を持ちつつも目的は個々に委ねられることで，参加者の相互浸透による意味生成が生まれるが，意味は「頑張り」という言葉の意味カテゴリーでは捉えられない	常に頑張ること，ちゃんとすることを，無自覚に持ち出す意識の弊害を自覚すること 場の目的の違い	10：現象を捉える言葉が現象の意味をつくる	5）現象を捉える視点・言葉（概念）・場の特性が，体験との出会いとその意味を変える
20 23	積極的・主体的に動き，話して鑑賞できる場の雰囲気が生み出した変容 どんな気持ちも肯定的に受容する雰囲気が挑戦や積極性を生み出す（アフォードする）	自由に動いても話してしても構わないという認識の共有が肯定的で受容的な雰囲気を生み，挑戦や積極性を生み出す	人は真に自由であ る時に自らの枠を 越えようとする。 （相互的にも…）	2：受容的で肯定的な雰囲気が挑戦を生み出す	1）受容的で肯定的な雰囲気が安心安全と体験の深化を生み出す
3 8 10	感覚や体験の共通性 自分と絵との溶解体験 自分と絵との溶解体験	記憶やイメージ，身体と意識，感覚と媒介物などが相互に溶解し，共通性を帯びるような体験が見られ，そこに快の感情体験がある		4：身体感覚を意識やメディアとの溶解による快感情の体験	3）目的を越えた「いま，ここ」でのメディアの媒介による身体や意識の溶解体験
11 15	「頑張り」では捉えられないこの場の体験 自分が感じたことを素直に表現すべきという固定観念の相対化	無自覚な言葉の使用に拠る体験理解の歪み（バイアス） 観察者のバイアスや一般化された現象理解の固定観念への自覚		10：現象を捉える言葉が現象の意味をつくる	5）現象を捉える視点・言葉（概念）・場の特性が，体験との出会いとその意味を変える
				12：暗黙の固定概念の顕在化と相対化	5）現象を捉える視点・言葉（概念）・場の特性が，体験との出会いとその意味を変える
18	客観的な視覚情報以上の生気情動（vitality affect）を伝える方法	情動を交し合う悦び／緊合希求性		7：情動の表出と感受による相互変容	2）情動の力動感に即して表出と表現を生きる
				9：参加者との情動の媒介はファシリテーションにおける感性的コミュニケーションである	4）非直接的な感性的コミュニケーションによる情動の媒介・共有
14	内面的なものが身体現象レベルで表出される	動きに気持ちが現れる		5：情動が身体を突き動かす	2）情動の力動感に即して表出と表現を生きる
4 9 14	他者の感覚的な快の感受・理解と納得 感触を何度も味わいたいと繰り返す刹那性 心からこの場やイメージの世界を楽しんでいることが分かる 自分の「いま・ここ」での気持ちやそ	見えている行為や様子から推測・判断する「反省」は理解にはなりにくい。「確かにそうだね」というのは反省的理解。しかし，「ああっ，そうだったんだ！」と驚きを伴って分かるのは共感であり，他		3：目的や意図を越えた「いま，ここ」からの意味生成	3）目的を越えた「いま，ここ」でのメディアの媒介による身体や意識の溶解体験

19 20 21	のあり方が受容されている感覚 行為や振る舞いの意味を感受・理解し，納得し捉える視点が変容する 親の視点の変化	者の感覚的な快の感受・理解と，それについての納得である。その際にこちらの視点が変化する体験となる	11：非反復的な感覚的な納得が体験を捉える視点を変化させる	5）現象を捉える視点・言葉（概念）・場の特性が，体験との出会いとその意味を変える
5 7	短い言葉に込められた気持ち：「おれこんな色嫌い！」 短い言葉に込められた気持ち：「足でした！」（足で色を塗った！の意）	何気ない短い発言にも子どもの気持ちが見えてくる （感性的コミュニケーションに着目した観察の手がうたう）	6：何気ない言葉に情動が浮かび上がる	2）情動の力動感に即して表出と表現を生きる
20 21	行為や振る舞いの意味を感受・理解し，納得し捉える視点が受容する 親の視点の変化	分析視点「行為の背後にある気持ちが分かる」に同じ	11：非反復的な感覚的な納得が体験を捉える視点を変化させ	5）現象を捉える視点・言葉（概念）・場の特性が，体験との出会いとその意味を変える
6	共感を求めたくなるような気持ちになる：自分の絵を見せる	自分の感覚やその表出・表現を，共に味わい，認め，肯定してくれる他者が居る場を，嬉しいと感じる姿。根源的な両義性	2：受容的で肯定的な雰囲気が挑戦を生み出す	1）受容的で肯定的な雰囲気が安心安全と体験の深化を生み出す
16	楽しさに巻き込まれていくコミュニケーション：みんなでタコ探し	会話が媒介しなくても非言語的・非意識的・非顕在的・非直接的なコミュニケーションが共同の楽しさを生み出している →感性的コミュニケーション	8：非直接的なコミュニケーションによる情動の媒介・共有という繋がり	4）非直接的な感性的コミュニケーションによる情動の媒介・共有
16 21	楽しさに巻き込まれていくコミュニケーション どんな気持ちも肯定的に受容する雰囲気が挑戦や積極性を生み出す （アフォードする）	ワークショップの場の特性と参加者の変容「自由に動いても話してても構わないという場の認識の共有が，肯定的で受容な雰囲気を生み，挑戦や積極性を生み出す」に同じ	2：受容的で肯定的な雰囲気が挑戦を生み出す	1）受容的で肯定的な雰囲気が安心安全と体験の深化を生み出す
17	自他の相互浸透（トランザクション）という循環的な動態が人と関係性と場の変容を豊かに生み出す	相互の自由な情動の表出・表現を伴う言葉や行為を生み出した。目的はワークショップの中で相互浸透的に生成され，楽しさや快，悦びを伴った場の変容と人間関係の変容，各自の変容を生み出した。（保護者とスタッフにも同様に起）	9：参加者との情動の媒介における感性的コミュニケーションである	4）非直接的な感性的コミュニケーションによる情動の媒介・共有
11 12 13 17 18	メタ作法としてのワークショップ 自信をもって伝えることでみんなの見る意識が変わる ファシリテーターの進め方への私の視点の転換 互いの情動や行為が相互にアフォードし合う 客観的な視覚情報以上の生気情動（vitality affect）を伝える方法	ワークショップの進め方やファシリテーションの方法，その際の感覚や判断は人によって違うことを，違和感を感じる自分をきっかけに実感できる。時に他者のファシリテーションに委ねることで，自身の場の捉え方や暗黙の視点にも気づくことができる。ファシリテーションとは情動を参加者と共に通わせることにも大きな意味があることを再確認した。つまり，ファシリテーターも当事者なのであるということを再度実感	12：暗黙の固定概念の顕在化と相対化 9：参加者との情動の媒介はファシリテーションにおける感性的コミュニケーションである	5）現象を捉える視点・言葉（概念）・場の特性が，体験との出会いとその意味を変える 4）非直接的な感性的コミュニケーションによる情動の媒介・共有
15	自分が感じたことを素直に表現すべきという固定観念の相対化	自分の中に感じる声のみを表現しなければならないという自己表現に対する固定観念があった。私の気持ちや意識の固さであり，良い意味で「適当」であったり他者依存が含まれていたりすることも「あり」であることを改めて思い知る。固定観念を自覚＆リリースする作法	12：暗黙の固定概念の顕在化と相対化	5）現象を捉える視点・言葉（概念）・場の特性が，体験との出会いとその意味を変える
18	ワークショップの楽しさを捉える文脈の差異	ワークショップが「学校外・学習外目的」か「学校内・学習目的」の文脈かで，「楽しさ」とはその位置づけが変わってくる。「楽しさ」とはその前提と捉え方が変わるということを意識する必要がある	13：場の特性の違いによる体験の楽しさの位置づけの違い	5）現象を捉える視点・言葉（概念）・場の特性が，体験との出会いとその意味を変える

の溶解体験

【4：情動の媒介・共有】

　非直接的な感性的コミュニケーションによる情動の媒介・共有

【5：言葉の意味づけ】

　事象を捉える視点・言葉（概念）・場の特性が体験との出会いとその意味を変える

〈ストーリーラーン〉

　コーディングから産出された五つの概念を用いて，ワークショップの展開構造に即して説明すると次のようなストーリーラインができる。

　　まず，【1：受容と安心感】は参加者がワークショップの場に徐々に安心し馴染んでいく様子で，それが次第に【2：情動の表出・表現】を引き出していく。表出・表現がさらに進んでいくと，絵の具の感触や活動への没入による【3：溶解体験】が起こり，表現活動は充実感とともに終了へ向かい，鑑賞会の時間となる。絵画は各々で描いていたが，その間も共に場の情動を間接的に感じ合っていたために，カオルのファシリテーションが変化してくるとともに，参加者間の【4：情動の媒介・共有】が鑑賞においてより活発になる。こうした体験過程の中で参加者の予想を越える変容が起こり，筆者の感受認識も変容するなど，体験を捉える言葉や意味づけを考えさせられる【5：言葉の意味づけ】が生起したのである。

　こうした体験理解からは，ノブヨシやジュンイチ，ミナエやカオル，筆者に起こった個々の体験の実感や気持ちの変容は，エピソード記述ほどの固有性や直接性，アクチュアリティをもって示されるものではないが，コーディング分析はワークショップがいかなる体験過程を持っていたかを，体験や事象を概念的理解に整理して説明する形での体験理解を生み出すことが分かる。

(2) 五つの概念の時系列上の出現状況

　次に五つの概念がワークショップの体験過程の中でどのような時間帯に，どのようなコミュニケーションとして見出されるのか，ユニットに照らし合わせて出現状況を確認する（図7-8）。表中の「■」はユニット内の体験内容にいずれかの概念が該当する場所があることを示している。「EP」は先の四つのエピソードの位置を表している。まず表から分かるのは，概念の出現が表中左下から右上へと体験の時間的進行に沿って段階的に生成・出現することである。

　各概念の時系列上のつながりを見ると，【1：受容と安心感】は導入や足に絵の具を付けて歩いてみるアイスブレイク（Unit, 1-2），制作開始直後の体験（Unit, 4-6）を通して場に馴染みながら安心感を感じだす中に見出される。受容的で肯定的な雰囲気が安心感と体験の深化を生み出す様子はワークショップ全体の基盤ともなっている。ワークショップの中盤は安心感を感じて制作に没頭しているため出現はないが，後半の鑑賞では再度安心して互いの絵を鑑賞し合う中に出現している。最初の【2：情動の表出・表現】は開始部（Unit, 5-6）の絵の具を足につけて歩く場面や制作中（Unit, 10-18）に起こる。【3：溶解体験】は制作が始まり，徐々に没頭し始める姿として現れ（Unit, 3），絵画制作体験の深まりを示している（Unit, 8-19）。【4：情動の媒介・共有】は〔制作から鑑賞〕まで，参加者の感性的コミュニケーションが相互浸透的に深まっていく過程（Unit, 9-21）での体験の実質である。【5：言葉の意味づけ】はノブヨシの「こんなに汚れたの初めて！」の言葉の意味を考える出来事が最初に起こる（Unit, 4）。

　次に制作開始から鑑賞までの間に様々な形で筆者の感受認識と参加者の体験の情動とのズレや繋がりが生まれ，参加者の体験の意味について考える出来事が頻繁に起こる（Unit, 11-22）。このように参加者の情動へと間主観的に繋がることで，筆者の立ち位置は参加者と接面を共にする関係性へと変位していった。こうした参加者間の接面における情動の相互浸透という状況は，図7-8内の円形部〔制作から鑑賞〕が示す，Unit, 8-22 の五つの概念が一塊になった中盤以降の領域において起こっている。

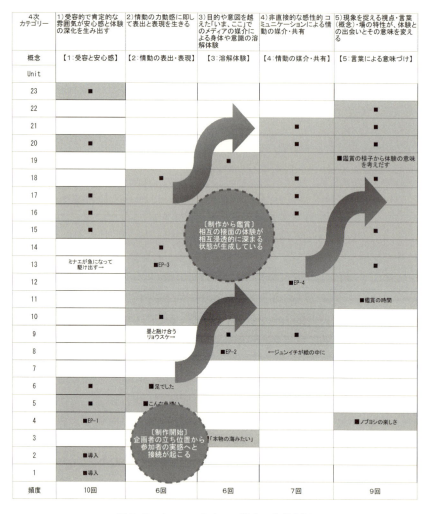

4次 カテゴリー	1)受容的で肯定的な 雰囲気が安心感と体験 の深化を生み出す	2)情動の力動感に即し て表出と表現を生きる	3)目的や意図を越 えた「いま、ここ」で のメディアの媒介に よる身体や意識の溶 解体験	4)非直接的な感性的コ ミュニケーションによる情 動の媒介・共有	5)現象を捉える視点・言葉 (概念)・場の特性が、体験と の出会いとその意味を変え る
概念	【1:受容と安心感】	【2:情動の表出・表現】	【3:溶解体験】	【4:情動の媒介・共有】	【5:言葉による意味づけ】
Unit					
23	■				
22					■
21				■	■
20	■			■	■
19					■鑑賞の様子から体験の意味 を考えだす
18		■		■	
17	■			■	
16	■			■	
15	■				
14		■			
13	ミナエが魚になって 駆け出す→	■EP-3			■
12				■EP-4	
11					■鑑賞の時間
10					
9		墨と融け合う リョウスケ→		■	
8		■EP-2		←ジュンイチが絵の中に	
7					
6	■	■足でした			
5	■	■こんな色嫌い			
4	■EP-1				■ノブヨシの楽しさ
3			■「本物の海みたい」		
2	■導入				
1	■導入				
頻度	10回	6回	6回	7回	9回

〔制作から鑑賞〕
相互の接面の体験が
相互浸透的に深まる
状態が生成している

〔制作開始〕
企画者の立ち位置から
参加者の実感へと
接続が起こる

図7-8　全ユニット中での概念の出現状況

（3）エピソード記述の包摂

　このように，ビデオ記録からのトランスクリプトを基にした 23 ユニットのコーディングが産出した概念と，それが時系列上にどのように出現しているかの配置を見ていくと，とりわけ〔制作から鑑賞〕にかけて，参加者相互の感性的コミュニケーションが活発になり，表現活動の媒介を伴いながら相互浸透していく状況が生まれていったことが分かる。先の 4 つのエピソードもエピソード 1（EP-1）は【1：受容と安心感】の Unit, 4 に，エピソード 2（EP-2）は【3：溶解体験】の Unit, 8 に，エピソード 3（EP-3）は【2：情動の表出・表現】の Unit, 13 に，エピソード 4（EP-4）は【4：情動の媒介・共有】の Unit, 12 に位置している。【5：言葉による意味づけ】については，エピソード記述におけるメタ観察は，全てこの【5：言葉による意味づけ】に至って行なわれる省察に含まれる。つまり，図 7-8 中の二つの円のエリア〔制作開始〕〔制作から鑑賞〕に全てのエピソードは含まれており，ワークショップ体験の重要な局面にしっかりと関連していることが分かる。

　これらのことから，四つのエピソードの考察からこのワークショップが参加者にとっていかなる体験（How）であったかを十分に理解することができた。その上でコーディング分析と比較した場合でも，エピソード記述は重要な体験の局面を前後の文脈やその断面の固有性とともに捉えていたことが確認できた。

6.　総合考察

　エピソード記述による考察とコーディング分析との異なるアプローチによる体験理解とその違いを踏まえつつ，本事例のワークショップ体験について総合的に考察する。

（1）体験の実感に根ざした明証性と「真実らしさ」

　ワークショップの中で生起する客観的な事実に加え，場の中で間主観的に感受される vitality affect の力動感を手がかりに，実践者が感受する体験のあり様についてエピソード記述を通して考察し，明証的な体験理解を生み出

した。こうした間主観性に基づく記述的考察は，様々な人々の異なる感受認識や多元的リアリティーによって構成される臨床的実践事例をうまく捉えていると考えてよいものであろうか。再度ここで検討を加えたい。

　芸術体験における感性的体験について認知論からの考察を行なったエフランド（Efland, 2002）によれば，美術教育における認知の働きには，ブルーナー（Bruner, 1996, pp. 165-166）の言う「語り的（narrative）」と「規範的（paradigmatic）」の二つのモードの経験があるとする。芸術教育において適用される認知観は，心的イメージやメタファー，語りを説明できて，その説明機能を果たせる認知操作を確認できるものである必要があるとする（Efland, 2002, p. 11）。「語り的（narrative）」モードは「真偽ではなく真実らしさを確かめること」，「いい話，熱中できるドラマ，必ずしも事実である必要はないが信じることのできる歴史的な説明」に訴えるものであり，芸術体験の理解に適する認知観であるとする（p. 8）。「語り的（narrative）」モードは，真実らしさとして確かめていくことで信じることができる説明として，芸術体験の一つの認知的な側面を成すとする。これは鯨岡が関与観察の中で間主観的に捉えたものを，エピソード記述を経て真実らしさとして信じうるだけの体験理解へと考察を深めていく事象理解の考え方と重なる。

　「こんなに汚れたの初めて！」というノブヨシの気持ちの表出は，まさに彼の体験を直接的に表しており，筆者にとっては彼の実感が伝わってきた驚きでもあった。ジュンイチの絵の中に溶けこむような体験は，絵を描くことの体験そのものに深く入り込んでおり，自他が溶解するような体験をしていることを感じさせるものであった。ミナエが感じている体験の楽しさは体を突き動かす力動の形として現れ出ていた。カオルが媒介する擬態語やジェスチャーの vitality affect はみんなに感受され，共に体験と作品鑑賞を味わう気持ちを間主観的につくり出していった。主観的・間主観的な実感に根ざしたエピソードの感受認識は，"信じることができる説明"というメタ観察での考察過程を経て十分な"真実らしさ"に至る。「語り的（narrative）」モードが真偽ではなく，真実らしさに至るとは，実感に根ざして十分にそうであると"信じることができる"ことだと考えることができる。これらのワークショップ体験におけるコミュニケーションの感性的位相は，エフランドの言

う「語り的（narrative）」モードとしての体験の認知的側面の考え方を踏まえれば，エピソードの考察（メタ観察）を通して十分に真実らしい信頼に足る体験理解へと至っており，十分にそうした側面を捉えていると考えてよい。

　人と人がかかわり合う現場での実践は，客観科学のように真偽が証明されるものばかりではない。まして一つひとつの行為や発言の背後にある意図的・無意図的な言動や心の動きまでを静的（static）な分析対象として切り出して詳細に相互作用を解き明かすことは，必ずしも動きのある体験事象の全体を表すものではない。ワークショップのような臨床的な場でのかかわり合いは絶えず変化し，二度と同じように再現されることはない。規範や原理，モデルは必ずしも当事者の実感を扱うものでもなく，客観的な行為・作用の仕組みを解明し，「人間行動の予測」（Mazumdar, 2006, pp. 81-83）を目指す研究になる場合が多い。その点では「規範的（paradigmatic）」な原理やモデルに基づく解釈や体験理解も，それ自体が一つの枠組み（視点）からの予断的または事後的な事象理解であることは免れない。

　本研究は予測に役立つ一般的知見の産出を目的に仮説検証を行なうものではない。むしろ，個々の体験をどう理解しうるかについて，理解のあり方と方法的な検討を行なうものである。だとすれば，一連の意味的まとまりを持った出来事の全体として体験をエピソード記述によって捉え，考察し，理解していくことは，客観的に真偽を証明するために行なわれるものではなく，人と人が接面を共に生き，実感を持って十分な"真実らしさ"を持った自分たちの体験理解に向かうことができるアプローチであると言える。エフランドの感性的認識の認知論からも，そのアプローチが有効であることが支持しうるものであると言える。

（2）トランザクショナルな体験過程としての感性的コミュニケーション

　ワークショップの体験過程においては，会話といった意識的で言語的なコミュニケーションに加え，ジェスチャーなどの身振りや表情といった非言語的で非直接的なコミュニケーションが，ワークショップの体験過程における参加者の変容や場の雰囲気の変容を生み出す重要な役割を担っていた。誰か

のある情動は他者に伝わり感受されることでその他者の情動や行為を相互にアフォードする。そうした相互のかかわり合いがワークショップの体験を織り成していた。

　先に南（2006）が述べたように，「私（自己）」の情動は「他者（環境）」の情動や行動をある方向や仕方にアフォードし，こうしたアフォーダンスは「自己—環境系のなかでトランザクショナルに産出され」（p. 30），予測できる相互のやりとり（相互作用）の先に予測できるものではないという。「自己と環境は，浅い次元でのトランザクションの相・層」であり，「深い次元において，両者は分離不可能な何かである」ため，そうした層を無意識と呼ぶならば，それは「自己の無意識であると同時に環境の無意識」であり，「主語がない現象領域」なのだという（p. 35）。

　エピソード２の「ジュンイチが絵の中に」では，自己と環境（この場合は絵）とが溶け合って一体になっていく溶解体験は，無意識的で非言語的なコミュニケーションが媒介していた。そこに自己の無意識と環境の無意識が繋がって一体となる層があることが南のトランザクションについての見解から推察できる。そうした深い層での繋がりとは，「ある」と同時に，「生み出される」ものであり，どのような方向性や形に「つくられる」のかを予め予想し定位することはできない。さしあたっては「環境が自己によりふさわしいかたちになるように変形し，自分のものとしていく過程」（南，p. 30）であるといえる。

　こうしたワークショップの体験過程においては，予め提示された目的に沿って形づくられる体験のみが生成しているのではなく，予め明確に設定することはできないにもかかわらず，より相応しい状態に各々が変容していくという，形式的合目的性に向かう感性的体験に媒介された，相互変容の体験が生まれているのである。

7. ま と め

　絵画表現ワークショップにおける参加者の体験について，体験過程での相互変容の姿とその意味を，関与観察と vitality affect の感受に着目すること

で明らかにしてきた。四つのエピソードはいずれも感覚と情動の力動感を
たっぷりと身体と心で味わう体験として浮かび上がってきたものであった。
体全体を使って絵の具で描く中で，体と心が色と形に溶けていくように没頭
していく体験や，楽しいという情動の力動感が身体を突き動かしたり，心か
ら楽しいと感じる子どもたちの情動が筆者にも伝わってくることが何度も起
こった。絵画表現（における作品の完成）に向けた合理的な理性的コミュニ
ケーションだけでなく，ジェスチャーや擬態語など，ワークショップにおい
ては非言語による間接的なコミュニケーションや，非自覚的・無意識的なコ
ミュニケーションが様々な形で，相互の，場の，雰囲気や情動を媒介・共有
していくことが分かった。

　このように，ワークショップにおけるコミュニケーションは，自己（身体
と心）と環境（他者，絵の具や場所等）が相互に複雑に絡み合い，溶解し，
相互浸透しながら，予期しない自分自身へ，体験へ，他者との関係へ，場の
あり方へと，参加者を少しずつ変容（transformation）させていく。そうした
変容体験において，情動が媒介されるコミュニケーションの感性的位相が大
いに影響していることが見えてきた。

　そしてもう一つ大事な発見はノブヨシの「こんなに汚れたの初めて！」と
いう，彼が絵の具の感触や体験を心から深く楽しんでいる気持ちが筆者にも
感じられるようになった変化が起こったということである。他者の体験の実
感に自分の体と心を共振させる手がかりがここにある。

　このような間主観的な情動の共有が起こることは，自己の体験の実感はも
ちろん，他者と共感する感覚や，場の情動や雰囲気を身体と心の全体で感じ
ることへの大きな手がかりになる。参加者相互の情動の vitality affect の感
受感応によって，間主観的な体験の実感に根ざした相互の繋がりが生成され
ることが分かった。この繋がりとは，共にあることというスターンが述べた
対人コミュニオンに通じるものである。こうした感性的な情動レベルでの繋
がりの体験とは，子どもたちとのワークショップ体験において重要な意味を
持つと考えることができる。

　そして研究方法について明らかになったのは，コーディングによる分析は
ワークショップ体験について概念的理解（説明）をもたらし，エピソード記

述による考察はワークショップの体験とは何かについて接面を共にする実感に即した体験理解と意味生成をもたらしてくれるということである。

註

1) 矢野の溶解体験は，作田啓一の「溶解体験（溶解指向）」に基づいている。自己と外界との境界が溶け去り，自己が対象の中に拡散し，また自己の中に無限を感じる，自他の隔たりが溶解する体験である。作田啓一「青年期の感性」(1979) 岩波講座：子どもの発達と教育 6（青年期発達段階と教育 3)，p. 107，pp. 110-112。／作田啓一 (1993) 生成の社会学をめざして，有斐閣，pp. 24-27。

2) ボーカル・マーカー（vocal marker）とは「声の符牒」(Newson, 1978a, p. 174) である。例えば，立って歩き始めた乳児の様子を嬉しさと同時に少し心配そうに見ていた母親が，つい，「よいしょっ，よいしょっ」と言って，一歩ずつ踏み出す動きに合わて声を発してしまうのもボーカルマーカーである。子どもの出来事や動きの特徴的なところを強調する抑揚をつけた声の符牒（しるし）であり，子どもにその動きや出来事を際立たせたり，感じ取らせたり，相手とその行動や感じを共感したり，子どもの行動を価値付けるような注釈となる。

第8章
事例研究（2） 映像表現ワークショップ

　本章では映像表現ワークショップを考察する。絵画表現に比べると造形活動だけでなくストーリー作りや演技，撮影など，多様な表現活動の特性が含まれ，より多くの協同的なかかわり合いが必要となる。こうした映像表現ワークショップを対象に，関与観察と vitality affect の感受に基づいて，エピソード記述による考察とコーディング分析との比較考察を行なった。

1. 映像表現ワークショップについて

　このワークショップは，前章同様，「子どもアート・カレッジ 2012」の七つの連続講座の最終回，第七回講座である。実施に当たっては学生ボランティアが具体的な活動内容を企画し，準備から当日の運営までを行なった。連続講座であるため，多くの参加者がリピーターとなっている。前六回の内容と体験を積み上げながら，最終回として何か協同で表現活動を組み立てていく実践を行なうことを考え，活動名を「何でもつくれる半日だけの甘〜い共同制作」とした。何かしら造形物を作ることは基本としながらも，そこにどのような協同的表現の要素を組み込んでいくかについては，スタッフミーティングでの検討を重ね，作ったもの（工作物）を元に映像表現によって短い映画を作ることになった。厳密には「映画」ではないが，3m 四方の大画面に投影して上映会を行なうので，子どもたちにはあえて「映画づくり」と伝え，期待感が高まるような提示の仕方をしている。それをふまえて以下，「映像」と「映画」を使い分けている。

図8-1　作った映画の鑑賞会の様子

2. 映像表現ワークショップの理論的背景

　子どもたちが映像表現に取り組むことに関しては，これまでもメディア・リテラシーや情報化社会への適応，新たな産業の担い手の育成，芸術固有の原理と歴史に基づいた映像表現とメディア体験などの文脈から，学校や学校外活動などで様々に実践され議論されてきた。

　芸術教育においては柴田ら（1993）の『メディア時代の美術教育』がこの問題を検討する基礎となる議論を提供しており，メディア時代においては従来の美術教育の枠を越えた感性的教育を構想する必要があるとする。藤原（1997）は子どもの映像表現は大人の芸術作品とは本質的に異なり，独創性ではなく，「自分が作った」「自分が考えだした」といった個人的な創造性を重視すべきとし，ビデオカメラを使った映像表現のモデルを示している。藤原は映像表現が美術教育の枠を越える総合的な表現活動であるとし，それが美術の一般化を進めるとする。柴田（1993, p. 24）も美術教育にかえてビジュアル・コミュニケーションあるいは美的教育・感性的教育へと枠組みを拡張するならば，それは「美術教育の拡大」と「美術教育の解体」へと同時に進んでいくとする。美術を映像表現や視覚的知覚体験へと拡大・一般化す

ることは，美術教育を人間の営みの視覚的・知覚的位相の全般へと拡大・一般化するが，その代わり美術固有・教育固有の原理も相対化されることに繋がるとした。

　谷口（2003）は1999年代後半から2000年代初頭の写真ブームの考察から，子どもたちの表現に〈問いかけるもの〉＝〈他者〉を生み出すこと，自分自身に対して問いを向けることを促すことが，子どもが映像を写すことの意味であるとする。さらに，「子どもたちそれぞれが，自分の現在と居場所を確かめ，より多くの他者に向けた表現を模索しはじめることが重要」（p. 233）とし，デジタル・メディア時代の映像表現の意義をより積極的に考えるべきとする。柳沼（2010，2011）も子どもたちが映画制作を体験する中でシネ（シネマ）リテラシーを形成し，それが子どもたちをエンパワーすることを地域のプロジェクト「シネリテラシーin新潟」の実践で示している。

　さらに近年のワークショップの隆盛の中，様々な映像機器やソーシャル・ネットワークが発展し，映像メディアの環境は子どものより深部まで入り込んだ情報生態系を形づくっている。そうした中で子どもたちが映像表現ワークショップに取り組む意義をどのように考えることができるのか。土田（2014）によると，まずメディア・リテラシーの観点からは，批判的に情報を分析し多様な方法でコミュニケーションを作り出していく力が求められることと，人間の感情を扱う芸術体験の視点からは心的成長・感受的成長としての有用性が求められているとする。しかし土田はその上で，自身が取り組む子どもの映画教室において目指しているのは「こどもたちが世界とどのように向き合うのか，そしてこどもたちと私たちがどのような関係を構築するのかについて，思考すること」（2014, p. 15）であるという。学校での「教師—生徒」の関係とは異なる中で，決まった問いと答えはなく，そこで子どもたちが紡ぎだす言葉や作品とは，「自分たちの存在や行動の目的に，合理的かつ限定的な説明が与えられる以前の世界との関係を表象している」とし，社会的な意味や表現の優劣を問うこと自体にはあまり意味がないとする（p. 16）。

　このように，子どもの映像表現の取り組みには様々な目的が存在している。そうした中で重要なのは，体験する子どもたち自身がどのように状況の

中で自己と他者（環境・社会）に向き合い，内側からのいかなる模索や探求を行ないながら，他者との関係性を生み出していくのかという点にある。おそらくそれは合理的な説明には回収できない体験を多分に含むものであり，そうした体験領域を協同的かつ探求的に生きる技法として，映像表現ワークショップを捉えることができると考える。

3. 事例研究の概要

(1) 事例の概要

活動名：何でもつくれる半日だけの甘〜い共同制作
実施日：2012 年 X 月 X 日 10：00-15：00
場所　：福岡県内の公共施設
参加者：3〜8 歳の幼児・児童（9 名），保護者（8 名）
スタッフ：筆者（主催者・観察者），学生スタッフ（4 名）
助成：独立行政法人国立青少年教育振興機構子どもゆめ基金
倫理規定：申し込み時に研究目的で記録を行なうことを文書にて説明し，同意を得て参加してもらっている。当日も説明を行ない，撮影や協力はいつでも拒否できることや，公開に際するプライバシー保護等を説明し，承諾を得て行なった。

　活動名は筆者が設定したが，プログラムは学生が企画から実施まで担当した。午前中にアイスブレイクとして身体を使った遊びと，映画に登場するキャラクターづくりの工作を行なった。午後は 2 チームに分かれて映画制作に取り組んだ。2 チームの映画名やメンバーは表 8-1 のとおりである。筆者以外は全員仮名である。

(2) 研究方法

　筆者は主催者兼スタッフの一人として関与しつつ観察を行なった。記録は固定ビデオカメラ（一部移動）とデジタルカメラでの撮影である。実施後にエピソード記述を行ない，その後にビデオ記録からトランスクリプトを作成し，M-GTA の分析方法に依拠してコーディングを行ない，比較検討を行

表8-1　チームメンバー表

チーム名	アップルティーは苦い	パーティー
映画名	紙コップ君と雪だるまさんのお話	みんなでパーティーへいこう！
スタッフ	サトカ，ミキ	サユリ，ユウタ
子ども	ソウタ，エミ，ハルナ，アキノブ	ヒロシ，ミオ，リコ （後半参加：コトネ，ノブキ）

なった。

（3）ワークショップの展開と概要

　最初に自己紹介を行なった。全員リピーターだが緊張した面持ちである。午後に撮影や演技があるため，身体と心の緊張を解いておく必要もあり，アイスブレイクとして「頭・肩・膝・ポン」「ロンドン橋ゲーム」を親子全員で実施した。緊張していた子どもたちからも徐々に笑い声が生まれた。次に午前の主活動となる工作を行なった。等身大の自動販売機型ロボットを作ったヒロシ。空き箱で自動車を作ったミオ。ソウタは自分が入れるくらいの大きさの家を作り，弟のアキノブは母と一緒にトリケラトプスを作った。ハルナは母とメリーゴーランドを作り，エミは両親とお雛様を作った。昼休み前に学生が制作したデモ映画を上映した。作ったキャラクター（工作物）と学生自身の実写が入り混じった映像で，午後の映画制作への期待感を持ってもらえるようにした。

　午後に2チームに分かれて撮影が始まった。学生がファシリテートして子どもからアイディアを引き出しながら一緒にストーリーをつくり，工作物で場面を演じたりセリフを入れたりしながら撮影は進んだ。完成後に上映会を行ない，振り返りで感想を共有して終了した。二つのチームの映画の概要は以下のとおりである。

〈紙コップ君と雪だるまさんのお話〉（チーム：アップルティーは苦い）
　紙コップ君が家から飛び出し，外で雪だるまさんを作った。紙コップ君

は雪だるまと友だちになり，一緒に歩いてメリーゴーランドへ遊びに出かけた。そこにトリケラトプスもやってきた。人形を操る子どもたちは母たちを雛祭りに誘い（実写），最後は人形たちや母親たちと一緒に雛祭りを楽しんだ。

〈みんなでパーティーへいこう！〉（チーム：パーティー）
　車を走らせてミオとリコがパーティーへ向かう。途中でジュースを買おうとするが，自動販売機ロボットが大き過ぎてコイン挿入口に手が届かない。そこで，みんなでユウちゃんマン（変装した学生ユウタ）を呼び，駆けつけたユウちゃんマンにお金を入れてもらう。すると「ガチャンポン！」と勢いよくジュースが飛び出しみんな大喜びする。両親もパーティーに誘い（実写），手をつないでパーティー会場へジャンプでワープした。会場に着くとみんなで手を取り合って輪になり，踊りながらみんなでパーティーを楽しんだ。

4．エピソード記述による考察

(1) エピソード1：楽しい気持ちが抑えきれないハルナ
[背景]
ワークショップが始まり，身体と気持ちを解放するために「頭・肩・膝・ポン」，「ロンドン橋ゲーム」を行なった。ハルナ（5歳）は初め緊張した面持ちだったが，ゲームをするうちに次第に楽しくなっていった。
[エピソード]
「ロンドン橋ゲーム」で橋をつくるハルナ。学生のサユリと手を繋ぎ，みんなが下をくぐる橋をつくっている。サユリとつないだ手を引き，わざと低い橋にしようとする。「ウッアアアッ！」と笑いながら，もっと低く寝そべってしまうハルナ。誰も下をくぐることができないほど低い橋になってしまった。低すぎる橋を見てサユリが「どうする〜？」と他のスタッフと顔を見合わせると，それがまた可笑しいのか，「キッアアアアアッ！」と激しく声を上げて嬉々とするハルナ。見るからに楽しい気持ちが抑えきれないよ

図8-2　手をつないで橋をつくる

うで，サユリも「楽しんでる〜！」といってハルナの姿を見て笑ってしまった。

　ゲームも最後の一回となる。みんなが「ロンドン橋が落ちる，落ちる，落ちる♪」と歌い始めるとすぐさま「キャアアアアアッ！」と声を上げ，再び興奮と笑いが止まらなくなった。「ロンドン橋が落ちる，さあ，どうしましょう♪」「アーーーッ！（一同）」。最後にハルナに捕まったのは父であった。ハルナは嬉しそうに飛び跳ねて父に抱っこしてもらっている。その様子を見て母も笑っている。

　［メタ観察］

　つないだ自分の腕が降りて，誰かを捕まえる瞬間を想像するだけでワクワクしてくるようだ。つい笑いが漏れ出てしまう。そうした気持ちの力動感が身体を激しく突き動かしている。ハルナの表情や笑い声が纏う力動的な質感は他の参加者にも情動伝染（affect contagion）（Stern, 1985, p. 166）していった。サユリもその情動の力動感を感受したがゆえに，「楽しんでる〜！」といって思わず笑いのけぞってしまったと考える。アイスブレイクの体験がハルナにとってどれほど楽しさや興奮に満ちたものであるかは，抑えきれないほどの笑いがこみ上げる様子や身体を強く躍動させている姿（form）から十分に理解できる。この一連の姿は体験の内的実感の affective な全体性を示している。

(2) エピソード2：ミオの変化と観察者視点の変化

[背景]

アイスブレイクとキャラクター工作が終わり，午後の映画制作に入った。ミオ（8歳）は学生のユウタとサユリのチームで撮影を行なっている。自分が作った自動車を手で押して走らせて登場させるシーンである。声でクラクションの音を出してほしいとユウタに言われるが恥ずかしくて声が出せないでいる。

[エピソード]

ビデオカメラを構えたユウタが「プップー，プップー♪」と叫び，ミオに大きく声を出して演じるようにと自ら演示して促す。「えええっー！」と言って戸惑うミオ。絶対にムリという声だが，ユウタがもう一度練習してほしいと言い，何とか声をだすミオ。「いいやん，でも，もう少し声大きく出さんとマイク入らないよ」と言って，もっと大きな声を出すように促すユウタ。私は少し強引ではないかと感じつつもしばらく見守っていた。撮影が再開し，ミオは妹と自動車を手で押しながら「プップー，プップー」とさっきよりも少し大きく声を出して演じた（図8-3）。撮影が終わりみんなで映像を覗き込む。どうやら上手くいったようだ。ユウタが「イエーイ！」と言ってミオと手のひらでタッチするとミオの顔がにわかに笑顔に変わった（図8-4）。

その後ミオは身体を弾ませながらとても愉しそうに撮影に参加し始めた。その変容を見て，少し強引ではと感じた私の認識も変化せざるを得なかっ

図8-3　自動車を押して進む場面

図8-4　タッチして笑顔になる

た。ミオの母も振り返りでその変容を嬉しそうに話していた。

　［メタ観察］

　恥ずかしさで照れる気持ちが「ええええっー！」という声を生み出したのだと考えるが，困惑した様子から，ユウタが強引であると安易に捉えるべきではなかった。理性的コミュニケーションとしては「ええええっー！」＝「無理！」という意思表示と受け取れるが，ミオの気持ちに対しユウタが「大丈夫！　もっと行ける！」とでもいうように（そこが強引に見えた），背中を押す気持ちの力動感を自らの「プップー，プップー♪」に乗せてミオの気持ちを後押しし，ミオに今までにない声と演技を生み出させるに至った。ユウタの力動感は他者（ミオ）の身体と表現も徐々に突き動かしていったのではないだろうか。撮影終了後も無言で映像を覗き込むが，上手くいったことが笑顔と「イエーイ！」のタッチという力動感でミオにも伝わった。挑戦したミオもそれによって上手くいったのだと感じることができ，笑顔になり，どんどん撮影が愉しくなっていったと考える。

　ミオとユウタの間には，たしかに言葉も交わされているが，それによって大きな声で言えるように促されて声を出したというよりは，そのやり取りが纏っていた力動感によって背中をどんどん押されていったと考える。つまり，ユウタが発する情動とその vitality affect がミオを巻き込んでいき，変容させたのである。

　ユウタはこうした感性的コミュニケーションによる気持ちの変化をアフォードし合うような相互浸透的な体験過程をメンバーと共に生み出していた。私はその接面を共にしておらず，メンバー間での気持ちの質感を同じように捉えてはいなかったことが分かった。もちろんユウタもミオが必ずそのように変化すると確信してはいなかったかもしれないが，少なくともユウタとミオは接面の「感じ」の vitality affect を交わし合いながら，その変容を生み出していったと考えることができるだろう。「イエーイ！」という二人のタッチから生まれたものは，傍で見ている以上の強い肯定感だったと言える。

（3）エピソード３：ダメ！　イヤ！と言ってじゃれあう雰囲気
［背景］
　エミ（６歳），ソウタ（６歳），ハルナ（５歳），アキノブ（３歳）はミキとサトカと一緒に，ゆっくり相談しながら役決めやストーリーづくりを行なっているが，何かが決まって動き出しているという様子ではない。
　［エピソード］
①役とストーリーの話し合いが始まった。サトカが「じゃあ，ハルナちゃん蜂役，ウフッ！」とにっこり笑って役を促すと，ハルナはニッコリ笑って首を左右に振る。「しないの？　じゃあ，エミちゃん〜」と言って次にエミの頭に蜂の冠を載せようとするサトカ。エミはサトカに腕を絡ませ首を振ってイヤイヤする。甘えた感じのやりとりを楽しんでいる。ハルナがサトカの顔をちらりと見て「先生がする」と小さな声で言った。「先生がする？」とサトカが聞き返すと，小さくうなずくハルナ。本当は子どもたちに演じてほしいと思っているはずであるが，あえてそうは言わずに，サトカは「先生がしようか」と言って冠を被り，また楽しげに話し合いが続いていった。
②エミがずっと笑いを抑えながら撮影の様子を見ていた。撮影後に映像を確認するとやはり自分の笑い声が入っている。エミは「いや！」と声を上げる。ハルナも「エ〜ッ！」と言って笑い，「ダメ」とソウタが言う。ミキが「ダメ？　いいかもしれない」と言うが，エミは「ダメダメダメダメ」と叫ぶ。「今，上手だったよ〜」とサトカに言われ，再び映像を覗き込むが，やはり「ダメ〜！」と言って寝転がるエミ。それにつられてハルナもミキの顔をちらりと見ては「ダメ〜！」と言ってわざと困らせる。「どうする？」とミキとサトカが困り果てる。ミキが「どこがダメかわかる？」と子どもたちに尋ねると，ソウタが笑みを浮かべながら「どこもダメ」と言う。こうしたじゃれ合いを楽しみながら，和やかな雰囲気で進んでいる。
③映画が完成しタイトルを決める場面となった。「ソウタ君はね，（タイトルは）アップルティーは苦いっていうのがいいって」とミキが紹介する。「エミちゃんは紙コップ君と雪だるまちゃんはどう？って。ハルナちゃん，何かいいのある？」とミキがハルナにも尋ねる。するとハルナはちょっと考えこむ素振りを見せる。しばし映像を覗き込み，少し考えたような間を取った後

に，笑いながら首を左右にふる。「ないの～？」とミキがずっこける。ハルナは再度映像を覗き込み，ペロリと舌を出して笑っている。

　そろそろタイトルを決めなくてはと思い，ミキが「ソウタ君，アップルティーは苦い，じゃなくていい？」と言い，エミが出した案でよいかと尋ねた。ソウタは「嫌だ」と少し頬を膨らませて言うのだが，次の瞬間，笑ってペロッと舌を出す。嫌なわけではなく，やはりこうしたやりとりを楽しんでいるように見える。

　［メタ観察］

　学生の受容的で共感的なかかわりによって場の中に安心できる雰囲気がつくられている。「イヤ」，「ダメ」と言って甘える姿は，一見すると仲良くじゃれ合っているだけにも見える。しかし，子どもたちはこうした気持ちの通わせ合い自体（「対人コミュニオン」）を楽しんでいるようである。確かに私も初めは単にじゃれ合っている和やかな雰囲気と思って見ていたが，次第にこうしたかかわり合いの情動体験そのものを味わい，楽しんでいるのだと感受認識が変化していった。映画制作という明示的な目的に向けた合理的なかかわり合い以外に，その過程での接面に起こる感性的コミュニケーションを楽しんでいるのである。通常は直接的な映画制作に関わる相互作用に観察者の意識は向きがちだが，子どもたちや場を共にする者にとって，間主観的に感受されるのはこうした接面の情動体験であることが見えてきた。

図8-5　和やかな雰囲気で撮影が進む

図8-6　映像を確認するメンバー

（4）エピソード４：あーおかしい！という母の体験

［背景］

　自動販売機型ロボットのセリフを一人で言えず，ユウタに手伝ってもらったヒロシ。一人で挑戦するようにと父は言うが，ユウタと一緒に言うと主張するヒロシ。しかし，やはり自分で言ってほしいと思う父であるが，息子の主張する姿を見て徐々にその主張を受容するようになる。そうした父の理解に少し安心し，プレッシャーが減ったためであろうか，その後ヒロシは「大きな声で言っちゃおうかな〜」と，自らセリフを言うと言い始め，最後には大きな声でセリフを言って撮影した。その姿を見て両親も満足そうにうなずき，周囲のメンバーからも拍手がわき起こった。こうしたヒロシの変容と，両親の受容的な気持ちの変化を見て，私とスタッフは両親を映画に巻き込むことにし，サユリがその案をヒロシにそっと耳打ちした。

［エピソード］

　次の場面の撮影が始まった。ヒロシは側で座って見ている両親のところに歩いていく。母の前に立ち止まると，「一緒にパーティーに行こう……」と母を誘った。母は突然のことで戸惑ってしまう。誘いにのるということは，演じる側に入るということを意味する。しばしの葛藤と沈黙を打ち破って「……行こうー！」と声を振り絞り，右手拳をかざして何とか息子の誘いに応えた。応えてもらって嬉しいのだろう，ヒロシは母の拳を握りしめる。そして母は隣の父の肩をつつく。声には出さないが，まるで「あなたも誘いに応えてあげてよ！」といったニュアンスである。父も戸惑いと沈黙を経て，「……行こうー！」と言って，母と同じポーズで応えた。照れた父のリアクションが可笑しいのと応えてくれた嬉しさからであろうか，母はニヤニヤ笑っている。周囲からも微笑ましさからか，「ウフフッ……」と笑いが漏れる。そして「カット〜！」と撮影終了が告げられた。その瞬間，母が「アハハハハッ！」と笑いを堪えきれずに床に転げ出してしまった。会場からもドッと笑いが起こり，母は「あーっ，おかしい〜！」と言って笑い過ぎて涙が出たのを拭いている。

［メタ観察］

　突然の展開であったが，戸惑いや照れを越えて両親が応じてくれたこと

は，ヒロシにも見ている人々にも嬉しい出来事であったことだろう。こうした予想外の展開は，父の受容やヒロシの変容がなければ仕掛けようとは思えなかったし，生まれなかった展開である。誘うヒロシと両親の間の揺らぐ気持ちとリアクション，その変容の姿も撮影され映画となった。映画制作を媒介に現実（見る立場）・非現実（演じる立場）が入り交じる。相互の関係性はもちろん，ストーリーや映像も生成的に変化しながら生み出されていき，体験過程で起こる出来事の全てがチームの映画となっていく。

　このように，子どもたちとの映画制作は先がはっきりとは見えない中で相互浸透的に生成されていくものであり，その都度，表現や他者（スタッフやメンバーや両親）と向き合いながら，相互に変容を引き起こしながら映画は出来上がっていく。土田（2014）が言うように，決まった問いと答えがないなかで，「こどもたちが世界とどのように向き合うのか，そして子どもたちと私たちがどのような関係を構築するのかについて，思考すること」（p. 15）の過程として映画が生成されていくことが，こうした展開からも見えてくる。

　このように，先は読めないが，表現への挑戦，相互の感受認識の変容，立場や表現の変化といった予測を越えた相互浸透的（transactional）な展開過程によって参加者相互の変容（transformation）が生み出され，そうした動態がそのまま映画のストーリーになっていった。母の「あーっ，おかしい〜！」と言って涙を拭う姿とは，相互浸透に巻き込まれた予想外の心の揺

図8-7　最後には子どもも保護者も手を取り合って踊っている

らぎであり，彼女の映画制作体験の実感の一端を表している。

（5）エピソード5：僕のトリケラトプス！

［背景］

　兄のソウタに続き，弟のアキノブが工作を紹介する場面である。3歳の彼はずっと母の傍らにいた。自分で作る，アイディアを出す，演じるなどは難しいのではないかとスタッフも気にかけてかかわってきた。

［エピソード］

　ミキが「アキノブ君，何作りましたか？」と尋ねると，アキノブは「トリケラトプス……」と小さな声でしっかりと答えた。その声を聞いてみんなが「お～っ！」と声を上げた。サトカも「お～っ，トリケラトプス作った，かっこいい～」と思わず声を上げる。そうした驚きの声から，みんな彼が自分で紹介するとは思っていなかったことが窺える。「トリケラトプスをみんなに見せてあげて」とミキが声をかけると，兄が隣から手を伸ばしてトリケラトプスの向きを変えた。するとアキノブはその手を咄嗟に押しのけて，自分でトリケラトプスの向きをみんなの方へ向け直した。そのやりとりを見て会場から「アハハハッ！」と笑いが起こった。アキノブの「トリケラトプス……」の一言と，兄の手を押しのけた仕草に，「僕のトリケラトプス！」というアキノブの気持ちが滲み出ていると感じた。

［メタ観察］

　私やスタッフにとって彼が自分で紹介したことは予想外の嬉しい出来事であり変容だった。兄の手を払いのけ自分で向きを直して披露する姿から，彼がトリケラトプスに自分の作品としての思い入れを持っていることが伝わってきた。母はアキノブにどうしたいかを尋ねつつ作っていた。大部分は母が作ったが，私たちが見て感じていた以上に，彼にとっては思いが詰まった自分のトリケラトプスになっていたと気づかされた。

（6）エピソード6：アキノブの「嫌だ」のニュアンス

［背景］

　アキノブは撮影が始まった後もずっと母の傍らに座っている。ミキやサト

図8-8　アキノブのトリケラトプス

カ，チームの子どもたちも，なんとかして彼がトリケラトプスと一緒に映画制作にかかわれるようにとアイディアを出すが，なかなか上手くいかない。

［エピソード］

ミキが「アキノブ君，トリケラトプス君と紙コップ君，一緒に（歩いて）来てどうする？」と尋ねる。アキノブはトリケラトプスを抱きかかえて母の膝に座り，無言で首を左右に振る。どうやら一緒に歩いてくるというプランは却下されたようだ。ミキは「う〜ん」と唸る。そして「一緒に遊ぶ〜？」と別のプランを提案する。母もそれならどうかと返事を促すが反応はない。それも嫌だというような雰囲気を発しているように感じられる。ミキが「一緒に遊ぶのは嫌かな？」ともう一度尋ねる。母がもう一度促すがやはり嫌なのか反応がない。ミキは「横で一緒に遊んでもいい？　トリケラトプス君と……」と言って，紙コップ君と雪だるまをアキノブの前に進め，ヒソヒソ声でアキノブに話しかけ，人形を使ってアキノブの気持ちの変化を引き出そうと試みる。その上でもう一度ミキが「いい？」と尋ねる。するとその瞬間，アキノブは「嫌だ」とはっきりと声に出し，首を素早く左右に振った。途方に暮れるミキである。

［メタ観察］

首を振る動きのニュアンスの違いに，嫌という意思の様々なニュアンスが滲み出ている。無言でゆっくり首を左右に振るときは，「それは……嫌だな」とでも言うように，彼なりに想像した上で判断し意思表示しているように感

じる。無言で反応がない場合は，彼の気持ちに一番遠い提案だと感じた。何かしらニュアンスの異なる反応を示しているように感じることから，本当はもっと直接的にメンバーとかかわって参加したいと思っているのではないかとも感じる。しかし自分の言葉や行動で表現しかかわることも難しいため，母やスタッフの媒介を通した意思表示によって参加しているのだと考える。そこには確かに彼なりの判断があり，それが「嫌だ」のニュアンスの違いとなって現れていると考える。

(7) エピソード7：アキノブが笑った！

［背景］

なんとか映画も出来上がり，タイトルをみんなで読み上げる最後の場面の撮影が始まる。母の膝の上で横になっているアキノブを，何とか撮影に入れたいと思っているスタッフや大人たちである。

［エピソード］

「できればアキノブ君も入れたいんだけどな」と言ってミキが手招きする。母がアキノブを膝に載せたまま，撮影地点に移動した。声を揃えてタイトルを読み上げる練習を何度か行なったが，アキノブは母の膝の上で無言のままである。いよいよ本番の撮影に入ろうとしたときである。アキノブは何やら母に話しかけた。すると母はアキノブを膝から降ろし，他のメンバーの横に座らせた。そしてみんなが，「紙コップ君と，雪だるまさんの，お話！」とタイトルを読み終えた瞬間だった。みんなの声がピタッと決まった瞬間，アキノブがニヤリと嬉しそうに笑ったのだ。「はい！　OK！」と撮影完了の声が上がった。これで無事にすべての撮影が終わった。

　このアキノブのセリフを読み終えたまさにその瞬間の笑顔のタイミングから，声には出していないが，心のなかでは声を揃えて他のメンバーと一緒にタイトルを言っていたのだということが伝わってきた。そしてにわかに，実は彼はここまでみんなと一緒に参加していたのだということに気づいたのである。

［メタ観察］

　彼は母に何と言ったのか。おそらく，みんなと一緒に並んで言いたい，と

告げたのではないかと推察する。母の膝から降りて最後は参加者の一人とし
てみんなと一緒に撮影したかったのだと感じた。メンバーがセリフを言い
切ったまさにその瞬間，ニヤリと大きく笑った。それを見て，確かに声に出
して言ってはいなかったが，心の中では一緒のタイミングで言っていたのだ
と思った。タイトルを言い終わった瞬間に現れ出た笑みとは，映画が完成し
た満足感であったと考える。彼が参加できているか私もスタッフも心配して
きたのだが，彼は彼なりのあり方でここまでずっと参加していたのだと分
かった瞬間だった。このように，実は彼がずっと今までも参加していたとい
うことを私は再発見するわけだが，それはどのようにして突然にもたらされ
たのか。まずは，予想外にもトリケラトプスを自分で紹介した姿に彼の気持
ちが滲み出てきた。次に，「嫌だ」にも様々なニュアンスがあり，彼が自分
なりに判断していることが伝わってきた。そうした彼の気持ちの少しずつの
表出とそのニュアンスにおいて，彼の情動の接面を共有することで，徐々に
彼の気持ちにこちらの気持ちが繋がっていったと考える。そして最後の笑み
が，まさにそうとしか言いようのない理解を私にもたらしたのである。

　　［アキノブに関する三つのエピソードの二次メタ観察］
　三つのエピソードから分かるのは，アキノブがずっと彼なりのあり方で参
加していたことである。彼は確かにメンバーとして傍らにいたのだが，私や
スタッフは彼が体験を共にしているとは感受認識しておらず，3歳の彼がど
のような形で参加していたのか，なかなか気づくことができなかった。だが
アキノブの微かな気持ちの表出や仕草から間主観的に捉えた「感じ」によっ
て，次第に彼の意思が感じられるようになり，「やはり参加していたのだ」
という確信が生まれるに至ったわけである。それは彼に対して潜在的なメタ
水準の関心（鯨岡，1997）[1]が常に向けられているなかで，事象から通底して
くる感受認識やそのズレを基に，徐々に表出された彼の情動や仕草の
vitality affect に意思表示のニュアンスを読み取ることができるようになる
という，間主観的な接面への「接続」によって起こった変化であった。
　同じ空間に物理的に共存しているという点では，彼がずっと参加していた
ことは客観的な事実である。しかしスタッフやメンバーの主観的・間主観的
な位相では決してそうではなかった。しかし，ワークショップの展開過程で

共に表現を生み出そうとかかわり合う中で，実質的でアクチュアルなかかわり合いが生成し始めた。それによって彼は予め空間に物理的・客観的に参加していただけでなく，情動的なかかわり合いの接面を共に生きている関係へと相互に変容し，物理的・客観的な意味のみならず，主観的・間主観的にも，「やはり，彼はずっと共に参加していたのだ」という，実感を伴った感受認識の遡行的な捉え直しに至るのである。こうした相互の主観的・間主観的な関係性と存在認識の変容が，ワークショップの体験過程で相互浸透的に生成していったことをアキノブとのエピソードは示している。

(8) エピソード8：こみ上げる気持ちを思い起こして共に笑う
　［背景］
　上映会では制作過程の様々な気持ちが思い起こされ，笑いや歓声が溢れ出た。上映終了後の一瞬，ホッとしたようなみんなの表情と僅かな沈黙があり，「あーっ，楽しかったぁ」といった満足感に充たされている場の情動が感じられた。その場で円になってもらい，振り返りで感想を聞き合うことになった。「感想を言いたい人がいますか」とミキが尋ねると，ヒロシ，コトネが自分から手を上げて感想を述べた。3歳のリコも何か言いたくて手を挙げたが，いざとなると言えなくなり，ユウタに耳元で「愉しかった」と伝えた。しかし「愉しかった」という気持ちを「言いたい」と思い，思わず手を挙げるほどに，ワークショップの体験は彼女にとって愉しさに満ちていたのだろう。次に保護者にも順番に感想を聞いていくことにした。
　［エピソード］
　ヒロシの母に感想を述べる順番がまわってきた。「主人も言っていましたけれど，いつも（前回までの講座）と違ってスケールの大きなこういうもの（自動販売機のロボット）を作ったりして，普段は出来ないことですし，家族で映画出演しましたし……」と言うと，ニヤリと笑った。その瞬間，会場からも「ウフフフッ」と笑いが起こる。さらに「最初で最後だと思っています！（映画出演）」と，ニヤリとした表情でユーモアを込めて言うと「ウフフフッ！」とまた笑いが湧き上がった。「心に残りまして……いろんな意味で……」と言いながら，自分でもまた笑ってしまった。映画制作に巻き込ま

れて参加した体験は，思い出すだけでも愉しいものだったのだろう。他の参加者もヒロシの母が戸惑いや照れを感じながら，映画制作をしたあの体験を，その場で感じていたために，そうした気持ちを一緒に思い出しては，つい一緒に笑ってしまうのである。母も嬉しそうで満足気である。

　[メタ観察]

　突然パーティーに誘われて照れた母だが，それを乗り越えて演じる中で楽しい気持ちが充ちていったことを，周囲の大人たちも母の声や仕草が纏うvitality affect を感じ取り共有している。子どもたちがじゃれ合う中で情動を味わう体験を楽しんでいたように，大人たちの間にも相互的な感性的体験の過程が生み出されていたことが分かる。振り返りの様子からも母の一連の体験とその気持ちの揺らぎを，周囲の参加者は客観的に状況を見て知っていたという以上に，「あの」気持ちの揺らぎを，共に接面において感受していたと考えてよいだろう。それゆえに母の振り返りでの言葉が含む言外の意味や，あのときの情動を同じように思い起こし，一緒に笑ってしまったと考える。

　そう考えると，接面を共に生きるとは，必ずしも直接的・対面的なコミュニケーションによるものばかりではないということになる。二者関係を越えて場を共にする者同士においても共有されるものであり，それは場の雰囲気という言葉で片づけられるものではなく，感性的コミュニケーションが作り出す共同的な関係だといえる。こうした気持ちの接面の繋がりによって生み出される情動レベルの共同性は，人と人が共にある体験を生きることそのものとして大きな意義がある。しかし，それが無批判に惰性的な関係になれば，その繋がりは閉鎖的な相互抑圧の仕組みに転化する危険性がある。

　また，ミオやヒロシ，ヒロシの母の変容やアキノブと大人たちの間にも漸次的に相互変容が生まれた。筆者も自身の感受認識を捉え直す必要性を実感するに至った。その点ではこうした体験は予定調和的なハッピーエンドの活動ではなく，その過程において大小さまざまな躊躇や葛藤を越えていくような，個の内部の，または相互的な変容をいくつも包含している。

　このように，ワークショップの体験とは，参加者の心の揺らぎも含めた接面での体験を，表現活動を媒介とする相互浸透的な動的統合（宮脇，1988）

のプロセスによって生成していくものだといえる。振り返りで見られた愉しさや悦びを思い起こす姿も，予定された楽しい体験への直線的で予定調和的な着地ではない。もちろん，日常生活に入り込んだ身近な地域で取り組む子どもたちとのワークショップは，自己の解体と再生に大きく直面するような体験になるかといえば決してそうではないだろう。しかし，身近な場所での身近な活動の延長上にも，自己を越える相互的な変容体験が生まれることは確かであり，こうした地域のワークショップにおいては，こうした微視的な変容体験の意味を捉えていく必要があるだろう。それによって日常生活の中に営まれるワークショップ体験は，「生活の場における "そこにあるもの"，"ありふれたもの" の知覚を組み直していく契機」（山本，2015）となり，"出会われていない" が "そこにある" 環境（体験）の価値を探求していく実践となるのである。

　振り返りで共に笑い合う姿とは，相互変容の過程の実感を間主観的に分かち合いながら，共にある体験を思い起こし，再度味わっている姿であり，日常の中で新たな価値が協同的に創造される姿なのである。

5. エピソード記述の考察のまとめ

　以上のエピソード記述のメタ観察について総合的に考察する。

(1) 参加者の生き生きした体験という感性的位相

　まず，関与観察全体を通して感受・把握されたのは，愉しさや悦びなどの強い情動の力動感に突き動かされた参加者の姿である。愉しい気持ちが抑えきれなくなるハルナ，ミオやヒロシの両親の変容，振り返りでの母の気持ちにみんなが共感して生まれた笑い。生き生きとした情動の vitality affect が，接面においてアクチュアルな実感として交わされ合う体験が見えてきた。映画制作という明示的な目的も達成されたが，その体験過程をいかに（How）体験していくかが参加者にとっては重要であった。これらのエピソードが示した情動の交わし合いは，企画者や観察者の立場からすれば一見すると目的外の行為に見えるが，参加者にとってはワークショップの体験の実質である

ことが見えてきた。それゆえに，ワークショップ体験の感性的位相そのもの
が重要な意味を持つことが分かる。

(2) ワークショップの体験過程にある二つの軸のトランザクション

ワークショップの体験過程とは参加者のコミュニケーションにおける相互
の変容である「横軸のトランザクション（相互浸透)」と，場を共にする複
数主体間の関係性を含んだ場自体の変容における「縦軸のトランザクション
（相互浸透)」という，二つの相互浸透が一体となって継時的に生成されてい
くと考える。横軸のトランザクション（相互浸透）とは，かかわり合う二者
関係の接面に起こる相互浸透である。工作を持ち寄り，共にストーリーを考
え，演じ，撮影してモニターを見て映像を確認し合うといった一連の映画制
作の過程では，直接的に映画制作に向かう合理的な手段としての理性的コ
ミュニケーションと，体験過程での情動的なかかわり合いとしての感性的コ
ミュニケーションが，接面を共有する者の間で相互浸透を起こしていた。も
ちろん明示的な目的である映画制作が何かしらの形で達成されることは（差
し当たっては）想定されているが，それがどのような映画になり，その過程
でいかなる体験をすることになるのかは予想できるものではなかった。しか
し，結果的には様々な自己と相互の変容を引き起こしながら二つの映画は出
来上がり，映画制作の体験は生成していったのである。そうした主体間の相
互浸透が横軸のトランザクションである。

他方，縦軸のトランザクション（相互浸透）は，参加者間の複数の接面で
の横軸のトランザクションを含みながらも，その場全体を変容させるトラン
ザクションである。横軸のトランザクションによって生成する参加者の変容
が場の雰囲気や特性を変化させ，その変化がさらなる主体間（横軸）の変容
をアフォードする環境となる。縦軸のトランザクションは相互作用として説
明しきれるものではないが，主体相互の変容と切り離すことができない，場
に生起する相互浸透の動態である。

いずれの相互浸透も，間主観的な vitality affect の感受感応に媒介されて
いる。二者間の接面における気持ちの通い合いや，場の情動とも言える複数
主体間で形づくる接面の実感においても，その媒介と変容を突き動かすの

は，vitality affect という情動の力動的な力である。

　このように，ワークショップの体験過程において，理性的コミュニケーションの相互作用と感性的コミュニケーションにおける相互浸透が主体間の接面での体験をトランザクショナルに生成し，同時にそれが場そのものを変容させていくという，横軸と縦軸の相互浸透的ダイナミズムが，ワークショップの力動的な体験過程にあると考えることができる。

(3) 間主観的に相手の実感に繋がる「接続」

　先のノブヨシの「こんなに汚れたの初めて！」の事例にもあったように，今回も筆者の感受認識とは異なる相手の気持ちのあり様に気づかされる体験があった。それらは客観的な相互行為としての理性的コミュニケーションのみを捉えていたならば，そう感じることは出来なかったものであり，相手の発する情動の vitality affect が感受されることで感じ至ったものである。相手にメタ水準の関心を向けていくなかで，徐々に，しかしある時突然に間主観的に相手の実感に繋がる瞬間が生まれる。本研究ではこれを「接続」と名付ける。

　こうしたエピソードから分かるのは，単に物理的・客観的に場を共にすることが，接面を共有し共にある体験を生きていることと同じではないということである。相手と体験を共に生きる接面にいかに接続しうるかが，ワークショップの実感に根ざした内側からの体験理解には重要なのである。

(4) 目的外の体験にあるアクチュアリティ

　エピソード３で子どもたちはスタッフと「ダメ」，「イヤ」と言ってじゃれ合いながら，かかわり合いと場の雰囲気を楽しんでいた。一見すると映画制作に直接繋がる合理的な行為やコミュニケーションには見えないが，あえて映画制作という明示的な目的に即して理解すれば，協同での表現を行ないやすくする雰囲気作りと考えることもできなくはない。しかし，子どもたちにとってはこのじゃれ合いながら情動を交わし合う体験そのものがアクチュアルな体験の実質である。それゆえに参加者との接面に接続された瞬間には，「ああ，そうだったのか！」と膝を打ちたくなるような，実感を伴って相手

の気持ちが間主観的に伝わってくる体験が突然起こるのである。そうなれば，もはや体験の実感を捨象して分析し理解する立場だけを取り続けることは難しいはずである。こうした企画者・観察者が明示的な目的として予め設定している目的や体験理解の外側にある，しかし，参加者間に感受されている実感に接続されてこそ，観察者の主観性・間主観性を重視するパラダイムに立つことで捉えることができる，ワークショップ体験のアクチュアリティが摑めるのである。

(5) 愉しさや悦びの vitality affect が身体と心に「充塡」される体験

　このように，映画制作という目的に基づいた目的的な表現行為やコミュニケーションが展開する中で，それが纏う感性的コミュニケーションや，情動的なかかわり合い自体を求める感性的コミュニケーションが相互浸透していくことで，参加者の中に愉しさや悦びの情動体験が間主観的に広がっていった。そうした相互浸透の中で映画は生まれ，参加者は表現や鑑賞の過程を通して表現の体験を味わい，同時に情動的なかかわり合いを楽しむ体験をしたのである。こうした相互の情動レベルでの力動感の媒介・共有とワークショップの生成的展開を考えると，参加者はワークショップを通して愉しさや悦びといった快の情動体験の vitality affect が，力動感として身体と心に流入してくる体験を味わったと言える。この力動感の流入を本研究では「充塡」と名付ける。それはワークショップ体験の実相であり，参加者が協同で創造した体験的な価値だと言える。もちろん明示的な目的である映画制作もワークショップの体験価値であることは確かであるが，明示的な目的以外の体験の感性的位相に目を向ければ，相互の接面を共に生きる参加者にとって実感されている体験の実質が，こうした力動感の流入にあるということが理解される。

　先に述べたように，高橋（2011）はワークショップとしか言えないワークショップという，今日的な曖昧なワークショップ実践の意義を，「造形の楽しさを誰もが享受できることを目的としておこなわれる」(p. 20) 活動であると述べている。ここまでの考察をふまえるならば，子どもたちとのワークショップ体験が持つ意義とは，愉しさや悦びの力動感が身体と心を充塡して

いく体験をすることにあり，それがワークショップ体験の重要な価値であると考えることができる。

6. コーディングによる分析

次にコーディングの分析結果を示し（表8-2），体験理解と研究方法についてエピソード記述との比較考察を行なう。

表8-2　コーディング表

3次カテゴリー	Unit.No	2.5次カテゴリー	主な対象者	2次カテゴリー
1：心身の弛緩	2	身体から気持ちへ	ハルナ	身体の動きが気持ちを緩める（身体表現 ws に同じ）
	工作	リラックス	ハルナ / サユリ	リラックスして寝そべる 場の情動を包み込み緩和する笑い
	3	理解ではなく気持ちが動く	ユウタ	よく分からないが楽しくてやってみたくなる場の雰囲気
2：作品制作による自己表出と変容の媒介	4 4 27	自己から関係存在への開かれ 作品の意義 作品の意義	ハルナ / ヒロシ アキノブ アキノブ	個人の世界から他者との世界へと体験の位相が開かれる 作品を媒介にかかわる 作品は自己の内的世界を形象化し他者との新しい場へと変容をアフォードする 媒介の契機となる（モノや作品の意味）
3：安心感から情動の表出と媒介へ	6 6 18 23 25 26 28 29 29 30	安心感 情動の広がり 素地表出 二者間を越える情動の媒介 二者間を越える情動の媒介 安心感 安心感 二者間を越える情動の媒介	ソウタ / ハルナ サトカ ソウタ，エミ エミ / 母たち ヨシアキ / スタッフ エミ / ソウタ エミ / ソウタ エミ エミ エミ	安心感と受容的で共感的な場の雰囲気 二者間を越える情動の感受媒介 / 非直接的コミュニケーション 「素の表出・地の表出」 二者間を越える情動の感受媒介 / 非直接的コミュニケーション 非直接的コミュニケーション 二者間を越える情動の感受媒介 / 安心感と受容的で共感的な場の雰囲気 安心感と受容的で共感的な場の雰囲気 笑いによる媒介 二者間を越える情動の感受媒介 / 非直接的コミュニケーション
4：感受認識の変容	4 7 9 9 14 15 25 31	変容の連動 感受認識の変容 受容・共感と変容 観察者視点の変容	アキノブ アキノブ ミオ / ユウタ 笠原 ヒロシ / ヒロシ父 （同上） アキノブ / スタッフ ヒロシ母	自己と周囲と場の感受認識の変容 その人のあり方での参加体験 共感的で肯定的なリアクションによる感受認識の変容 観察者視点の変化 気持ちの感受と受容に支えられた自己主導性と変容（同上） その人のあり方での参加体験 自分がするゆえの喜び / かかわり方と立場の変化による体験の感受認識と味わいの変容 /

148

（1）分析結果

　ビデオ記録から作成したトランスクリプトに筆者の感受認識を加えた時系列データを作成し，それを場面のまとまりを持った36個のユニットに整理してコーディングを実施し，7個の概念（3次カテゴリー）が産出された。

〈七つの概念の内容〉

【1：心身の弛緩】

　楽しさから次第に身体と心の緊張が解れていく様子。

【2：作品制作による自己表出と変容の媒介】

　工作を媒介に自分の気持ちの表出や表現の変容が始まる様子。

5：情動を生きる 体験	10 11 13 19 22 24 29 29 31 33	情動が体を突き 動かす	リコ ソウタ／エミ ハルナ／ソウタ ソウタ ヒロシ ミオ／ヒロシ母 エミ エミ ヒロシ母 リコ／ヒロシ	情動が体を突き動かす体験（止まらない笑い…） 情動が体を突き動かす体験（止まらない笑い…） 情動が体を突き動かす体験（面白さと興奮が押さえ切れない） ついつい体に表出されてしまう情動の力動感 情動が体を突き動かす体験（意味不明な動きや言葉） 情動が体を突き動かす体験（無意識の仕草や表情が纏う情動） ついつい体に表出されてしまう情動の力動感 情動が体を突き動かす体験 情動が体を突き動かす体験 情動が体を突き動かす体験
6：接続と充填	12 16 17 18 20 20 21 26 28 29 33 34	接続と充填 たっぷりと味わ い生きる こと 何気ない情動交 流 情動と行為の伝 染 体験を生きる味 わい自体 悦びの感情体験 に満ちた時を生 きる 心身の素直な感 応を生きる	笠原 ユウタ ユウタ ソウタ，エミ ハルナ ハルナ ヒロシ母 エミ／ソウタ エミ／ソウタ エミ リコ／ヒロシ ヒロシ母	からだとこころを場の雰囲気に接続し身を浸す（分かる／充填） 自由で歓喜に満ちた遊びによるこころとからだの十全な交流 声にならないほどの楽しさ／やればやるほど楽しくなる 何気ないじゃれ合いが持つ意味 他者の気持ちと行動が自分の気持ちと行動に伝染する からだとこころが楽しさや悦び驚きといった情動をたっぷりと生きている 瞬間に満ちている 体験を生きる味わい自体 体験を生きる味わい自体 からだとこころが楽しさや悦び驚きといった情動をたっぷりと生きている 瞬間に満ちている こころとからだの素直な感応を生きる（充填）
7：芸術体験の特 性と顕在化 ・芸術体験の特 性 ・芸術体験の要 件 ・芸術体験の意 義	28 34 35 28 35 35	芸術体験の不確 定性 自己主導性 芸術体験の意義	エミ／ソウタ 母たち スタッフ ヒロシ／リコ スタッフ 笠原	芸術体験の不確定性 芸術体験の不確定性（予想外の展開を楽しんだ） 芸術体験の不確定性（予想外の展開を楽しんだ） 自己主導性に基づく体験過程 自己主導性に基づく体験過程 予期しない体験をとおして出会うものがあること，そうした出会い方でなければ味わえない体験の味わいがあること

【3：安心感から情動の表出と媒介へ】

　学生スタッフの穏やかで受容的なかかわりによって，じゃれ合うような情動の交わし合いが生まれ，徐々に安心感を感じ始める。それによって情動がさらに表出され，それが二者関係を越えて広がっていく様子。

【4：感受認識の変容】

　安心感を得て情動の表出が積極的になるにつれて生き生きし始める変容や，参加者の体験の実感に気づかされるなど，参加者との相互変容によって筆者らの感受認識が変容したこと。

【5：情動を生きる体験】

　活動が佳境に入り，生き生きと参加する様子が生まれるなど，共に情動を交わし合い，場の情動とその力動感を身体と心で感じ合っている体験。

【6：接続と充塡】

　情動の表出が進み，表現がより積極的になっていく過程で，相互の情動的な体験の接面への接続が起こり，相互浸透的な体験過程の中で愉しさや悦びの力動感が身体と心に流入してくる充塡ともいうべき体験が起こること。

【7：芸術体験の特性と顕在化】

　参加者たちの相互変容や造形活動の展開，身体表現などの演劇的要素や先の見えないストーリーづくりの展開など，芸術表現が持つ不確定性や創発的特性が生かされる活動状況。振り返りでは予期しない体験の先に新たな表現や変容が見出されたことが表現活動の意義ではないかという感想が出てくるなど，表現活動を媒介にするワークショップの特性に関する気づきが顕在化したこと。

　(2) 体験構造の説明

　7つの概要（カテゴリー）は前章の事例同様に，時系列に沿って産出されているが，その推移からワークショップの体験構造が分かる（図8-9）。概念と体験構造図を基にワークショップの展開に即して概念を組み込んだストーリーラインの説明を行ない，本ワークショップの体験構造を説明する。

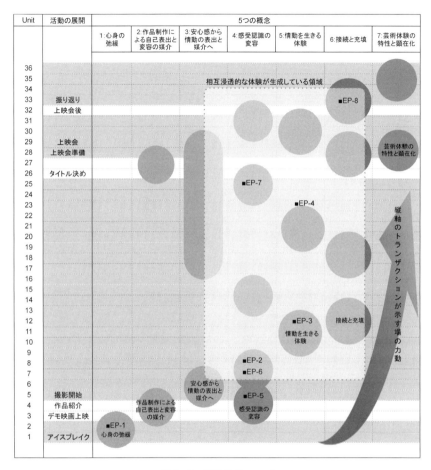

図 8-9　体験構造マップ

〈ストーリーライン〉

　まず，アイスブレイクが始まり，次第に楽しい気持ちが抑えきれなくなったハルナの姿（エピソード1）など【1：心身の弛緩】が起こり，表現活動に向かう解放された気持ちや場の雰囲気ができていった。キャラクター（工作物）を作って互いに紹介する場面で，他の参加者から自分の作品へ共感的な反応が返ってくることで，徐々に安心感が生まれ，子どもたちの言葉や動きの表出が引き出されていき，【2：作品制作による自己表出と変容の媒介】や【3：安心感から情動の表出と媒介へ】という変化が生まれた。

　午後に撮影が始まると，予想を超えるミオ（エピソード2）やアキノブ（エピソード5～7）の変容から，筆者らの【4：感受認識の変容】が起こった。こうした生き生きと変容するミオの姿やメンバーでじゃれ合う姿（エピソード3），ヒロシ親子の変容（エピソード4）など，相互にかかわり合う中で生き生きと表現に取り組み，情動の vitality affect が間主観的に感受され合う【5：情動を生きる体験】が生まれ，それとともに映画も生み出されていった。

　このように，ワークショップの中で生成された様々な体験の感性的位相を捉える中で見えてきたのが，【6：接続と充塡】という体験理解の概念である。まず「接続」に関しては，アキノブが彼なりのあり方で参加していたことに気づいたように（エピソード5～7），参加者との情動の接面に繋がる出来事が起こった。「充塡」に関しては，【5：情動を生きる体験】の姿から，感受される参加者の生き生きとした姿や，愉しさや悦びの情動の力動感に身体と心を強く突き動かされている「感じ」が間主観的に感受され共有されることや，振り返りでそうした体験が実感を伴って思い起こされる様子が参加者間に見られたことによる。そうした姿から，愉しさや悦びの力動感が身体と心を充塡していく体験をすることがワークショップの目的外の目的であり，ワークショップ体験の重要な価値であると考えるに至った。

　また，参加者相互の表出や表現によって相互浸透的に生成される映画と，ワークショップの体験過程が持っている不確定性や，予想を越えて表

現を切り拓いていった子どもたちの変容の姿などを芸術体験の意義ではないかと捉える気づきが振り返りから得られたことは，このワークショップが持つ【7：芸術体験の特性と顕在化】であると言える。

　今回のような表現活動を媒介とする子どもたちとのワークショップ体験では，vitality affect が実感を媒介する自発的行為（日常性）と，表現様式（style）が媒介する芸術（非日常性）とが浸透し合うところに活動と体験が生成している。しかしそれはアート系ワークショップとは目的そのものも異なるがゆえに，芸術表現の特性の顕在化は当初から意図され見出されるものではなく，活動の後半（Unit, 33〜36）で徐々に気づかれていったと考える。体験の大部分は自発的行為と芸術の表現活動が混じり合う体験領域の中にあり，絵画や映像の表現活動を媒介にして，様々な質感をもった体験が相互に感受されることになるのである。ここに，子どもたちの表現活動によるワークショップ体験を，芸術活動の視点からのみ捉えることでは見えてこない体験の実相と，自発的行為としての体験のあり様を捉えていく必要があるのである。

　以上が，コーディングが産出した概念を基に，ワークショップの体験過程と体験構造をストーリーライン化して説明したものである。

(3) エピソード記述とコーディング分析の関係

　本章で提示したエピソードはワークショップの全過程を網羅する出来事ではないが，七つの概念に対応するものが出てきている。いずれもコーディングが産出した体験理解の鍵となる概念にかかわる事象を捉えていたことから，関与観察者の実感に根ざした感受認識とエピソード記述は，主観的で偏った事象の把握ではなく，前章同様，体験理解の鍵となる概念的要素も含みながら接面に起こる実感としてのアクチュアリティを十分に捉えつつ，ワークショップの体験を考察できるものであることが分かった。

　トランスクリプトからの網羅的なコーディングからの概念産出は，体験構造の概念的理解や，相互行為を捉え考察する概念的手がかりを与えてくれる。しかしその方法では事象の個別性や文脈性，接面で感じられた「あの実

感」を，アクチュアリティを保ったまま扱うことは難しい。ビデオ記録を基にしたトランスクリプトからのコーディングはエピソード記述よりも一般的な概念的理解を志向するものであるといえる[2]。参加者の体験の内的な実感を，接面を捉えることで対象化していくには，やはり主観性・間主観性に根ざした事象の内側からの感受認識を手放すべきではない。体験の実感の動態（継時的変化）としての全体性を内包したエピソード記述によって，vitality affect による感性的コミュニケーションの動態を記述的に描き出し，接面のアクチュアリティを捉えることが臨床実践の研究では必要なのである。

7. ま と め

　ワークショップの体験を捉えようとすれば，まずは物理的・客観的に把握できる行為を明示的な目的達成に向けた合理的な理性的コミュニケーションの相互作用として捉えてしまいがちである。しかし，それだけでワークショップの体験とは何かを理解することはできなかった。間主観的に感受した体験の接面を共に生き，その実感としてのアクチュアリティをあるがままに描き出して考察することが必要であった。それが可能となったとき，観察者には物理的・客観的な立ち位置から，間主観的な接面と繋がった立ち位置への身体的・間主観的な変位が引き起こされるのであった。当初は感じることのできなかったミオたちの気持ちや，アキノブが彼なりにずっと参加していたことに気づく体験などは，そうした自身の立ち位置に気づかせてくれたと同時に，その変位によって事象の感受のされ方が変化することを示す例であった。一回きりのワークショップであったとしても，参加者にとってかけがえの無い固有な体験の実感や意味があり，そうした実感に根ざした体験の内側からの理解へと，観察者の立ち位置と視野を開いていくことが重要である。そうした視座の変容を説明するのが「接続」という考え方である。

　また，ワークショップには明示的な目的があり，その達成はたしかに欠かせない目的である。しかし，参加者にとっては決してそれだけが体験の実質ではなかった。むしろ明示的な目的に媒介される体験過程の中で，いかなる（What）体験を，いかに（How）生きるかがより重要になってくる。とりわ

け情動的なかかわり合いが大きな意味を持っており，「充塡」はワークショップ体験を体験・情動ベースで感受することで見えてくる，参加者の体験の実相とその価値を表す鍵となる概念である。

　このように，ワークショップの体験を客観的な事実（What）として理解するにはビデオ記録に基づく網羅的なコーディングからの概念的理解に有効性があるが，その体験がどのような（How）ものであるかを捉えるには，場の中で間主観性を活かし，感性的なかかわり合いの接面を捉えて描き出すエピソード記述による考察が適していることが確認できた。

註

1) 鯨岡によれば，養育者が子どもの小さな変化にめざとく気づくという背景には，「いつも，すでにこの子に関心を向けてしまっている」という「メタ水準の関心」があるからだとする。関心には「これからそこに向ける関心」と「いつも，すでに向けてしまっている」関心があり，後者がメタ水準の関心であるとする。ここで重要なのは「向けてしまっている」というように，関心を向けること自体は能動的なものだが，それがついそうせざるを得ないように関心が惹かれてしまうという受動性も同時に持つということである（鯨岡，1997，pp.92-103）。

2) 木下はグラウンデッド・セオリー・アプローチ（GTA）にはデータの切片化によって分析が全体性や文脈性，観察者の主観性を削ぎ落としてしまう問題点があることを指摘し，それを補う形で修正版グラウンデッド・セオリー・アプローチ（M-GTA）を提案している。本論のコーディングによる分析は主にM-GTAに依拠するが，接面を共にする観察者の主観性と，参加者との間主観性を重視する必要があると考え，質的研究の中では一般性を志向するM-GTAなどのコーディングによるデータ分析と，より固有性と文脈性，主観性と間主観性を重視するエピソード記述との関係を考察するに至っている。木下康仁（2003）グラウンデッド・セオリー・アプローチの実践―質的研究への誘い―，弘文堂。

第9章

事後検証（1）　観察者視点の4ヶ月間の変化

1. 観察者視点の考察の必要性

　ここでもう一つ，関与観察者が関わり続ける中で起こる観察者視点の変容について考察していく必要がある。場に関与する者同士の相互的な営みが継時的に展開するワークショップ実践においては，第6章「動きの中にあるワークショップを捉える視点」で提起したように，その動的展開を文節化・断片化するのではなく，かかわり合う接面のアクチュアリティを含んだ体験を可能な限り全体性をもって描き出す必要があった。実際のワークショップで起こる出来事は多元的なリアリティによって構成されているが，客観的な観察という無関与的なかかわりから見えるものや，事象の網羅的で一般化された理解ではなく，「相手に人として向き合い，場に臨み，関与しながらの観察において手応えをもって現れてくる様相」（南，2004，p. 20）という，「まるごと」と「あるがまま」の体験の把握と考察が重要であった。ここまでの事例研究は筆者（観察者）の間主観的な感受認識を軸にした体験理解であり，それが恣意的な理解ではないことをコーディングとの併用によって示してきたわけである。

　また，二つの事例において筆者の感受認識は変化し，二つの事例の間の期間においても筆者の感受認識やワークショップに対する感じ方は変化してきている。共に取り組んでいる学生ボランティアとの関係も変わり，筆者の体験理解の視座自体が変化していった。こうした体験理解とは誰がいつ行なっても同じ理解に至るものではない。そうした視点の変化を信頼性の低さと捉

えるのではなく，人が継続的に何かを行なうということが必然的に内包する変化と生成の本質的特性と考え，その変化自体を対象化し，体験理解の重層的なプロセスに位置づける必要がある。それが実際に人がワークショップにかかわり続けていく中で行なっている体験理解であり，関与し続けていく中での生成的な体験理解の動態を捉え考察していくに適った方法と考える。

　そこで本章ではワークショップの企画者，参加者，関与観察者である筆者の4ヶ月間の観察者視点の変化について考察を行なう。

2. 事例研究の概要

　本事例研究では，先の二つの事例を含む，学生ボランティア19名と共同で企画実施した「子どもアート・カレッジ2012」の全7回のワークショップの実施過程を研究対象とする。同事業は筆者が事務局を務める芸術文化活動団体であるアート・コミュニケーション・デザイン主催の事業である。企画から講座7終了まで約4ヶ月間の期間がある。これまでもボランティア養成講座の参加者と共に数ヶ月かけてワークショップや子どもたちとの体験活動を行なってきているが，その多くは1日だけのイベントであり，数ヶ月に及ぶ場合でも経験豊かなボランティアや職業上での経験者も含めた構成員との実施であった。今回は初めて出会った大学3年生19名と初めての場所で行なう実践ということで，今までと同じように実践をつくり上げていけるかどうかは未知数であった。さらに記録や研究といった視点も持ちながら進めることは難しいと感じていた。そうしたいくばくかの不安も感じながら4ヶ月間の協働が始まった。

　7回のワークショップにどのような気持ちで筆者は臨んだのか，企画準備段階や実施中，事後の振り返りの過程で感じたことや学生の声などの記録を基にした考察と，メモの記録を基にコーディング分析も行なった。それらの検討から学生とワークショップをつくっていく4ヶ月間の体験過程の中で，どのような感受認識の変化が筆者に起こっていたのかを明らかにしていく。本研究でもワークショップ参加者と同様の説明と事前了解，当日の再確認を得て倫理的配慮の上で学生と研究を進めた。

3. 子どもアート・カレッジ 2012 の概要

　子どもアート・カレッジ 2012 は絵画，彫刻，絵本，ペーパークラフト，墨絵といった美術表現と，映像表現や人形劇などの演劇的要素も含んだ，幼児・児童とその親子のための七つの連続ワークショップである。活動タイトルと大まかな内容は助成金申請時に筆者が考案したが，助成決定後に学生ボランティアが改めて内容を考えて実施した。講座1の絵画表現ワークショップ以外は終了直後に学生との振り返りを行なうことができている。その際の内容や筆者の感じたことはメモに書き留めている。なお，講座7終了後に，講座7の学生とこれまでの4ヶ月間についての振り返りを行なっており，「追加の振り返り」としている。

4. 記述データ

　7講座と「追加の振り返り」までの筆者の記述データを以下にまとめた。なお，文中の「私」は筆者（笠原）である。

（1）実施前段階

　筆者はこれまでいくつものワークショップを企画実施してきたが，大抵はアーティストや専門家，地域で自主的に活動をしている個人や団体とのコラボレーションであった。企画してきたワークショップの研修会も指導者向けがほとんどだった。その点では初めて出会った学生と参加費をいただいて行なうワークショップを7回もできるのか，研究も併せてできるのか，正直なところ不安があった。しかし最初の説明会で全講座を企画から実施まで担当してみたいという積極的な声が学生から上がり，学生らの意欲を感じたことで，不安はあったもののやってみようという気持ちになった。ワークショップなどの協同的な実践では個々の力を越えたパワーが生みだされるということを経験的には理解しているが，躊躇する自分がいた。美術や造形が専門ではない学生とある程度の質を伴った活動をつくり出せるかどうかも未知数であり，自分の研究目的も達成できるかわからないという不安を抱いている状

態でスタートすることとなった。

(2) 講座１：のびのび描くドローイング―心が色に溶け出す日―

いよいよ最初のワークショップが迫ってきた。現段階で講座１のメンバーの学習歴や経験等は詳しくはわからない状態である。ドローイングや想定していた描画材の説明，内容に対して私が持っていた考え等はあまり明確に伝えていなかった。私の気持ちの中に初対面の学生への遠慮があり，伝えることで「そうしなければならない」と受けとられてはいけないという意識が強く働いていたのである。企画段階で内容について考え方の例を示すなど，いくつかの非指示的なサジェスションは行なっているが，あまりあれこれと要求せず，研究面で必要なデータ収集についても無理をしないことにした。

当日は絵の具を使って大きなダンボールに絵を描いた。学生スタッフの急な欠員や，会場の水の準備や片付け，汚れ対策等で準備も展開も慌ただしく，全てが後手になった。実施後の振り返りも時間がなくてできなかったことで，実施前段階の不安が現実となったような気がして私は少し落ち込んでしまった。

(3) 講座２：紙でつくるよどこまでも――ペーパー・ワークショップ――

講座１とは違って企画を練る準備期間があったためか，この講座を担当するメンバーは丁寧に活動を計画し，当日もこれまでの学習や経験を上手く応用して進めていた。

当日は，作例を見せないと子どもたちは何を作ったらよいか分からないのではないかと考えたようで，紙工作の作例を準備してきた。子どもたちに見せはしたものの，ほとんどの子が自分で考案したものを作っていた。落ち着いて柔軟に展開する姿に安心し，参観していた親を巻き込む内容を途中で学生らに提案し，親子が共に活動を楽しめるように活動をサポートした。実施後の振り返りも丁寧に行なっており，自分たちの先入観や想定を越えた多様な作品づくりが生まれたことへの驚きや，あえてきっちりゴール（これをつくろうという目標）を決めずにやってみた結果が良かったことに安心したといった声，子どもの発想や集中力を信頼してよいということが体験的に理解

図9-1　ペーパークラフトの制作風景

できたという声が聞かれた。ワークショップをとおして様々な気づきを得ている学生の姿に感心した。前回かなり慌ただしい展開で，全てが後手になってしまって落ち込んでしまったため，今回は終了後にみんなでケーキとお茶で和やかな時間を持ち，一息つきながら振り返りを行なった。たくさんの意見も出て，ワークショップが安定して進みだしたことで，私は少しほっとした気持ちになった。

（4）講座3：短編人形劇をつくろう

　人形をつくって即興劇をするワークショップである。企画の話し合いでは最初，『三匹のこぶた』の読み聞かせをしてセリフを覚え演じる活動を行なうつもりだったようだ。しかし，時間が短いためセリフを覚えるのが難しいことと，台本や決まったセリフありきではなく，参加者の発想を最大限活かして人形劇づくりをしてみてほしいという考えを説明した。例として紙コップに顔を描いて人形を作り，学生とその場で簡単なごっこ遊びを行なった。その試みを基にして即興性を取り入れた人形劇のプランが出来上がっていった。

　当日は臨機応変に子どもの提案や演技も織り交ぜながら，即興で人形劇を実施できた。子どもたちも恥ずかしさを忘れ，没頭して演じている姿が見られ，学生や保護者だけでなく私も嬉しかった。子どもたちが繰り出す想定外

図9-2　人形のキャラクターになりきって動く

のアイディアが劇を豊かにしたことを学生も実感できたという。私もワクワクしながら参加できた。今回のワークショップあたりから，予想を越えた展開が生まれることを楽しめるような気持ちに学生らも変化してきた。

　振り返りの中である学生が，「私の考えていたことと違ったらどうしようかと考えたりもした」と笑いながら話してくれた。お互いに遠慮しながら相手の意図を気にかけつつ進めてきたことは私も学生も同じであったことが分かった。こうしたことが直接話せるようになり，私と学生との関係が変わってきたように感じた。

(5)　講座4：墨の世界へいらっしゃ～い―大きな墨絵を楽しもう―

　落ち着いた感じで担当学生が企画を進めていたり，具体的に墨絵の表現要素を書き出したり，実際に墨で描いたりして入念に企画を練っていたので，きっと上手くいくだろうと思って安心して見守っていた。文字を書く要素と絵を描く要素をどう取り入れるかなどを少しアドバイスした程度だった。

　当日は参加者みんなが楽しみ，没頭して作品を作っていた。しかし，ある子が筆で墨を飛ばして描いて会場を汚しそうになったり，墨で紙をぐちゃぐちゃにしてしまったことがあった。学生もどうしてよいか分からない様子だったため，私がその子に墨が周りに飛び散らないように気をつけてほしいと伝えたのだが，それを受けてその子は少し落ち込んだ様子だった。途中の

図9-3　墨絵の風景

　昼食休憩時に墨で汚しそうになった場面でどう声をかけたらよいか分からなかったという声が学生から出た。そこで，落ち込んだ子にどのようにかかわっていくかを話し合って後半の活動に臨んだ。その後，活動は上手く展開して素敵な墨絵がたくさん生まれた。落ち込んだ子も作品をいくつか描いて，どうやら気持ちを持ち直したようだった。

　振り返りでは自分たちの進め方が「学校っぽい」という意見が学生から出た。その意味を考えると，先の人形劇の即興性や，今回の活動でも企画段階や実施途中の子どもたちの様子に応じて活動を変化させていくやり方など，学生らが考える「学校っぽくない」やり方を私が随所に提案していることから，自分たちのやり方に違和感を感じたようであった。自分たちがこれまで学んできて身につけてきた以外にも何か方法があるようだという気づきがあるようにも感じる。そうした気持ちが「学校っぽい」という言葉に表れていたり，墨を飛ばした子への対応などで，「自分たちで考えたのに先生（筆者）に頼って（最後まですべて自分たちで）仕切れなかった」という担当学生からの言葉になったと考える。

　もちろん自分たちの学んできたこととは異なる実践感覚への気づきは大切であるが，自分たちの考え方ややり方を否定的に捉えるものではないだろう。ワークショップではそこで起こった出来事や足りないところに対してみんなで最善を尽くしていくという現場でのライブ的な協同性がある。一人の

先生がクラスに責任を持って一人の力で計画的に実践を完遂する学校の活動とは目的や活動形態も異なる活動である。しかし，自分たちの経験をもとにワークショップを考え，実践の中での様々な状況や実感を丁寧に振り返りながら活動に取り組むこうした学生の姿に頼もしさを感じるようになった。

(6) 講座5：秘宝誕生・はたしてこれは彫刻なのか？

企画の段階では今回が担当初回の学生だけが意見を言い，以前の講座での経験がある学生は意見を出さない状況であった。初めての学生の意見を尊重しているのか，それとも意見しにくい関係や遠慮があるのかは分からない。少し様子を見ることにしたのだが，アイディアに脈絡がなく実施日も迫ってきた。私も話し合いに入りながら他の学生にも意見を求めた。前回経験した学生が面白いアイディアを遠慮気味に出してきた。その意見をキャッチし，担当初回の学生の意見と繋げるフォローをし，企画が具体的に動き出すように後押しをした。

当日は「ブーブル美術館」という架空の美術館での展覧会のために土粘土で彫刻を造るというユーモラスな活動となった。寿司屋のカウンターのような会場レイアウトは今ひとつ意図が分からず上手くいくか気になったが，始まってみるとカウンター越しに子どもたちと話し，一緒に作品を作る楽しそうな姿が見られ，なかなか良いアイディアだと思った。前回，墨を飛ばして注意され落ち込んだ子が今日は初めから生き生きと楽しそうに取り組んでおり，私だけでなく前回に引き続いて担当した学生も嬉しく感じたようだ。

使う材料を土粘土に決めるまでに随分試行錯誤をしたことと，ほとんどの学生が複数回担当してきていることで，落ち着いて集中した雰囲気をつくることができ，余裕が感じられた。龍を作る親子の思い出のエピソード，大人が自分の心の中にあるモチーフを黙々と制作したエピソードなど，彫刻に込められた思いも参加者から聞くことが出来て楽しく深みのある活動となった。

学生との振り返りでは，結果的にとても良かったといった感想が出た一方で，当日の展開や何を活動の目的や表現のねらいにするかの相互理解に踏み込めなかったという反省がやはり出てきた。

図9-4　土粘土の彫刻鑑賞会の様子

(7)　講座6：春の訪れを感じて——なが〜い絵本＆紙芝居づくり——

　人形劇の時と同様に，ストーリーがある作品制作を子どもたちがどのように行なうのか想像がつきにくかった様子である。企画の話し合いも難航している。用意した紙の質感もあまり良くない。長い紙の絵本の台紙の例と，ストーリーづくりのきっかけをアドバイスし，それをヒントに準備が動き出した。

　当日はカエルの絵本やペープサート（紙人形），お店屋さんごっこ仕立ての導入で，絵本や紙芝居づくりの作業を上手く伝えていたことは感心した。ちゃんと伝わると子どもたちは徐々に自分の世界を創りだしていけることが分かる。焦らなくてもよいこと，見た目には盛り上がらなくても，しっとりと深まっていく活動もあることを体験できたことは学生にはよかった。子どもが描いた数枚のバラバラの絵を前にして途方に暮れる保護者に，それを絵本にする方法をさりげなく伝える学生の声の掛け方に対しては，勉強になったというコメントが保護者から寄せられた。どんな表現でも読み取り方によって絵本になる可能性が見えてくる。子どもたちは素敵な絵本を作り，みんなの前で紹介し合った。

　当初は学生もどのように絵本をつくるのか見えなかったというが，試行錯誤の末に子どもたちも次第に自分の世界を深く表現し始めた様子や，完成した絵本を見てあらためて子どもたちの想像と創造の力を実感したようだ。適

図9-5　長い絵本の制作風景

切な最小限のきっかけが，バラエティーに富んだ子どもの世界を引き出すことを実感し，保育者としての関わり方に対する考え方の幅がさらに広がったとの声も聞かれた。子どもの想像力との出会いを様々なアイディアを駆使して考えていく学生の取り組みに，子どもの姿や保護者の声はもちろん，私自身も感心し，安心・信頼してワークショップの展開を楽しむ気持ちになってきた。

(8) 講座7：何でもつくれる半日だけの甘〜い共同制作へようこそ

前回と今回の講座で担当が重なっていた学生もいたため，実施一週間前まであまり計画も準備も本格化しなかった。学生は準備が遅れていることをとても心配したと言っていた。アイディアもなんとなく「巨大双六」や「巨大迷路」を考えていたようで，それ自体は悪くはないのだが，これまでの講座の充実度を考えると，最後の講座にしては少し物足りないと感じた。実は学生自身もそう感じていたようで，実施の4日前にゼロから考え直して「映画づくり」という案が生まれた。これまでの講座の報告会を見て，今のプランではダメだと思ったそうだが，映像表現は経験がないという。「やったことはないけど面白そうだからそれでいったら？」と背中を押した。その場でビデオカメラを持ち出し，人形劇のときと同様にテーブルの上のみかんや人形で思いつきの遊びを録画して再生して観てみた。それだけの映像でも実際に

図9-6　映画の上映会

自分たちで演じて観てみると結構面白いことが分かり，準備が進みだした。

　ビデオカメラの前で演じるのはハードルが高いので，当日の前半は映画をつくるとは言わずに自由に工作をすることにした。後半に簡単なデモ映像を見てもらい，作った工作を持ち寄って映画づくりを開始することにした。参加者を二グループに分け，保護者も巻き込んで制作を進めた。子どもたちもどんどん乗ってきて，自分たちで演じ，ドキドキしながら撮影をして映画を作っていった。完成後の上映会はとても楽しく，保護者からも映画づくりというアイディアの良さや，ハードルが高いと感じる子もいるのに上手くそれを乗り越えさせた展開や学生の関わり方に感心したという感想が出た。

　今回は私も終始笑いながらワークショップに関与することが多かった。どんな展開になって，どんな映画が出来るのかを楽しみにしながら参加（関与）できた。気がつけば一参加者として楽しんでいたように思う。

(9) 追加の振り返り

　講座7の映像表現ワークショップのスタッフ振り返りが終わった後に少し時間をとり，全7回の講座を進めてきた中で私が感じていたことを振り返りながら4名の学生と話をする時間を持つことができた。

　この4ヶ月間の協働を通して，学生とどのようにワークショップを進めていくかが徐々に見えてきたわけだが，当初は私のスタンスも曖昧だった。初

対面の相手に何かを明確に伝えることに遠慮があり，「そうしなければならない」という縛りになりはしないかと思って躊躇したことを話した。しかし，学生はそれも感じ取って理解しながら取り組んでいたということがわかった。お互いのことをまだよくわからない状態で，どちらもが相手の考えを尊重しようと思いながら，「こうしなければいけない」と思い込ませたり，思い込むことがないように，遠慮も含みながら互いに気を遣いつつ取り組んでいたというわけである。

　そして講座の回数を重ね，実際にワークショップの現場で様々な出来事を一緒に体験していくことで，徐々にお互いの考えや学んできたこと，技術や経験について理解が進んでいった。当初は互いに遠慮もあったが，回数を重ねるにつれて私と学生との準備の想定や作業量の予測のずれ，学生の担当配分の改善案，ここは私から明確に示した方がよいと感じたことなどを意見として言ってくれるように学生も変わっていった。学生にとってはこうした実践を経て自分たちがこれまで学び経験してきたことが発揮できたことを実感でき，現時点で自分に足りない力とは何かに気づくことができたともいう。そして私も「アクセルをふみきる感覚」や「想定外を含んだ展開」といった，ワークショップの未知の体験領域に踏み込んでいく感覚を大切にして欲しいと思っていることを話した。

　私も学生も様々な出来事を共に乗り越えて進んだ協同体験があったからこそ，こうした相互変容は生まれていったのである。終了後にケーキを食べながら互いの考えや価値観について話し合うなかで，一緒に体験したからこそ語り合えることがあると感じた。その頃には半ば同僚とでもいうような気持ちが生まれ，当初の不安は消え去り，自分が普段ワークショップを進めていくときの感覚や立ち位置と近い状態に変化し，このメンバーと活動ができてよかったと感じている自分がいた。

(10) 記述データのまとめ

　私自身は企画者である以上，企画全体はもちろん個々のワークショップの内容にも責任がある。しかし，一方ではボランティアでかかわる学生の主体性を尊重したいという気持ちや遠慮もあり，「非指示的サジェスチョン」と

いう迷いと気遣いを含んだ曖昧なかかわりをしていた。しかし，そこからも
学生は私の意図や価値観を感じ取っていた。結果的には毎回の講座が終わ
り，私が学生のことを理解していくことと同時に，学生が私のことを理解し
ていく相互的な関係になっていった。当初は心配したが全講座が終わってみ
ると，このメンバーと一緒にやってよかったと心から感じている私がいた。
徐々に活動が充実していく中で学生に対する感受認識も変化し，相互理解が
進むにつれて，むしろこちらが大きく変容し，新たな自己理解がもたらされ
る体験となっていたことが分かったのである。
　以上が4ヶ月間のワークショップ期間中の記録を基にした考察である。

5．コーディングによる分析

　これらの記述の中にある感受認識や新たな気づきなどをコーディングに
よっていくつかの内容に整理してカテゴリー化した上で（1次カテゴリー），
講座毎にどのような体験をしたのかを考察した（2次カテゴリー）（表9-1）。
それを基に筆者の4ヶ月間の観察者視点の変化についてストーリーラインを
作成した。

〔ストーリーライン〕
　実施前段階では，初めて出会った学生と果たしてワークショップを実施
できるのか，研究の目的は達成できるのだろうかという不安を感じて躊躇
している自分がいることに気づかされた。これまでも様々な実践者とワー
クショップを行ない，協同性やコラボレーションを重視してきたにもかか
わらず，そうした不安を感じて困惑する自分がいることに戸惑いを感じ
た。いわば，【自分の気づかない自分に困惑する】体験である。そんな中
で学生の意欲を感じ，不安を抱えたまま一緒に取り組むことになった。
　講座1の「のびのび描くドローイング―心が色に溶け出す日―」では
様々な条件が重なり，十分に満足いく展開やかかわり方ができなかったこ
とや，研究データを収集する余裕すらなかったこと，振り返りも出来な
かったことで落ち込んでしまった。しかし，そうした自分の目的や都合で

表9-1 コーディングの概要（一部抜粋）

	オープン・コーディング	1次カテゴリー	2次カテゴリー（ゴシック部）
実施前段階	・自分の実践履歴の特性の一端を知った ・当初の目的（実践と研究）が達成されるかの不安 ・自分がしたい理由の存在 ・不安もあるが信じて挑戦する覚悟 ・普段言っていることや知っていることと違う反応をする自分の側面も知る	・自己の履歴の再発見 ・やはりこだわっていることがあることに気づく ・みんなで何とかしていけることを信じる覚悟	不安や迷いから，意外な自分の側面が見えてくる。自分の状態を強く意識する。 ↓ 自分の気づかない自分（の反応）に困惑する
講座1	・参加者と学生が第一として肚をくくり諦める明確に伝えてよいこと，伝えるべきことが掴めないでいた ・伝えることで強制してしまうことになるという遠慮 ・互いの現在の関係性がつかめない状況 ・研究データを採る余裕がないことで落ち込む	・一度目的を絞る ・互いの親密度や関係性によって伝え方も変わる ・やはりこだわっていることがある自分に気づく	これまでと同じ方法では実践も研究も対処できないことがわかり落ち込むが，まずは参加者と学生が第一と考える。 ↓ 自分の目的や意図を手放し状況を受け入れる
講座2	・冷静に自身の学習履歴や体験をもとに計画している姿に感心した ・作例を見せないと作れないかどうかを事前に考えるが，実際の子どもたちの姿から教わった ・上手くいくようにきちんと決め過ぎるよりも，こうしたケースではゴールをきっちり決めないことで自由な表現が成就される状況を生みだした ・子どもの想像力や集中力の再発見 ・同じものを食べて仲良くなる？（ケーキ）	・学生の知識や実践力が見えてきた ・仮設と検証も意識しながら進みだし，学生の学びになりはじめてきた ・今まで自分たちがしてきたことと異なるタイプの実践感覚との出会い ・場の雰囲気づくり	安定して走り出した講座によって，学生の力や人も見えてきた。実践から学んでいる姿も見えてきて，落ち込んだ気持ちが薄れていく。人やその学びや姿勢が見えてくることで，自分のこだわり意外にも心が惹かれるものが感じられるようになってくることがわかった。 ↓ 学生の真摯な姿勢に触れて自分のこだわりが相対化される
講座3	・参加者の特性を見ながら表現の幅を広げるような非指示的サジェスチョンをおこなった ・即興的に子どもの気持ちやアイディアを取り入れて展開する楽しさを私も一緒に味わった ・演じ，子どもたちを引き込み，相談も織り交ぜながら進める姿に感心するとともにワクワクもさせられた ・学生がどう企画し実施できるかドキドキしたが，子どもたちの変容にもドキドキと嬉しさがあった ・お互いのイメージや意図も気にかけつつ進んできたことの告白	・表現の幅を広げる学びの体験 ・教えるといっても一緒に楽しんだら伝わることもある ・一緒に楽しんだ満足感 ・分からないこと（予想外）が楽しい ・やはりこだわっていることがあることに気づかされた	当初の目的はともかく，一緒に楽しんだ満足感と，学生が生みだす予想外の成果に嬉しさを感じ出した。私の意図も気にかけていたことを告白してくれたことも関係性の変容につながった。 ↓ 活動を通して相手の良さに触れ相互開示が進み嬉しさも増した

はなく，参加者にとっての体験が何より重要であり，学生と共に実践を第一に腹をくくって取り組むことに気持ちを切り替える，【自分の目的や意図を手放し状況を受け入れる】体験をした。

　講座2の「紙でつくるよどこまでも―ペーパー・ワークショップ―」では，学生も筆者も準備を丁寧に進める余裕が出てきて，ワークショップ自体も良い展開で進んでいった。落ち着いた活動展開が出来たことに加え，学生が自分たちで想定した以上の創造性を発揮する参加者の姿に出会えたことなど，真摯に参加者から学ぶ学生の姿に接することで，前回の気持ちの落ち込みは解消していった。前回の問題が解決したというよりも，こうして真摯に取り組む学生の姿に心から感心したことと，私自身も一緒に取り組んでいくのだと考えるようになったことで，自分の都合や目的への執着が薄らいだとも言える。つまり，【学生の真摯な姿勢に触れて自分のこだわりが相対化される】体験をしたのである。

　講座3の「短編人形劇をつくろう」では，参加者の提案や即興的な表現も取り入れながら人形劇を展開する学生の取り組みを目の当たりにして，共に実践していく楽しさや嬉しさを感じることができ，親密度が高まったように感じられた。事後の振り返りでは，筆者の意図と違ってはいないかといったことも気にかけたという率直な声も聞くことができたように，【活動を通して相手の良さに触れ相互開示が進み嬉しさも増した】。

　講座4の「墨の世界へいらっしゃ～い―大きな墨絵を楽しもう―」では，企画や準備を丁寧に進めて当日に臨んだ学生たちの姿に安定感と頼もしさを感じた。紙をグチャグチャにしたり，墨を周囲に飛ばしてしまった参加者への対応に困り，筆者が介入したことがあったが，最後まで自分たちだけで対応できればよかったといった反省や，自分たちのやり方が「学校っぽい」と感じたといった意見が出た。活動はとても充実していたが，起こった出来事への対応に学生と筆者の間にある経験の違いだけでなく，感覚や依拠する活動原理の違いがあることが双方に意識されることとなった。ワークショップ体験において【異なる実践感覚を持った人間が複数関わる意味】が意識されることになった。

　講座5の「秘宝誕生・はたしてこれは彫刻なのか？」では，企画段階

で学生同士に遠慮のようなものが感じられたが，「ブーブル美術館の彫刻づくり」というユーモアのあるアイディアで企画が動き出した。寿司屋のカウンターのような会場レイアウトなども功を奏し，予想を越えて充実した展開が生まれ，学生共々，筆者もやってよかったと嬉しさを感じた。ワークショップ自体が様々な人間関係のゆらぎの中で営まれていることや，壁を突き抜けるユーモアの力など，【ワークショップを通した人間の非合理性や情緒的な繋がりに楽しさを感じる】体験をした。

　講座６の「春の訪れを感じて―なが～い絵本＆紙芝居づくり―」では，企画も準備もよく考えられており，最初の頃のような曖昧な伝え方といった遠慮をあまりしなくてもよい関係になってきていた。子どもの絵を肯定的に受け止める学生のかかわり方に感心したという声が保護者から寄せられた。これまでの自己の学びや経験を活かして真摯に取り組んでいることが改めて浮き彫りになった。【実践，支援，振り返りなどに学びを深める学生の姿】が見られた。

　講座７の「何でもつくれる半日だけの甘～い共同制作へようこそ」では映画作りの体験過程の中で参加者が相互に生き生きと情動体験を生きる姿が生まれた。ユーモアもあり，予想を越えた展開や参加者の変容など，【高い挑戦意欲が参加者の創造性と歓喜を呼び込んだ。私も心から楽しいと感じた】。

　追加の振り返りでは，これまで筆者に遠慮があったことや，学生と筆者の間の実践感覚や考え方の違い，それを学生はどう受け止めていたのかを率直に話し合うことができた。企画者とファシリテーター，学生と教員，協同実践者としての立場など，様々な関係性の中で４ヶ月間の取り組みが進んできた。この体験過程とは筆者にとっては学生と出会い，学生を知っていく過程でもあったのだが，実はそれは学生にとっても（私としての）筆者と出会い，互いを知っていくパラレルな過程であったことに，この時点で初めて気づかされた。また，学生とどのように４ヶ月間にわたるワークショップが可能かと試行錯誤する体験とは，今まで自分が自覚できていなかった意図や実践感覚などが浮き彫りにされることで困惑したり，それを相対化し乗り越えることで自分自身が変化させられながら学生との協働

が展開していったプロセスでもあった。一連のワークショップが終わった時に感じたのは，学生とワークショップに取り組んでよかったという思いであり，【ワークショップで人と自分と出会い知り合うこと，気持ちがつながることの嬉しさと喜び】を感じながら4ヶ月間進んできたということであった。

　以上がコーディングから産出したカテゴリーに基づいて作成したストーリーラインであり，4ヶ月間の筆者の感受認識や体験の変化の動態である。

6. 考　　察

（1）コーディング結果からの体験構造理解

　コーディングによって産出された概念の時系列的な構造が，ワークショップの体験構造を説明しうるものとなることはこれまでも述べてきた。本事例研究でも2次カテゴリーに基づくストーリーラインから，筆者の4ヶ月間の学生との取り組みの体験構造が見えてくる。

　実施前段階から追加の振り返りまでの体験過程は表9-2「4ヶ月間の体験構造」のように進行した。実施前段階や講座1などの序盤では，自分の思うようには進まないであろうことがわかったことや，協同でのワークショップとは言いながらも自分の都合や目的にこだわっていた自分に気づき，参加者と学生のために行なう気持ちに改めて自己のあり様を修正していくこととなり，「自己認識の変化」が起こった。中盤では学生が真摯に取り組む姿や参加者からの反応も良かったことから，次第に「学生との協同の深まり」が生まれ活動が充実していった。終盤には気がつけば私自身が参加者の一人としてワークショップの体験に身体と心を突き動かされ，共に楽しんでいた姿が見出された。追加の振り返りを通して分かったことは，ワークショップ実践を通して互いに出会い，相手を知っていく学生との相互的な関係へと，相互浸透的に筆者の感受認識や立ち位置が変化していったことであった。いわば，終盤では「体験の共愉性と相互性の発見」に至ったわけである。一つひとつのワークショップを共につくり，体験を共にする協同作業を経ていくな

表 9-2　4ヶ月間の体験構造

段階	2次カテゴリー	相互変容の進展			
追加の振り返り	ワークショップで人と自分に出会い知り合うこと、気持ちがつながることの嬉しさと喜び			↑体験の共愉性と相互性の発見↑	関係性と関与する視座の相互浸透的変容
講座7	高い挑戦意欲がみんなの創造性と歓喜を呼び込んだ／私も心から楽しいと感じた				
講座6	実践、支援、振り返りなどに学びを深める学生の姿				
講座5	ワークショップを通した人間の非合理性や情緒的な繋がりに楽しさを感じる		↑学生との協同の深まり↑		
講座4	異なる実践感覚を持った人間が複数関わる意味				
講座3	活動を通して相手の良さに触れ相互開示が進み嬉しさも増した	↑自己認識の変化			
講座2	学生の真摯な姿勢に触れて自分のこだわりが相対化される				
講座1	自分の目的や意図を手放し状況を受け入れる				
実施前段階	自分の気づかない自分に困惑する				

かで，自分自身に対する自己認識の変化が起こったのはもちろん，学生もまた様々な変容を経験し，「関係性と関与する視座の相互浸透的変容」が漸次的に生まれていったことが分かる。

　このように，筆者のメモを基にした考察とその体験構造から，個々のワークショップ内での変容のみならず，4ヶ月間にわたる学生ボランティアとの間でどのような筆者の観察者視点の変容があったかも明らかになった。

(2) 観察者視点の変容と人間的理解のプロセス

　こうした筆者の「私」の変容についての気づきと，相互的な関係にあったことへの気づきは，「気がついてみれば」そうだと分かったということであり，当初には存在しなかった意味が生成されたのである。このように様々な体験と出会っていくなかで新たな他者理解がもたらされることや，自分自身のあり方も捉え直さざるをえないような，他者理解と自己認識の変化の切り離すことのできない体験理解のあり方とは一体何なのであろうか。

　津守真（1987）は，自身が観察者として保育現場に関与するなかで体験した，当初は意味が分からなくて戸惑うような子どもたちとの出来事や子どもの行為について，後の省察を経てその意味が分かってくることがあるという。津守によれば，子どもの行為が理解できないと感じるのは，現在の視点で子どもにかかわっているのではなく，過去の履歴や未来の到達点を根拠にして現在の子どもの行為を判断しているからであるという。そして，現在に生きることの中に過去も未来も重層的に含まれており，「子どもの世界の表現である現在の行為をよく見て，その現在に応答することにより，子どもとおとなの合力による新たな現在が形成される」（p. 168）とする。そうした現在の形成が保育であり，保育は現在を変容し，現在を形成する力であるという。このことは，子どもとのワークショップの体験理解を考える上でも手がかりになる。

　第7章で述べた絵画表現ワークショップでは，ノブヨシが足に絵の具をつけて描く（滑る）姿を前にして，危険としか判断できず，気持ちよさや楽しさといった彼が現在感じている実感に，最初は気づくことができなかった。第8章の映像表現ワークショップでもミオやユウタが変容していく姿に対して，メンバーと同じようには場の情動を実感できていなかった。客観的な言葉や行為だけで理解しようとすれば，強引な展開という解釈となったわけである。アキノブについても，ずっと「参加してほしい」と思って学生らとかかわってきたが，実はずっとこれまでも参加していたということにワークショップの終盤になって気づくことができた。いずれの場合も，怪我せずに描くことに向かってほしい，強引なかかわりでは不安になって演じたりできなくなるのではないか，3歳のアキノブにも何とか楽しく積極的に参加してもらいたい，といった筆者の願いや意図によって現在の子どもたちの状態を判断していたと言える。物理的には共に現在に居るにもかかわらず，意識が現在になければ，ここにいる子どもたちとの情動の接面に触れることはできず，行為の意味を理解することはできなかったというわけである。

　津守は，保育実践の省察において子どもの体験理解が可能となるのは，「実践における理解と，省察における理解とを通して，何度も私が変化し，自らの世界をひろげられることを要する」（pp. 191–193）からだとする。そ

うした幾重にもわたる時間を隔てた省察（反省についての考察）によって，実践者の視座（立ち位置）の転換と深化が進むのである。このように時間的経過のなかで重層的に体験理解が変化しつつ，相互・自己理解も合わせて変容していくことは，ワークショップ体験の動態と同様の生成的構造を持つ。

　こうした，視点が固定できず，絶えず問い返す度に新たな理解に開かれる体験理解のあり方とは，客観科学における体験理解として考えれば，流動的で不適確なものとなるだろう。しかし，臨床現場で実践に関与する者にとっての体験理解，体験の意味や価値には，最終的な正答はないともいえる。それは確かに客観科学の要件としては不適格だが，現実の生活の中で考えてみると，具体的に生きる人間の行為においてはむしろふさわしい，人間現象の「人間学的理解」（津守，1987）なのである。

　個々のワークショップにおける体験理解は，関与する中での観察者の視点の変容とともに生成変化していくものであった。さらにそのワークショップの体験理解は，より長期の時間軸としては4ヶ月間の学生との協同実践という，もう一つのワークショップと入れ子構造になっている。このように，個々のワークショップを越えた時間の広がりのなかで幾重にも行為の意味に出会い，新たな体験理解と他者理解，そして自己理解の相互変容が進むことが，ワークショップの体験理解の人間的理解のプロセスなのである。

7. ま と め

　このように，学生とのワークショップの協同実践の体験を省察する中で，筆者がどのようなワークショップの体験理解に開かれていったかが浮き彫りになった。個々のワークショップにおいては子どもたちの現在と接続されていくことで，それまでは感じることのできなかった参加者の体験の実感が間主観的に感受されるという変化が起こった。こうした接面における他者の情動への接続が，個々のワークショップにおける体験理解には重要であり，そうした情動の力動感の感受感応が相互浸透的に進むことが体験理解を生成する動的過程でもあった。この間の筆者のメモを基にしたコーディング分析や体験の省察から，実施前段階から追加の振り返りまでの間に，学生との相互

理解が進み，同時に筆者の観察者としての視点だけでなく，自己認識さえも
が幾重にも転換されていった。

　第7・8章で先に事例として挙げたのは講座1と講座7だが，その間にも
筆者と学生との関係はもちろん，筆者の視座も変化している。ワークショッ
プの体験理解とは関与する当事者の変容過程と共にあること，そしてワーク
ショップの体験理解とは筆者だけが内的・主観的に感受して生み出すもので
はなく，しかし，客観的な記録や分析からのみ得られるものでもない。学生
や各ワークショップの参加者などの関与する人々との出会いや共同体験のか
かわり合いの中で徐々に生み出され，気づき，発見され，捉え返されなが
ら，幾重にも新たな理解が生まれていくものなのである。

　こうした自己変革や相互変革性はワークショップの基本的特性でもある。
ワークショップの分類において中野が，ワークショップは「個人の内的な変
容に向かう『内向き』の方向と，現実の社会や世界を変革していこうという
『外向き』の方向の軸」（2001, p. 17）を持つと述べ，降旗（1997）がワーク
ショップとは「美術を普及する手段であるばかりでなく，最も重要な個々人
の人間性を活性化するのに広く役立つ方法論としての一面を持つ」として，
活性化を通した変容が起こることを指摘している。

　一方，ワークショップにおいてはこうした個人の変容のみならず，関係性
にも変容が起こる。苅宿（2012a, p. 114）は，ワークショップの実践や研究
では作り手（実践者）の話が中心になりがちで，ワークショップを学習論と
捉えるならば受け手（参加者）にとっての変化，作り手と受け手の関係性の
変化にも関心を向ける必要があるとする。しかし，こうした参加者と実践者
（観察者）との関係性の変容過程と意味生成過程をつぶさに捉えた研究は例
が少ない。三浦（2012）による病院でのワークショップの実践研究では，学
生の意見やリアクションに触れる中で，著者が自己の感受認識を捉え直さざ
るを得ない，ゆらぎが起こったことを報告している。茂木他（2013）の実践
家を育成するためのワークショップ研修の実践研究では，スタッフとして気
負いを捨てて参加者との体験の内側に入っていったことで様々な体験の実感
や自分の気持ちの動きを感じることができたという講師・スタッフの事後感
想がある。いずれも場に関与する当事者である実践者（同時に観察者であり

研究者）自身が，参加者との関係性の中で自己の視点が変容するという体験への言及が見られる。

このように，従来的な外部者の研究視点だけでなく，実践者（観察者）自身の場の中での体験や実感にも少しずつ意識が向けられている兆しが生まれている。たしかに，現段階では実践者が場の体験の内側から主観的・間主観的に感じたことを考察対象にすることは，研究の視点としても方法としても十分に位置づけられている状況にあるとは言えないが，こうした視点からの取り組みが今後増えていくことが期待される。

このように，ワークショップにおいて参加者と実践者，その関係性における変容が起こることは理論としては理解されているが，その変容を含めた体験過程を具体的な事例を通して示した研究は例が少ない。ワークショップ実践を通した意味生成の重層的過程においては，学生はもちろん観察者自身も幾重にも自己変容を遂げていくことになる。相互主体的な変容と，そのプロセスにおける意味生成は，切り離すことはできないワークショップ体験に不可欠な視点なのである。

第 10 章

事後検証（2）　ビデオ記録の共同検証

1. ビデオ記録を使った実践の検証

　前章にて学生との 4 ヶ月間のワークショップを振り返るなかで，重層的に体験理解が進むことで新たな他者理解と自己理解が生まれ，筆者の観察者視点が変容していく過程が浮き彫りになった。本章ではそうした長期的な観察者視点の変容とは別に，一回のワークショップにおける体験理解に対して，事後に第三者とビデオ記録の共同視聴を行ない，筆者の感受認識と第三者の感受認識の比較考察を行なった。関与する中での視点の変化とエピソード記述の考察（メタ観察）による視点のさらなる変化，それに加えて本章での事後の第三者との共同検証によって観察者視点が変化していくことはいかなる体験理解を生み出すのかを考察する。

　ビデオを使った実践の研究は通常の観察と筆記記録に比べて，より現実に近い形で実践者の暗黙知を可視化し，多様な観点からの声を引き出すことができる有効な手法とされる（野口, 2007）。とりわけトービン（Tobin, 1989）によるビデオカメラの記録を使った多声的ビジュアル・エスノグラフィー研究以後，ビデオ記録を用いた実践研究が広く取り組まれるようになり，保育や表現活動における子どもの体験理解に資する研究手法としても活用されている。

　ビデオ記録を基にした共同での振り返りは，同一の映像を見ても受け手によって反応が全く異なる場合もあり，多様な視点による対話行為が重要になる（野口, p. 314）。刑部（2012）によれば，具体的場面を共有しやすく話題

を焦点化しやすいという利点がある一方，実施する時間の確保，対等な話し合いを可能にする議論の仕方，様々な人たちがいる場でエピソードの解釈の根拠として実践の映像が見せられることの耐え難さや，一旦解釈の枠組みが出来てしまうと別の見方をすることが難しくなるという問題があるとし，分析ツールの開発利用に取り組みながら，こうした問題を越えて多声的な対話のプロセスの活性化を進めていく必要性を説いている。

　本研究では研究協力者とビデオ記録の視聴を基に自由な発言や解釈による体験理解の可能性を探るという主旨のもとで検証作業を進めた。実践の中で間主観的に感じた筆者の「感じ」に対し，実践には関与していない第三者には同じ場面の出来事がビデオ記録を通してどのように感受認識されるのか。その相違を考察し，実践者・観察者の視点を考察する。

2. 事例研究の概要

(1) 研究目的
　研究協力者（以下：協力者）とのビデオ記録視聴から，同じ現象がどのような異なる視点で捉えられるかなど，観察者視点について考察を行うとともに，こうした検証作業の持つ意義を明らかにする。

(2) 研究方法
　絵画表現ワークショップ「講座1：のびのび描くドローイング―心が色に溶け出す日―」のビデオ記録を協力者と共に視聴し，討議検討を行なう。
○実施日：2013年X月X日
○場所　：九州大学
○協力者：5名
　協力者はワークショップには参加していない。研究遂行上のプライバシーや守秘義務等の倫理規定を踏まえた上で，第三者の視点で視聴してもらった。協力者名はアルファベット表記としている。
○実施状況：
　協力者と筆者が会場となった研究室に集まり，ワークショップのビデオ記

録（1 時間 25 分 58 秒）を一緒に視聴した。視聴中に気になったことはその都度話してもらい，筆者がそれを筆記した。視聴終了後に 1 時間程度，各自の感想やコメントを出してもらった。映像を見て感じたこととその理由，協力者同士や筆者との間で視点が異なる点などについて検討した。

3. 分析データ

　ビデオ記録視聴と討議において，発話とコメントのデータ（表 10-1），討議検討のデータ（表 10-2）が得られた。これらを比較分析（表 10-3）し，

表 10-1　ビデオ記録視聴中の発話とコメント

研究協力者や筆者のコメント	研究協力者のコメントに対して筆者が感じたこと	発話とコメントの意図
09:00　(D)　学生が話す，自己紹介すると，し〜ん，となって聴くのはなぜか？　笠原が話しているときはそうではなかった。	(笠) 最初の挨拶で親に話している意識があった。しかし学生は子どもに話している意識であり，それを子どもたちがキャッチしているのかもしれない。	・子どもの様子の新たな発見 ・私の場合と学生の場合の違い
12:00　(D) 子どもがジャンケン列車に入ってほしいという子が…子どもが「入って来ないで！」と言ったか，母が「入りたくない」と言った？	(笠) 子どもと学生の関係で動き出している雰囲気だったのだろう。	子どもの様子の新たな発見（疑問）
25:00　(D)「海になってきたね！（カオル）」に，海（の絵）にさせようという意識が何気ない言葉に見えている。	―	ファシリテーターの意識（絵を描かせよう）
26:58　(D)「なんかおるよ！（カオル）」「お友だちが欲しいといっとるよ，（魚を）増やしてあげて！」にも，海の絵にさせようという意識が感じられる。	―	ファシリテーターの意識（絵を描かせよう）
28:24　(笠) ノブヨシがミナエ（妹）に筆を渡している	―	子どもの様子の新たな発見（捉え直し）
29:52　(D)「すごーい！　何それすてき！（ミナエ母）」，赤い服の年少さん（ミナエ）が依然イキイキしている。	―	子どもの様子の新たな発見（イキイキ）
30:50　(D)「血が付いた，血が付いた，怖〜い！」	―	子どもの様子の新たな発見（イキイキ）
34:50　カオルからの提案でダンボールを分割	―	
35:30　(笠)「自分の海に行ったら，じっとしとかんといけんよ（カオル）」	(笠) 自分のところだけに描いてほしいという意識が強く出た言葉だなあ…今回初めて気に留めたが，(D) がカオルの海にしようとする意識を感じるという感想が私にも影響を与えた。	ファシリテーターの意識（各自の範囲内で）

50:00 （D）ずっと塗っているんですね。10分くらい。賑やかだけど落ち着いて見ていられる。 （E）10分くらい前から空気が変わった。画面の大きさや自分の皮膚が染まる感覚や，色に溶解していくというか，没我していく感覚がある。	（笠）白いところ（ダンボールの余白）がなくなってもずっと塗っている。結構，色の混ざり方や重なりがキレイだったり，味わいがあるので… （事後にビデオで確認すると，ジュンイチは手で塗り込んでいる。リョウスケはタコから墨が飛び出す絵を描いている。ノブヨシとサトシは魚をひたすら色で塗り隠している。トシアキ，サトミ，ミナエも魚を塗り込んでいる。白い魚の画用紙がでてきたので，より自分の海の絵を描き込んでイメージを深めていっている。それでみんなが没頭したり集中しており，「空気が変わった」ようである。	現在の状況についての新たな分析 子どもの様子の新たな発見 （溶解と没我） ↓ このキーワードが出てきた！
57:00 （笠）「自分の海に戻りましょう！（カオル）」	（補足）（笠）海にさせようという意識が強いか…	ファシリテーターの意識
01:00:34 （F）赤い服の子（ミナエ），ずっとさっきから母や学生さんに「見て見て！」と言っている。	ミナエは緑色を中心に，自分の海や魚を塗り込んでいた。後に（D）もミナエが描くときも緑色でずっと没頭していたこと，それで鑑賞でも緑で描いたと話していたことを指摘している。	子どもの様子の新たな発見
01:12:00 （笠）「一番頑張ったところはどこですか？（カオル）」「上手！（カオル）」「パチパチパチパチ！」	（補足）（笠）頑張ったところという聞き方にあらためてひっかかる。強引だなと感じる。	ファシリテーターの意識
01:22:30 （笠）「持ってかえる（笠原）」「これ？（ミナエ）」	（笠）持って帰っていいの？というリアクションがあった…	子どもの様子の新たな発見

表10-2　ビデオ視聴後の討議データ

ビデオ視聴後の議論	分析の視点
（G）子どもの表現に興味がある。子どもは空白が好きじゃない。塗って塗ってその上に細かく色を塗っていた。あの子たちはめちゃくちゃにしていたようだが，自分のルールがある。塗り方もスーッと，こう（丁寧に）塗っていた。（画面の塗り残しなく）全部塗っていくのが満足なのだと思った。また，乾燥した上にも塗っていたが，乾いていないところに塗ると（色が混ざるので）止めていた。彼ら（ノブヨシとサトシ）にはちゃんとルールがあった。秩序感と統一感は子どもにとって何か？　子どもの中のルールには秩序感はある。どんなルールかはわからないが。最初は身体表現。足で滑った。ちょっと滑ると喜んでいるでしょ，楽しそう。冒険の感覚は子どもにとっては感動しますよね。足に塗料つけてピチャピチャするのは，子どもにとって心の表現したいものを表現していた。今日（ワークショップの日）のように，自由だからこそ表現できた。（最後の鑑賞のところで）「私はここを描いた！」という子は少なかったから。（確かにカオルが頑張ったところはどこかと尋ねても，自分から言った子は少なかった…） 特に男の子は，自分が表現したものを再表現（プレゼンテーション）することは少ない。女の子の方が「これは私が描いた！」とか「○○ちゃんと描いた」と言っていた。女の子は記憶が良くて，男の子はボーッと…。男の子にとってはそれはあまり重要ではない。 （私のコメント：たしかに没頭して感覚で楽しんでいた様子は，ビデオ映像においてはサトシ，ジュンイチ，リョウスケなど男の子に多く見られていた。男の子が後から自分の行為を言葉で説明することを求められた時に，単に上手に言えないということではなく，感覚を味わうことに没頭していたように，自分のしていることを自覚して言葉にできない体験を比較的多くしていたということだろうか。そのようには見ていなかった！…）	→子どもの様子の新たな発見（再発見） →細かな塗りの様子 →ルール，秩序感 →すべる，喜ぶ，楽しさ，冒険の感覚 →ワークショップの場の特性 →子どもの様子の新たな発見（前後の文脈から推察） →子どもの体験について改めて考え直す
（F）男の子は描いているところで楽しんでいる。女の子は母性的なもの，私が生み出したもの，という感覚が強い。自分がかかわったものに対する意識がある。本能？	子どもの表現へ向かう意識の特性（男女の違い）
（G）最初は，男の子は再評価（鑑賞での自分の作品へコメントなり評価を述べること）を気にしないし，なぜ女の子は気にしているのか？	子どもの特性（男女の違い）

（J）最後の鑑賞では，絵を分割していたし（描いていたときは並べて置いていたが鑑賞時は周囲に違った順序で並べていた），天地を決めてやっていたので（子どもは天地を考えて描いていたという），ファシリテーターのこうしてほしいことを空気を読んだのではないか？	ファシリテーター（FT）の意識 →子どもの様子の新たな発見（FTの影響）
（G）女の子はすごい。うちの子も，他の子の鞄をもってくれたりする。誰も教えないのに。	女子はすごい
（J）僕のまわりの娘をもっているお父さんは，娘は社会性がすごいと言っている。	女子はすごい
（D）最後のシェア（鑑賞）の持ち方にはいろいろあると思うけど，（D自身の以前の実践で）子どもたちをつき合わせてしまっているなと思ったことを思い出した。たしかにつき合わせている感覚もあったかもしれないが，子どもから見たらそうではないのかもしれない。ワークショップする側としては，つき合わせたかなと思うと，子どもたちにとってはそうではないということ。	→子どもの様子の新たな発見（FTの影響） ファシリテーターの意識
（笠）そもそも体験の意味では，どこの（時間），誰の中における（どの関係性における）意味や視点なのか？ （私のコメント：これまえになかった視点が出てきていることに興味が出てきている。これまでにない，ということは，新しい観察の視点であると同時に，私がどんな観察視点に多く依拠していたかを相対的に浮かび上がらせてくれる。）	体験をどう捉えるか
（J）こういうワークショップではビデオで何度も視ていくことで，意味が変わっていく。ナラティブですよね。	ワークショップの意味や評価などの分析について
（D）そのときの子どもの体験って，何かとは話していないけれど，どう捉えていくのか？	体験をどう捉えるか
（J）博多織（帯）のワークショップでは，お嫁に行くときだったりすると，10年後とか（でないと）わからないですよね。	ワークショップの意味や評価などの分析について
（D）評価の問題は？	ワークショップの意味や評価などの分析について
（J）ファシリテーターの目が深まってないと気づかない。さらにラポールがないと言ってくれない。セラピーは枠で見ない。1対1ができる中でやる。	ワークショップの意味や評価などの分析について ファシリテーターの意識
（笠）どこの，どの角度，関係から見た意味（体験）なのかを説明して述べることは必要。一期一会，非再現性。	ワークショップの意味や評価などの分析について
（D）学生は自分を「先生」と言っていたが，先生と呼ばれる人がいる場では，教師目線になっている。ファシリテーターとか主催者としての目で見てしまう（D自身が）。いつも（自分を先生と）言うのかな？とか。「友だちをたくさんつくってあげちゃおうか」と言った声かけとか，ある程度，大人側の働きかけも必要なのだが，そこで先生という意図を持ってしまう。充分にその場に溶け込んでしまうようなことに葛藤があるのか。	ファシリテーターの意識 観察者の視点について
（J）先生，白衣，セラピーにとってはとても大切な要素。	ファシリテーターの意識
（F）鑑賞，他の人が，他の人の描いた絵を，上手だね，キレイだねと評価できるのはすごい。「私やったよ！」と自分のことだけでなく，最初にみんなでやったから，友だちの作品のことも言っていた。 （私のコメント：自分が描くことや描いた絵のことだけではない，ということがワークショップとしては当たり前のように思っていたが，最初のジャンケン列車や足で描いたり，途中で絵を個人毎に分割する前までは，みんなで一つのアクティビティや絵をもって活動をしていた。そのことが関係しているということか。もちろんそうした意図で構成しているわけではないが…）。	→子どもの様子の新たな発見（前後の文脈から推察） 本論ではあまり触れていなかったこと
（D）鑑賞で，年少の女の子（ミナエ）が，緑（緑色のところがキレイということを）ずっと頑張って（述べて）いて，鑑賞でもそれを言っていて，相当没頭していたんだろうなと。あの場で「そうだよね！」って言ってあげられた。（00:43:20　【エピソード8：ジュンイチが絵の中にa】の中にある，【感じている様子―4】の部分）	子どもの様子の新たな発見（没頭） （私とは違う場面の捉え）

表 10-3　観察者視点の分類比較

視点			フィールドノーツの関連するユニット数	研究協力者によるビデオ視聴のコメントと議論の件数
A 子どもの様子にむけられた	a-1：子どもを見て場のあり方を考える視点	子どもの様子から場のあり方についての考えた	【11】	―
		子どもの様子からコミュニケーションのあり方について考えた	【4】	―
		現在の状況についての分析		【3】
	a-2：子どもを見て気持ちや意図，体験の意味を考える視点	子どもの様子から子どもの気持ちを感受したり意図を察した	―	【15】 感受と同時にその理由も与えられたコメント
		体験を捉え理解しようとする	【6】	―
		子どもの様子から気持ちや体験の意味を理解しようとする	【12】 なぜそのような行為をするのかが当初分からなかった	
B 実践者	ワークショップやファシリテーターのあり方や意識と技術への視点		【5】 自分とは違う感覚に戸惑うが，ビデオを見て認識が変化	【8】 ファシリテーターの強い意図を指摘され，視点が影響を受けた
C 研究者	c-1：研究の方法についての視点		【1】	【4】
	c-2：観察者の自己意識への視点		【1】	【1】

三つの観察者視点（A，B，C）を抽出した。

4. 観察者視点の考察

　ここまでのデータの検討から得られた観察者視点は「A：子どもの様子にむけられた視点」，「B：実践者の視点」，「C：研究者の視点」の三つである。

　［A：子どもの様子に向けられた視点］
　「子どもの様子に向けられた視点」は，「a-1：子どもを見て場のあり方を

考える視点」（筆者が 15 回，協力者が 3 回この視点で述べている）と，「a-2：子どもを見て気持ちや意図，体験の意味を考える視点」（筆者 18 回，協力者 15 回）に分けられる。

　同じ場面を見て場のあり方を見る視点は筆者に多く，主催者という立場が影響していると考える。協力者が子どもの気持ちを捉えている視点が多いのは，限定されたビデオ記録の視野が子どもの体験へ注視しやすくしていること，固定された枠の中で連続する映像が子どもの体験にストーリー性を読み取らせる効果を持つこと等が考えられる。筆者の実体験での膨大な情報の中での感受認識と，協力者の制限された情報との違い，子どもの気持ちの感受理解に対する志向性の違いもあると考える。ノブヨシが足に絵の具をつけて滑っていた場面では，筆者と協力者 G の感受認識に大きな違いが出た。

［G のコメント］
　　（彼らには）自分のルールがある。塗り方もスーッと，こう（丁寧に）塗っていた。（画面の塗り残しなく）全部塗っていくのが満足なのだと思った。また，乾燥した上にも塗っていたが，乾いていないところに塗ると（色が混ざるので）止めていた。彼ら（ノブヨシとサトシ）にはちゃんとルールがあった。秩序感と統一感とは子どもにとっては何なのだろうか。子どもの中のルールには秩序感はある。どんなルールかはわからないが。

図 10-1　こんなに汚れたの初めてとはしゃぐ姿

最初は身体表現。足で滑って。ちょっと滑ると喜んでいるでしょ，楽しそう。冒険の感覚は子どもにとっては感動しますよね。足に塗料つけてピチャピチャするのは。子どもにとって心の表現したいものを表現していた。今日のように，自由なワークショップだからこそ表現できた。（括弧は筆者が補足）

筆者は彼が単に滑るのが面白いのと，危険と感じて声を上げる大人のリアクションが楽しいのではないかと思い，当初は危険だとしか感受し得なかった。しかし，Gは彼らの足での描画に彼らなりの秩序観や統一感を見出し，滑る喜びや冒険心，自由だから可能であった心の表現だと捉えたのである。もちろん実際に現場でかかわった筆者と，映像で見ているGの状況の違いはあるが，Gが筆者と全く正反対の感受認識をしたことは驚きであった。危険と判断したのは主催者という筆者の立場もあるが，このワークショップでは子どもの現在の気持ちや体験よりも，場のあり方に意識を向けていたという筆者の暗黙の観察視点が浮き彫りになった。子どもたちとの現在の体験に視点がおかれていなかったことは先の津守の言葉にあるとおりである。このGの子どもに向けられた視点との違いから，筆者自身が持ちえなかった視点と新たな事象理解がもたらされた。

　［B：実践者の視点］
　「実践者の視点」は，ワークショップやファシリテーターのあり方や意識，技術への視点である。Dはファシリテーターのカオルが発する，描く内容を方向づけるような言葉を気にしていた。その点は筆者も感じていたが，当日は子どもたちが描画も鑑賞も能動的に楽しんでいたため，それでもよいのかもしれないと認識が変化した点であった。しかし，ファシリテーターの意図を強く感じるというDの意見の影響を受けて，ビデオ検証中，筆者も改めてそのことが気になりだした。

［Dと筆者のコメント］
　※「」括弧内はカオルの言葉

（D）：「海になってきたね！」に海（の絵）にさせようという意識が何気な
　　　い言葉に見えている。

（D）：「なにかいるよ！」「お友だちが欲しいと言っているよ，（魚を）増や
　　　してあげて！」にも，　海の絵にさせようという意識が感じられる。

（筆者）：「自分の海に行ったら，じっとしていなければいけないよ」自分
　　　　のところだけで描いてほしいという意識が強く出た言葉だなあ。
　　　　今回初めて気に留めたが，Dがカオルの海にしようとする意識
　　　　を感じるという感想が私にも影響を与えているかもしれない。

（筆者）：「自分の海に戻りましょう！」海にさせようという意識が強いよ
　　　　うに感じる。

（筆者）：「一番頑張ったところはどこですか？」「上手！（拍手）」頑張った
　　　　ところ，という聞き方にひっかかる。

　このように，Dのコメント以後，筆者もカオルの言葉かけが気になって
いったことが分かる。これは事象を捉える筆者の視点がDに影響され，ぶ
れていったということなのであろうか。齋（2011, p. 45）は「ファシリテー
ションを使ったワークショップでは，到達すべき目標や，こうあるべきとい
う基準のようにすでに決まっているものやことは，最初はない」，「ファシリ
テーションはティーチではないので方向性はあるが目標はない。目標は参加
者にのみある」とする。そう考えると，共同検証において異なる視点からの
事象理解に出会うことで，こちらの理解のあり方が相対化されるということ
は，自分の視点のぶれだとは言えないのではないだろうか。むしろ，ワーク
ショップの中で，そして今回のビデオの共同検証の中で，自分が拠って立つ
視点からの感受認識以外の，出来事が持つ意味の可能性に出会ったのだと言
える。仮に予め見るべき視点を設定したとしても，こうした臨床的な実践に
ついては，検証の度にこうした新たな事象の感受認識が生まれることは十分
に起こり得る。事象を捉える人と視点の数だけ異なる視点からのリアリティ
がある。新たな事象理解の可能性とは，「多元的なリアリティとの出会い」
であり，見る視点の「ぶれ」というわけではない。筆者もDもそれぞれに

そう感受したことはまぎれもない事実である。

　そうだとすれば，実践者の視点として浮き彫りになった観察者視点の違いに対しては，誰の感受認識や解釈が正しい事象理解かを問題にしていくことよりも，多声的で重層的な視点と解釈を経て，出来事や体験が持ちうる意味がゆたかになる，立体的になると捉えていく必要がある。そうすれば，一旦解釈の枠組みが出来てしまうと別の見方をすることが難しくなるという問題も，こうした視点の更新を織り込むことで越えていけるかもしれない。

　実践者の視点から見える事象や感受認識も多様であれば，見出され生成される意味も多元的である。その多元性を目的とねらいに収斂して検証し，現象理解と実践効果を高める研究もあれば，その多元的な感受認識と多様な意味生成自体をワークショップの実態であり特性として重視していく研究もあるだろう。実際はそれらが混在しつつ，現前する事象に関与する中で，間主観的に感受される実感や，実践の目的や意図，人々の相互浸透的な営み，自身の感受認識を捉え直す様々な省察や変容が幾重にも重なり，新たな体験理解と相互認識の変容が引き起こされるのである。

　［C：研究者の視点］
　「研究者の視点」は，「c-1：研究の方法についての視点」（筆者1件・協力者4件）と，「c-2：観察者の自己意識への視点」（筆者1件・協力者1件）に分けられる。

　【c-1：研究の方法についての視点】
　ビデオ検証の中で「ビデオを何度も観て意味が変わる」という意見や，「ナラティブ」，「一期一会」，「非再現性」といったキーワードがJから出てきた。体験一回毎の固有の意味があることや，捉え返すことで意味は変わっていくという意見が出された。

　予め実践者が設定した目的の他に，参加者が見出していく（目的外の）目的に向かっていく，人間変容のプロセスがワークショップの中に生まれる。いわば「今日はこの体験をするために参加したのかもしれない」，「こうした体験ができて参加してよかった」と，事後的に生まれる体験の実感や意味

が，あたかもこのワークショップに自分が参加した目的だったとさえ感じられるようになる場合も多い。とりわけ表現活動によるワークショップ体験では，こうした変容自体が自己の新たな捉え直しというワークショップの意義とされる（佐藤，2003）。「ビデオを何度も観て意味が変わる」ことや，「ナラティブ」，「一期一会」，「非再現性」といった言葉は，ワークショップの一回性に関するものだが，意味生成過程のスパンをより長く捉えていくならば，それらの一回性の体験は繰り返し重層的な意味生成のプロセスの中で，新たな意味と体験理解の継続的な営みに融合していくものとなる。

　このように，「c-1：研究の方法についての視点」の考察から言えるのは，関与する観察者にとっての体験理解とは，個々のワークショップの体験理解と同時に，より長いスパンでの意味生成のプロセスと不可分であるということである。それゆえにワークショップ体験の一回性とは，たしかに個々のワークショップ参加者の体験理解の固有性についてはある部分で当てはまるが，実践者におけるワークショップの体験理解とは，決して一回毎に断絶しているわけではなく，より広い時間の中での意味生成に繋がっているものであることを理解していく必要がある。

【c-2：観察者の自己意識への視点】

　「ファシリテーターの目が深まっていかないと気づかない」というJのコメントがあった。実践者の力量に応じて事象を捉える視点や方法，分析能力が高まっていくという意見である。ワークショップの実践者の中には，実践を専らとする人や，自ら研究も行なう人もいる。趣旨や目的に照らして自らの実践を評価・検証し，実践力を高めていく取り組みは，ワークショップを意義ある体験の場としていくための基本的な営為である。

　そうした実践上の技能的な視点に加え，ワークショップの実感や味わいとは何か，参加者の体験とはどのようなものであったのかなど，活動体験そのものを捉え，考えていこうとする視点や探究も必要である。実践者の漸次的で重層的な体験理解のプロセスとは，同時に実践者にとっての意味生成のプロセスでもあり，個々のワークショップの成否の先にある実践者自身にとってのワークショップに取り組む意味が生成される領野でもある。

先の津守による幾重にも転換されていく子ども理解の省察過程とは，「実践における理解と，省察における理解とを通して，何度も私が変化し，自らの世界をひろげられることを要する」（津守，1989，p. 192）という，観察者の自己認識が変化していく変容可能性が要件とされた。また，ファシリテーターの目が深まっていかないと気づかないというＪのコメントは，絶えず変容し深まっていく実践者（観察者）の主体としてのあり方が，体験理解に際しては無視できないことを述べている。このことは，関与観察やエピソード記述において観察者が間主観的に感受する「私」の実感を切り離して体験理解はなされ得ないとする鯨岡の主張と重なる。

　津守は子どもの体験理解においては，取り替え可能な観察者一般ではなく，固有な関係を生きる「私」の主観が参与していることが，「子どもの私の世界」を理解する上での，共通の人間的体験の背景であるとする（p. 192）。つまり，ワークショップの体験理解においては「筆者（観察者）」という役割や立ち位置はあるとしても，場の現在に関与し，感受認識し，理解しようとする観察者の主観である「私」が，重要な役割を担っているのである。それはたしかに客観科学のエヴィデンス主義の研究では条件に馴染まないものである。しかし，関与する者たちの間主観的なかかわり合いや体験の接面，重層的な意味生成過程の固有性を持った文脈と切り離さずにワークショップの体験理解を進めていこうとすれば，当事者の主体性と固有性である「私」に触れることなく，「私」という言葉なしに研究を進めることは，かえって厳密性を欠くということになる。間主観的に感受する接面のアクチュアリティを捉えることで体験理解を進めるならば，エッセイや小説ではないとしても，「私」を重視した記述や研究の視点は欠くことができないのである。

　このように「観察者の自己意識への視点」とは，実践技能の改善に力を注ぐ実践者や観察者にとって，省察による専門性と自己意識の相対化や捉え直しの視点であると同時に，参加者とワークショップを共にする「私」が何を感じ，ワークショップの取り組みを続けていく中で感じ方や考え方，依って立つ視点がいかに変容していくかという，「私」自身に向けられた問いでもある。この「私」は筆者の主体性としての「私」でもあるが，ワークショッ

プ実践に向き合う数々の実践者や観察者の主体性としての固有の「私」のことでもある。

　このように，「研究者としての視点」とは，「c-1：研究の方法についての視点」においては個々のワークショップの体験理解を含むより広い時間の中での意味生成過程の中での視点の変化を浮き彫りにし，「c-2：観察者の自己意識への視点」とは一般化可能な観察者一般ではなく，場に関与し感受する主体としてのそれぞれの「私」という固有性に向けられたものなのである。

5.　ま と め

　ビデオ検証を進める中で第三者の異なる視点から新たな体験理解が生まれ，筆者の観察視点は変化していった。それと同時に筆者が依拠する暗黙の観察視点のバイアスも浮き彫りにされた。こうした多元的なリアリティや，新たな感受認識をとおした体験理解によって，自己認識が幾重にも転換され，実践者・観察者の視点は深まっていくことが分かった。これら重層的な観察視点の変化とは筆者の観察者視点の変容であるばかりか，ワークショップ体験の意味生成のプロセスでもある。個々のワークショップはもちろん，より広い時間軸のなかでの省察や，第三者などの異なる視点との出会いなど，繰り返し事象に出会う幾重にもわたる自己認識の転換の中で，意味は多元的に生成される。そうした多声的で重層的な視点と解釈を経て意味が豊かになる，立体的になることが重要であり，それによって，「つまり，こういうことだったのだなあ……」という，より「私」の実感と納得に繋がった形での体験理解がもたらされる。

　このように体験の意味を問うこと自体が，実践者・観察者の専門性を高める営為であるだけでなく，実践者・観察者の「私」の世界をひろげていくことにもつながっている。その際に「私」という視点や，「私」に根ざした記述は，間主観性に根ざした人間学的体験理解の明証性にとっては欠くことのできない要件である。様々な他者の感受認識を経て私の体験の実感や感受認識を見つめなおしていく体験理解の継続的な取り組みには，最終的な正答が

あるわけではない（津守，1987，p. 191）。未だ捉えられていない，出会われていないフィールドの意味は，様々な体験理解の営みの中で，「私」の世界のひろがりという自己変容と相互変容と共にもたらされるものなのである。

　以上，ビデオ記録での観察者視点の検証によって，筆者の観察者視点を捉え直すことができただけでなく，より広い時間の中での意味生成過程と，場に関与し間主観的に感受する「私」という，人間的体験理解の背景が見えてきた。協力者たちは筆者の「私」が感受し得なかった参加者の姿や気持ちとその解釈，新たな体験理解と自己認識における大きな発見をもたらしてくれた。その意味では，今回のビデオ記録視聴による共同検証は，筆者にとっての観察者視点をめぐる一つのワークショップだったと言える。

第 11 章
体験理解の創出

　ここまで第 7・8 章の二つの事例研究を通して，実践者だからこそ為し得る実践研究のあり方を示してきた。場の実感と繋がった間主観的な実感の感受に基づくエピソード記述による体験理解と，ビデオ記録のコーディング分析に基づく比較研究を行なうことで，二つの異なる研究方法を示すとともに，それぞれの研究の視点と研究方法の特性を論じてきた。また，二つの事後検証を通して，4 ヶ月間の実践者（筆者）の変容のプロセスや，観察者視点の変容を明らかにし，体験理解の考え方を深める視点を示してきた。こうしたワークショップの体験理解は，一回毎のワークショップ実践における研究であると同時に，実践を積み重ねる中で継続的に積み重なっていく多声的で重層的な実践者にとっての意味生成の営みでもあった。こうした過程の中で実践を捉える視点が深まっていくことも明らかになった。

　本章ではここまでの知見を踏まえ，「子どものワークショップの体験理解」のための，新たな視点を生み出す議論を深めていきたい。

1. 間主観的な実感に根差したワークショップ体験の把握と理解

　本研究では，関与観察において実践者が間主観的に把握した実感とその vitality affect の感受によって，参加者との間に実感に根差したワークショップの体験を捉えることができた。例えば，7 章で述べたノブヨシの「こんなに汚れたの初めて！」という言葉と表情の持つ力動感の感受は，それまでは危険としか感じなかった感受認識を大きく変化させた。愉しさの情

動の力動感に突き動かされるミナエやハルナの姿も，単に楽しそうという認識ではなく，強い情動の力動感によって身体が突き動かされてしまうほどに愉しいのだということを間主観的な実感を基に捉えることができた。それら二つの出来事での「たのしさ」の接面に接続されてからは，筆者の立ち位置（視点）は大きく変わり，参加者との情動の接面での体験に，ワークショップ体験のアクチュアリティがあると考えるに至った。これは依って立つパラダイムの変位でもあり，筆者も関与観察と数ヶ月間の実践を通して，こうしたパラダイムの変位という変容を体験するに至った。

　こうした間主観的な実感に根差した体験の把握とは，恣意的な主観的把握として批判されるべきものとは異なるものであった。本研究が採用したエピソード記述は，こうした間主観的に把握した実感と事実の継時的な記述構造によって，体験のあるがままを描き出し，メタ観察による省察を加えることで，体験理解の解釈に対して読み手にも了解されるような明証性を示してきた。こうした記述的な体験理解の明証性についてはエフランド（Efland, 2002）も真偽ではなく真実らしさによって確かめうるものとしたように，エピソード記述などの主観性や間主観性を軸にした研究は，こうした方法によって恣意的な主観的把握に陥ることを注意深く回避することができる。

　加えて本研究ではビデオカメラの記録から作成したトランスクリプトを，時系列上のユニットに分けて，全ての場面でのコーディング分析を併用した。そこから産出された体験理解のための概念とそれが出現する時系列上の位置は，抽出したエピソードとも重なっていた。こうした二つの研究方法の比較検討によって，客観的で網羅的なデータ分析が生み出す概念と体験構造の理解に対して，関与観察者の間主観的な実感に基づくエピソード記述の考察は，その目的に対して十分な了解可能性と明証性を持つものであることが示された。仮説の一般的妥当性を量的手法によって検証することが適した研究ではないならば，未知なる領域（フィールド）についての新たな体験理解を生み出す仮説生成と意味生成の方法としては，臨床的実践における重要な方法であり考え方であることが支持されたと考えてよい。

2.　間主観的な vitality affect の感受によって捉えた体験の内容

　次に，こうした方法によって捉えたワークショップ体験とはどのような体験なのか，ということについては，まずは参加者との間に生成され，間主観的に感受認識される体験と，体験を捉えようとする実践者や観察者の体験を捉える視点という，二つの論点がある。

（1）間主観的な vitality affect の感受によって捉えられた体験

　まず，間主観的な vitality affect の感受によって捉えられた体験であるが，こうした視点でワークショップ体験を捉えるということは，ワークショップの中で生起するコミュニケーションを目的的な理性的コミュニケーションだけで捉えて理解することではない。むしろ，一見するとそのワークショップの目的に合致しているとは思えないような，目的外の行為や情動の交わし合いといった，間主観的に感受される感性的コミュニケーションにおいても体験を捉えていくということである。それによって同じ体験事象でも感受認識が大きく変わってくることを，子どもたちとの事例は示している。

　このように，間主観的に vitality affect を感受することによって捉えられる体験とは，場の中で接面を共にすることによって感受される相手（メンバー）の内的実感としての体験であり，それが間主観的にこちらにも同じように通底してくるということでは，共にある体験（Stern, 1989）を生きている動態を捉えていると言える。このように，間主観的な vitality affect の感受によって捉えられた体験とは，ワークショップ体験の「感性的位相」なのである。

（2）企画者や実践者等の関与観察者の体験を捉える視点

　もう一つ重要なのが，体験を捉えようとする実践者（観察者）の体験を捉える視点であった。事例で示してきたように，間主観的に感受される vitality affect の実感によって捉えられる体験とは，決して恣意的な把握ではなかった。また，それは必ずしも予め設定したワークショップの目的やねらいを捉えるために分析視点に照らして抽出した体験でもなかった。むし

ろ，意識化されていた目的や無自覚に持っていた意図によって目の前の参加者が感じている体験の実感をありのままに捉えることが出来ず，後になってから相手との接面に接続されることでその実感が伝わってきたことで，感受認識が変わらざるを得ない体験の考察から生まれてきた理解であった。

　このように，相手との間主観的な vitality affect の感受に繋がっていない状態，つまり接面を共有していない立ち位置にあっては，ワークショップで何を作るのかといった，とりあえず行なわれることが明示的である事象（絵画制作や映画制作）が目的として捉えられがちである。それがどれだけ出来ているかや，それが効果的にファシリテートされているかといった視点を中心にワークショップの体験が捉えられる傾向があった。

　しかし，一旦，場を共にする参加者との接面の情動に接続されたならば，間主観的に感受し共有している情動という，ワークショップ体験の感性的位相を無視するわけにはいかなくなる。そのとき観察者の依って立つパラダイムは客観科学パラダイムから接面パラダイムへと変位することになる。こうした「接面で生じていることを重視する枠組み＝接面パラダイム」の方が，人と人がかかわり合う臨床現場の実体には適している（鯨岡，2013，p. 25）ことが，エピソード記述の考察及びコーディングとの比較検討からも示された。

　このように，間主観的な vitality affect の感受によって捉えられた接面の体験とは，関与観察者の実感であると同時に，参加者との間主観的な実感と繋がった，「接続された体験」であり，それは客観的に把握される相互行為や明示的な目的や分析視点に焦点化された立ち位置から捉えられた体験の姿とは異なるものである。こうした体験の把握においては，予断を排し，参加者と共にある体験の感性的位相に自己の感受認識を開くことが重要である。それによって関与観察者が予断的に保持している目的やねらい，分析視点に動機づけられた感受認識からは捉え難い，あるがままの体験が実感を伴って捉えられるのである。

3. ワークショップ体験の捉え方や位置づけの可能性

　これまで学校教育の実践に比べて目的やねらいに曖昧さがあり，捉え難さや分からなさがあるとされたワークショップ研究においては，客観的な指標や枠組みなどの外部視点を持ち込むことで，こうした曖昧さを解消していく研究アプローチもあった。しかし，関与観察での vitality affect の感受とエピソード記述を通したワークショップの体験理解によって，場の体験を共にする内側からの体験理解を進めることができる。それはまた，企画者や実践者，観察者や研究者の意図や分析視点を越えたところに生成している体験を捉え，考察する視点と方法でもある。

　確かにワークショップ体験の感性的位相は，予め予測ができず，誰がやっても同じように客観的かつ再現可能な形で捉えることが難しい，相互の「私」の固有な文脈の中にある。ワークショップでは制作を通じて何かを共有することが目的であり，制作そのものが目的ではないことも多い（杉山，2001）とも言われるが，その際の共有される「何か」や，ワークショップは「盛り上がったまま終わってしまうが，本当のところ何が起こったのかわからない」という事態（高木，2012，p. 282）が意味する，言葉にして捉えることが難しい本当のところの「何か」，「細分化され効率よく『知識』を習得させる現状の教育の外側にあるいっそう重要な『なにか』を融合しようとする心の働き」（山木，1993，pp. 32-33）など，差し当たって「何か」と呼ばれる，場の中で生成する捉え難い体験の中に含まれる形で，ワークショップ体験の感性的位相は語られてきた。

　本研究のアプローチはそうした「何か」を体験の外側の分析枠組みから捉えて解釈しようとする志向性を一度停止し，まずは場の体験の内側において感受される事象の感性的認識をあるがままに対象化して記述していくことで，こうした「何か」の実質や形，体験の輪郭を間主観的な接面の vitality affect の感受を手掛かりにして感性的な視点に着目して記述し考察してきた。それは関与する観察主体である「私」の感受認識が省察を重ねていく中で何度も変化し，「自らの世界がひろげられる」（津守，1989，p. 192）ような，相互変容と共に生成する体験理解の省察過程でもある。こうした視点と

方法によって体験の実感という主観的・間主観的な感性的体験の位相を，ワークショップ研究の中に明確かつ積極的に位置づけることが可能になるのである。

4. 接続と充塡から考えるワークショップ体験

(1) 場を共にする中での他者の情動の接面への接続

ここでさらに本研究が新たに生み出したワークショップの体験理解における重要な概念である「接続」と「充塡」の考え方について考察を加え，ワークショップ体験の実感といった体験の感性的位相に着目する意義と，ワークショップ体験の可能性を考察する。

ワークショップにおける参加者との間に感受される体験の実感とは，雰囲気や感覚的な印象として片付けられるものではないことは繰り返し確認してきた。ワークショップ体験の中で生成される，こうした強い実感が生み出される作用とは，表現活動を通して情動を通わせ合い，共にある体験の実感を味わう中で，愉しさや悦びの情動の力動感が相互浸透的に身体と心を充たし，その力動感でもって身体や心を突き動かす事態を生み出していたことは確かである。

しかし，こうした間主観的な情動の共有とは，常にいつでも起こるものではない。第7章のノブヨシの事例のように，足に絵の具をつけて滑る姿を，当初は愉しいものと感受することはできなかった。第8章のアキノブの事例でも最後に彼がメンバーとセリフを言い終わった瞬間の満足気な笑顔によって，実は彼がずっとここまで一緒に参加していたということに気づかされた。このように，物理的に場を共にし，客観的に事象を捉え判断してはいても，接面の情動に接続していなければ，そのように相手の体験の実感を感受認識することはできない。接面に接続されることで，体験のアクチュアルな実質が間主観的な実感を通して共有される。ワークショップの体験理解においては，体験の情動の接面への間主観的な接続が不可欠なのである。

相互の情動の接面という，体験の感性的位相に繋がるこの「接続」という事態は，ワークショップの場に内在する実践者（観察者）が為し得る，ワー

クショップの体験理解のあり方として重要な視点と方法なのである。

(2) 内的充実に関する諸言説との比較による充填の考察

　ワークショップにおいてこうした何かしら情動的な実感が満たされることは先行研究においても触れられてきた。「個人が尊重されながら集団としての自覚も認識され，教えられ，学ぶという，普通の受動的な形態の教育からは感じられない充実感を参加者に与えることができる」とする齋（1997, p. 55）は，参加者（主体）の「内的充実感」や欲求に基づく視点の重要性を述べている。中野（2001, pp. 152–156）は見田宗介やバタイユに依拠し，ワークショップとは「〈人間の生きることの歓び〉を思い出したり，『自然も他者も収奪しない生存の美学の方向に，欲望と感受の能力を展開する』練習の場であると思う」（p. 154）と述べ，ワークショップとは自他の利害の相克を抜け出て相乗性を生み出す試みであり，ワークショップの興隆の背景には個々の独立した要素が世界を構成するといった分析的・機械的な世界観から，有機的・全体的な世界観への転換があり，そうした生を生きることの歓びを「生の充溢と歓喜」と述べる（pp. 151–157）。茂木・福本（2011, p. 116）は，ワークショップは深い没入感と大きな快感によって内面が揺さぶられるような，「自分が変化するという体験そのもの」がその成果であるとも述べている。

　本研究は情動的な力動感が身体と心に充ちていく様態を捉えており，広義にはこれらの「内的充実感」や「生の充溢と歓喜」，「深い没入感と大きな快感を伴う自己変容の体験」と共通するものである。しかし，それを情動が纏う vitality affect の力動感の間主観的な感受認識と，エピソード記述による記述的把握とメタ観察による考察，さらにビデオ記録のコーディングとの比較検討をとおして，それら体験の実相を具体的に捉えて考察し，その意味と価値をワークショップの体験理解に理論的かつ具体的にまとめた点では，それら既往の視点を新たな体験理解の段階へと進めたと考える。

　ここでもう一つ，前田ちま子（2002）の言葉を検討してみよう。前田は長年にわたるワークショップの取り組みを振り返る中で次のように述べている。

学校教師も，美術館の学芸員も，児童館の指導員も，自らの役割として
実施したものが，設定した予想範囲を遥かに越えた時，授業や企画や活動
が自らの意志とは異なった力で快活に動いていたことを認めることがしば
しばある。そこでは自分と違ったエネルギーが生まれ，それによって，自
らのエネルギーが倍増されている。当事者である時は自覚なく経過し，予
想外の展開にいつの間にか何かの力で場が発展していたことを振り返るこ
とになる（前田，2002，p. 64）。

　こうした力を前田は「生命」と言い表し，ワークショップにおいて「自然
の摂理によって生まれた生命の神秘のように，誕生した生命によって勇気づ
けられ活性化された他の生命は，物理的エネルギーとは別の精神的エネル
ギーに支えられ，新しいエネルギーを生む」（p. 64）とする。そして，ワー
クショップとは「自分が仕掛けの中心でいると思っていたら，実は仕掛けら
れていたのだということが無自覚にやりとりされる場として，常に創造され
つづけるものであるはずだ」（p. 64）という（傍点：筆者）。このことは傍点
箇所を見ると前田においては経験的な仮説であることが窺える。しかし，企
画者や観察者の予想や視点を越えるような立ち位置の変位や相互の変容，精
神的エネルギーが生み出され，生命が活性化されるという前田の言葉は，筆
者がワークショップ体験において vitality affect という間主観的に媒介共有
される情動の力動間が充塡される作用が生まれることを明らかにしたことに
重なる。
　同様に先の降旗（1997）がワークショップは人間性の活性化に繋がると述
べたことや，中野（2001）の「ワークショップは，〈人間の生きることの歓
び〉を思い出したり」（p. 154）する練習の場であるという言葉は，いずれも
こうした生命力という内的（かつ間主観的）に感受される力動性にかかわる
視点だと言える。本研究は，それを具体的な事例研究を通して，明確な体験
理解とその理論として示したわけである。いわば，多くの実践者が経験的に
理解していることに論理的かつ実証的な理解を与えたことと，理性と感性の
動的統合や円環的充足を超える「何か」を，個々の相互変容と場そのものの
変容の力動性として説明した点にある。

(3) 理性と感性の動的統合と円環運動を超える力動性をもつ「充塡」

本研究に取り組むことになった筆者の背景的な問題意識として，長らくワークショップに取り組んできたなかで，ワークショップの実感が上手く捉えられなくなったという違和感があったことを述べた。それは筆者の慣れやマンネリ化によるものではなく，ここ 20 年ほどのワークショップを取り巻く状況や語る言葉，視点が変化してきた状況との間に生じた違和感であった。

学習の成果や望ましい変化の達成に向けた効果的な実践技法としてのみワークショップを捉えてしまうならば，多くの論者が注意を促しているように（齋，1997，2002，2011；中野，2001；岩崎，2002；高橋他，2002，2011；長沢，2011；苅宿，2012），いずれ他者操作的な人材育成技術のように理解されてしまう危険性がある。

また，ワークショップでは実践者や関与観察者も参加者と共にワークショップを生み出している場に内在する存在であるという視点を失ったならば，企画者や実践者の意図が要請する外部者としての分析視点に依拠してワークショップを対象化することだけが研究のあり方だと捉えてしまうことになる。もし臨床的実践の体験の実相を捉えるにそぐわないパラダイムを暗に適用してしまうならば，場を共にする中での実感といった参加者における体験の実質からは離れてしまうばかりか，生き生きとした事象の内側から体験を捉えていこうとする研究の視点や方法も生まれ難くなる。とりわけ人と人がかかわり合うワークショップなどの臨床的実践においては，体験において感受される実感という，内的事実を含めて体験理解を進める必要がある。

しかし，ここで重要なのは，そうした情動の力動感が身体と心に流入してくるように感じられる体験の実感や充実感をもってのみ，充塡を理解すべきではないということである。この浸透による流入とは，驚きや緊張，愉しさや嬉しさといった体験過程における実感が持つ多様な質感が纏う力動性（vitality affect）によるものである。ワークショップの体験を今自分が感じている，という瞬間毎の自己存在の感覚や，実感していることで今を生きているという生の実感は，こうした身体と心の中に感受される，主観的かつ間主観的で内的な力動感として生成され，刻々と実体化・身体化されるのである。

また，こうした力動感は参加者相互において媒介・共有されるに留まるものではない。苅宿（2012）は活動のプロセスに起こる関係性の変化の中で意味を生成する学びがワークショップであると述べているように，本研究の事例でも「今・ここ」での情動レベルでの内的変化だけでなく，感受認識や視点の深化を伴った意味生成と体験理解が同時に生まれていくワークショップの体験過程を描き出し考察することができた。そうした視点の深化や立ち位置の変位を含めると，自己内部または相互主体間での理性と感性の動的統合という，自己内の，そして自他相互間の円環的な循環過程（本研究では「横軸のトランザクション」に含む）だけでは説明しきれない動きを含む。そこには場のあり様を相互浸透的に変容させていく力動性（「縦軸のトランザクション」）が存在している。それはワークショップ体験が自己内部の変容であるだけでなく，協同的かつ間主観的に相互の変容と場の変容を生み出す力である。

(4) 考察のまとめ——ワークショップ体験の本質的特性——

　ワークショップ体験を共に生き，体験理解を進めるにあたっては，関与する中で感受される実感は，主観的であり客観科学のパラダイムの要件を満たさないとして手放すべきものではなく，極めて重要な体験の実質である。実感に根差した体験理解を進めることで，ワークショップ体験の生き生きとした様態とは何であるのかが，実感と明証性，了解可能性をもって理解することができる。

　これまでも多くの論者がワークショップ体験の予測不可能性や体験理解の曖昧さといった特性，生命力にかかわる体験の全体性，体験を通して得られる充実感について論じてきた。本研究もそれらと共通する点が多々ある。しかし，体験の曖昧さに対してはワークショップ体験の感性的位相を捉える vitality affect に着目した関与観察によって具体的に捉える方法を示した。曖昧とされる体験を捉え意味生成を図る方法としてはコーディング分析との比較検討の上で，エピソード記述の方法論的有効性を示した。充実感や生命力に関する従来の言説については上記の理論的仮説と具体的な事例研究での事象理解の考察を示しながら，ワークショップとは情動の力動感が充填され

る作用を生み出すこと，それが今を生きる実感や自己変容と相互変容，ならびに場自体を変容させていく力動性となることを具体的かつ理論的に示し，それが理性と感性の動的統合や円環的充足を超える可能性を持つことを提起した。

　従来までのワークショップ研究がワークショップ体験の分からなさに対して，その目的と方法が曖昧なままであるか，あるいは指標化可能な外部の尺度をもって体験を分析する方法へと研究方法を精緻化させる方向へと進む中，そうした研究の視点やパラダイムに基づいては適切に対象化しえなかった，実践者や観察者がワークショップに関与し，場を共にする中で感じられる実感に根差したワークショップの体験理解の研究視点と研究方法を提起することができた。このことは実践者が成し得るワークショップ研究のあり方に，新しい視点と方法を提起するものだと言えよう。

第 12 章

子どものワークショップの体験理解の可能性

　本研究は，子どものワークショップという日常性の中で営まれるワークショップ実践に関して，関与観察と vitality affect の感受に基づくエピソード記述の考察とビデオ記録に基づくコーディング分析との比較検討を試み，体験の実感といった感性的な視点からの体験理解のあり方を考察した。それによってワークショップの体験理解と研究方法について，次のことが明らかになった。

1.　かかわり合う中でワークショップ体験の動態を捉える研究方法

　本研究では，実践の外部者として観察者が設定する目的に即して客観的に把握される行為からワークショップの体験理解を進めるのではなく，場に関与する中で感受される実感に根差したワークショップの体験理解を試みた。そうした視点から見えてきたのは筆者の感受認識を越える，予想外の参加者の体験の実感との出会いであった。

　例えば，絵画表現ワークショップでは，ノブヨシが足に絵の具をつけて滑る理由を（第7章4（1）），描く楽しさや滑る感触の面白さではなく，「危ない！」といって声を上げる周囲の反応が面白くて注意を惹きたいがためではないかとも考えた。筆者が場の主催者・管理者としての意識でかかわっている間は危険な行為としか捉えられなかった。しかし，その場に関与し続ける中で「こんなに汚れたの初めて！」と嬉しそうに声を上げる彼の情動の力動感が筆者にも通底してきた瞬間，彼が心から面白がり，愉しんでいるという

ことがにわかに感じられるようになった。

　また，ミナエが鑑賞の時に嬉しくなって魚に扮して突然駆け出すエピソードでも（第7章3（3）），彼女が感じている愉しさの情動を感受したからこそ，その力動感が身体を突き動かして駆け出させたのだということが分かった。

　このように，ワークショップの中での何気ない子どもたちの様子ややり取りは，一見すると目的が曖昧な楽しいだけの姿に見えてしまう。そのとき観察者は客観的に何が（What）行なわれているかという行為に着目して体験を理解している。しかし，上記のエピソード記述の考察においては，そうした出来事がどのような（How）体験の実感でもって体験されているかという「体験・情動（How）ベースの相互交流の理解」（第4章表4-3）へと視点が変移したことで，共にある対人コミュニオンの関係（Stern, 1989）としてじゃれ合い自体を愉しんでおり，それが参加者にとっては価値ある体験の実質であるということが分かったわけである。

　しかしながら，こうした体験理解は，外部的で目的的な観察者の視点から客観的に確認できる相互行為の理解からでは認識するには至らなかったものである。客観的な事実だけでなく vitality affect の感受とエピソード記述によってワークショップ体験が持つ曖昧な感性的位相を，相互浸透的な動態も含めて実感に根ざして捉え考察したことによって，こうした体験理解が生まれるのである。

　このような感受された体験に基づく理解は，本研究ではビデオ記録に基づくコーディングによる時系列分析と相互参照された。エピソード記述の考察結果をコーディングによるワークショップの継時的な体験構造図（第7章図7-8，第8章図8-9）の中で確認してみると，先のノブヨシの足に絵の具をつけて滑るエピソードは【1：受容と安心感】の概念が出現する場所に重なり，【2：情動の表出・表現】の出現場面の直前に位置していた。このことからノブヨシ姿は，ワークショップ開始後に場の中に受容されて安心感を感じ始めるなか，足に絵の具をつける面白さや滑る感触の心地よさの中で次第に情動が表出され始めた姿であったことが分かる。同様に「エピソード2：ジュンイチが絵の中に」は【3：溶解体験】の出現箇所に，「エピソード3：楽し

くなって動き出す」でミナエが魚になって駆け出す姿は【2：情動の表出・表現】に，「エピソード4：カオルのファシリテーションの変化」は【4：情動の媒介・共有】に重なっていた。

　映像表現ワークショップでも同様で，多くのエピソードが抽出された時系列上の場面は【3：安心感から情動の表出と媒介へ】，【4：感受認識の変容】，【5：情動を生きる体験】，【6：接続と充填】が重層的に出現する場所となっている。

　こうした結果から言えるのは，関与観察と vitality affect の間主観的な感受に基づくエピソード記述の研究方法は，ワークショップ体験の動態を捉えて描き出すことができ，それは十分な明証性を持った研究方法であるということである。

2. 充填と接続というワークショップの体験理解の新たな視点

　ワークショップの場に関与する中で感じられた実感に基づく体験理解を通して明らかになったのは，企画者や観察者が目的と考えるような出来事とは異なる，何気ない行為の中での情動の交わし合いも参加者におけるワークショップ体験の実質であるということであった。その体験の実質を考える中で，本研究では「充填」と「接続」という二つの概念を導き出した。

（1）充填
　本研究の中で，筆者にとってワークショップ実践の質を根本的に変える契機になったのは，場に内在する関与観察を通して参加者との情動の接面に繋がったことで，相手の感じている実感がこちらにも通底してくることでもたらされた体験理解であった。こうした相互的な情動の力動感の繋がりとは，力動感がこちら側に間主観的に流入してくるという実感として伝わってくる。先程のミナエが魚になって駆け出した例にあるように，この力動感とは体験から生成された，自らを突き動かす情動的な力動であり，活動を意味あるものと感じることで自己をさらに活動へと投企させる原動力となる。

　ジュンイチが絵の具の感触に引き込まれ，手足だけでなく身体全体が絵の

具と溶け合うように没頭していく様子や（第7章3（2）），映像表現において初めは照れて緊張していたミオがユウタやメンバーとの活動を通して積極的に演じ出し，身体が飛び跳ねてしまうほどに愉しくなっていく変容や（第8章4（2）），ヒロシが学生のユウタと一緒にセリフを言うことを父が受容したことによって，そこからヒロシがどんどん積極的にセリフを言うようになり，愉しそうに映画づくりに取り組むようになった親子の相互変容（第8章4（4））など，参加者はこの体験の愉しさをもっと味わいたいと感じるようになり，次第に積極的に活動に入り込んでいくように変容していった。こうした相互変容の過程を辿りながら予測を越えた活動の生成へと参加者は創造的に活動の中へと身を投じていく。

　充填とは，ワークショップの生成的な体験過程を突き動かす情動の力動感の流入である。相互的な情動の力動感が流入することによって意味ある体験へと自己を突き動かし，相互の変容を生み出しながら場そのものを相互浸透的に変容させていくことで，参加者にとってワークショップ体験が価値あるものとなっていくのである。

（2）接続

　充填と共にワークショップの体験理解の要となるのが接続である。「接続」とは，相手との情動の接面にこちらの感性的認識が繋がることである。場を共にする他者との情動の接面への接続が起こることで，情動の力動感が参加者間に媒介共有されるようになる。その力動感は参加者をさらなる活動へと自己投企させ，相互変容と場の変容を生み出していく。そうしたワークショップの相互変容を突き動かしていくのが参加者相互の間において流入してくる情動の力動感であり，そうした相互変容を突き動かす力動感が流入する作用を充填と定義した。

　映像表現ワークショップが始まってからしばらくの間，筆者らには3歳のアキノブがワークショップに参加できているのか分からなかった（第8章4（5）‐（7））。しかし，後半になって彼は，声には出さなかったが他のメンバーと一緒にセリフを心の中で言ったその瞬間に満足そうに笑みを浮かべた。その笑みを見た瞬間に彼は自分なりのあり方でこれまでもずっと一緒に

参加していたのだと気づかされた。このように物理的に場を共にするだけでは参加者の情動の接面に繋がることはできない。そこに接続が起こる必要があり、それによって間主観的な情動の媒介共有が起こり、充填の作用が生まれるのである。

　ノブヨシの姿を当初は危険としか認識しなかったエピソードでも同様だが、観察者が自分の感受認識の枠組みや目的的な視点で事象を捉えているときは、他者の情動の接面にこちらの感性的認識は接続され難い。観察者の目的や意図を越えたところで一体何が起こっているのか、何が体験されているのかが情動レベルにおいて感受されなければ、実感と繋がった体験理解はなし得ない。そうした相互の実感と繋がった体験理解を開くのが接続なのである。

　先述のとおり高木（2012）は、ワークショップはときに「盛り上がったまま終わってしまうが、本当のところ何が起こったのかわからない」(p. 282)という状態に陥ることがあることを指摘している。この言葉は参加者の生き生きした動態の理解とその意味づけの難しさを表しているとも言える。また、茂木・福本（2010, p. 121）は、ワークショップの目的は予定化され画一化されたものではなく、意味ある経験を「楽しさ」として受け取るかどうかにプログラム評価のポイントがあるという。これらのことからワークショップの体験理解においては参加者の愉しさや生き生きとした姿をどのように意味あるものとして理解出来るかが課題となっていることが分かる。

　こうしたワークショップ研究の課題点に対して、本研究が提起する情動の接面への接続と、相互の情動の力動感の流入という充填の作用は、ワークショップ体験の感性的位相を軸にした体験理解のあり方を具体的に示す、体験理解の新たな手がかり（鍵概念）なのである。

3. 体験の感性的位相を問う意義

　本研究は、ワークショップの場の中で体験の実感が上手く捉えられないといった筆者の問題意識が出発点となっているが、ワークショップ研究の歴史を振り返ると研究目的や研究方法自体も曖昧なものが多いという課題もあ

り，近年の研究動向としては実施効果や実践方法の解明を目的とした研究が増えてきている状況があった。そうした状況に対して，本研究は場に内在する中で間主観的に感受される実感に根差した体験理解の必要性を提起したわけである。ここまでの研究を通して，従来のワークショップ研究に対して本研究アプローチの持つ意義が少しずつ見えてきた。

　まず，近年のワークショップ研究の精緻化は，外部視点からの客観的な事象の把握に基づく研究において進んでいる。しかし，ワークショップ体験の意味とは，企画者や観察者が予め定めた目的的で非関与的な客観的研究の視点からのみ捉えられるものではない。ワークショップの場を生きるそれぞれの「私」の実感に根ざして体験理解を進めようとするならば，互いの情動の接面に接続し，実感を通して体験を感受し合い，予期せぬ展開や相互浸透的な変容を経ていく中で新たな相互理解と自己理解，体験の新たな意味が生み出されていく「私」の世界の広がりに自らを開いていく必要がある（津守，1989）。そうした「私」の間主観的な実感と観察者自身の相互変容を通して，ワークショップ体験の意味は漸次的かつ重層的に生成されていくのである。

　Vitality affect に着目した関与観察とエピソード記述に基づく考察から明らかになったのは，感性的な視点からワークショップ体験を問い，一人ひとりの「私」において感じられるかけがえのない実感を手放さないことで，人間の生活世界の営みを事象に即してあるがままに見つめ直すことができ，よりよい生の充実を図る体験の世界をあらためて見出すことが可能になるということである。それゆえに，感性という言葉を通して人間とその体験のあり方を問い，人間の生のあり様について新たな可能性を見出していく営みを続けていく必要がある。

　場に関与する中で間主観的に感受される vitality affect の実感という体験の感性的位相を問うことで見出された本研究のアプローチは，人と人とがかかわり合うワークショップの体験理解の方法であると同時に，人間存在の感性的位相を捉え論じることを可能にする，新しい感性研究の一つの具体的な指標になると考える。このことは表現活動に媒介された子どもとのワークショップ体験の研究はもちろん，広く体験活動全般に応用可能な理論であるといえる。

4.　実践者や観察者が為し得るワークショップの臨床研究

　本研究が示した視点や研究方法は，そもそも客観的なデータに基づく科学的研究を否定するものではない。人間同士がかかわりあいながら相互に変容していく，ワークショップのような臨床的な実践においては，自然科学を対象とする研究パラダイムに依拠した研究方法が必ずしも体験理解にうまく寄与するとは限らない。実践者が参加者との相互作用の中で自らの感受認識を基に活動を生み出していくような相互浸透的な場での実践においては，実践者の実感といった感性的な認識をそぎ落としてしまっては，意味ある体験理解は得られないということである。実践者自身が参加者同様に場に深く関与する内在者となるワークショップにおいては，こうした視点から捉えられる体験理解の研究が大きな意味を持つのである。しかし，客観的な事実を無視して進められたならば，それは実践者の恣意的な解釈に陥ってしまう。

　そこで，本研究では実践者の感性的認識に基づく感受を，vitality affectという情動の力動感として捉える視点を踏まえ，鯨岡のエピソード記述による客観的な事実と間主観的な感性的認識に省察を加えて明証的な理解を生み出す方法について，ビデオ記録に基づくコーディング分析との比較も行ないながら，子どものワークショップの体験理解に特化した形で研究実例を示したわけである。もちろん，行政や企業，学校等と協同で行なう場合などは，参加人数や各種アンケートの数量的なデータでの報告も必要となる。そうした求められる情報を提示していくことはもちろんだが，実践者としてそのワークショップ体験について何かを伝えようとするならば，それは一体何に基づいて，どのように書き，考えを練っていけばよいのか，今まで十分に検討されてきていなかった。本研究はその点について一つの視点と具体的な方法を示したことになる。

　場に内在し実践に深く関与する実践者だからこそ為し得るワークショップの体験理解や研究を今後さらに充実させていく必要がある。もちろん，本研究はその取り組みの一つに過ぎないが，それぞれが実践の省察を重ねていく中で，捉えるべき何か，その捉え方，それが誰にとっての何を表現するものであるのかを，実践に携わる人々にぜひ見出してもらい，それを描き，発信

していってほしいと思う。

5. 研究方法の明証性と体験の新たな研究方法の検討

　近年活況を見せるワークショップの多くは，目的が曖昧で差し当たっては
ワークショップとしか言えない（高橋他，2011）今日的な実践であり，アー
ト・芸術，教育・学習の固有の原理に基づいて捉えようとするならば，積極
的な評価が与え難いものであった。従来のワークショップの評価は参加者や
ファシリテーターの主観に頼る傾向（高木，2012）が強く，研究目的と研究
方法への自覚も曖昧で，研究視点そのものの検討もなされてきていない状況
にあった（序章）。本研究はビデオ記録に基づくコーディング分析との比較
検討によって，エピソード記述による体験理解が恣意的なものではなく，
ワークショップ体験の重要な局面を文脈性と固有性をもって捉えることがで
きることを明らかにした。この方法においては，体験の接面をどのように生
き，感受した実感をいかに表現できるかという，観察者の感性的認識と省察
的な記述に体験理解の可能性が大きくかかわってくる。

　また，ワークショップの中で感受したことや確認される事実をそのまま書
けば，こうした考察ができるというわけではない。エピソード記述による省
察が十分な明証性を持つためには，観察し，描き，考察するための考え方や
要件についても理解を深めていく必要がある。鯨岡（1999a）は当事者間の
間主観的な把握の特性や（第3章），エピソード記述が満たすべき要件につ
いても検討を行なっている（1998，2005）。本研究はエピソード記述に関する
方法的理解を目的とするものではないが，端的な概念的理解の方法では捉え
難い体験のあるがままを捉え，エピソード記述を通して読み手にとって信じ
るに足る了解可能性と明証性を十分に発揮するにはどうすればよいかは，引
き続き今後の検討課題としたい。

6. さいごに

　今回は目的の違いから，アート系や教育・学習系ワークショップなどの従

来からある領域固有の原理や枠組みによる十分な考察までは行なっていない
が，今後はこうした実践領域も含め，様々なジャンルでの応用研究を行な
い，検証作業を通して理論を練り上げていく必要がある。表現活動を媒介と
するワークショップに固有の特性が何であり，それが体験理解とどのように
かかわるものなのかなど，あわせて検討していく必要があることも今後の課
題である。

　以上，今後の継続的なワークショップの実践研究を通じて，人々が生きる
ことの愉しさや悦び，意味や価値を実感させる場，見出しうる可能性を持っ
たワークショップの可能性をさらに模索していきたい。それぞれのワーク
ショップ実践の現場でそうした取り組みが活性化していくことを願ってやま
ない。

参 考 文 献

1) 縣拓充・岡田猛 (2010)「創作の過程や方法を知る」美術展示及びワークショップの効果，美術教育学：美術科教育学会誌 (31)，美術科教育学会，13-27.

2) 縣拓充・岡田猛・杉本覚 (2012) 親子を対象にしたアートとの日常的な関わりを促すワークショップの効果，日本教育心理学会総会発表論文集 (54)，日本教育心理学会，423.

3) Altman, Irwin. & Rogoff, Barbara. (1987). World Views in Psychology: Trait, Interactional, Organismic, and Transactional Perspectives, In Stokols, Daniel. & Altman, Irwin. *Handbook of Environmental Psychology*. New York: John Wiley & Sons, Inc., 7-1.

4) 安斎勇樹・森玲奈・山内祐平 (2011) 創発的コラボレーションを促すワークショップデザイン，日本教育工学会論文誌 35 (2)，135-145.

5) Glaser, B, G., Strauss, A. L. (1967). *The Discovery of Grounded Theory: Strategies for Qualitative Research*. Chicago: Aldine Publishing Company. (グレイサー＆ストラウス，後藤隆他訳，1996，データ対話型理論の発見―調査からいかに理論をうみだすか，新曜社)

6) Birgit, Recki. (2001). W. ヘンクマン＆ K. ロッター編，後藤狷士・武藤三千夫・利光功・神林恒道・太田喬夫・岩城見一監訳，美学のキーワード，勁草書房，45-46.

7) Bruner, Jerome. (1996). *The Culture of Education*. Cambridge University Press. (ブルーナー，岡本夏木・池上貴美子・岡村佳子訳，2004，教育という文化，岩波書店)

8) Colwyn, Trevarthen. (1979). Communication and cooperaton in early infancy: a description of primary intersubjectivity, *Before Speech*, Cambridge University Press. (C. トレヴァーセン，第3章　早期乳児期における母子間のコミュニケーションと協応：第一次相互主体性について，鯨岡峻・鯨岡和子訳，1989，母と子のあいだ，ミネルヴァ書房，69-101)

9) De Mause. L. (1982). *The Evolution of Childhood from FOUNDATION OF*

PSYCHOHISTRY, New York: CREATIVE ROOTS, Inc.（L. ドゥモース著，宮澤康人他訳，1990，親子関係の進化—子ども期の心理発生的歴史学—，海鳴社）

10）Efland, A, D.（2002）. *Art and Cognition: Integrating the Visual Arts into the Culture*, New York: Teachers College, Columbia University.（アーサー・D. エフランド，ふじえみつる監訳，2011，美術と知能と感性—認知論から美術教育への提言，日本文教出版）

11）遠藤友麗（2000）アート・感性・総合学習—カリキュラムデザインの時代—，アート・感性・総合学習— 21 世紀教育フォーラム，女子美術大学教職課程研究室編，紫峰図書，40.

12）Friedrich, Schiller（1795）.（フレデリック・シラー著，石原達二訳，1997，人間の美的教育について，美学芸術論集，冨山房百科文庫）

13）藤原和幸（1997）美術教育の領域と映像表現活動，美術科研究，大阪教育大学・美術学科，127-141.

14）降旗千賀子（1997）日本の美術館における「ワークショップ」の発生，全国美術館会議教育普及ワーキング・グループ活動報告1：美術館の教育普及・実践理念とその現状，52-53.

15）降旗千賀子（2011）ワークショップで育まれた“人間関係”—目黒区美術館の蓄積，高橋陽一編，造形ワークショップの広がり，武蔵野美術大学出版局，67-81.

16）古澤頼雄・斉藤こずえ・都筑学，日本発達心理学会監修（2000）心理学・倫理ガイド—リサーチと臨床，有斐閣.

17）Gifford, Robet.（2007）. The Nature and Scope of Environmental Psychology. In Gifford, Robert. *Environmental psychology: Principles and Practic.* 4th ed. Canada: Optomal Book, 1-21.

18）刑部育子（2012）分析ツールが実践を開くとき，苅宿俊文・佐伯胖・高木光太郎編，ワークショップと学び3　まなびほぐしのデザイン，東京大学出版会，255-279.

19）畑中朋子（2006）アートとメディアと人々が出会う場としての地域文化施設—e-とぴあ・かがわ「ワークショップ・オン・ワークショップ2005」及び他の事例からの考察，美術教育学，美術科教育学会誌（26），美術科教育学会，323-335.

20）初田隆・吉田和代（2012）「胎内記憶画」を用いた母子参加型ワークショップの研究，美術教育学，美術科教育学会誌（33），美術科教育学会，359-373.

21）東山明・福本謹一（2002）中学校美術科ワークショップ〈1〉平面造形編，明治図書出版.

22）東山明・新関伸也（2002）中学校美術科ワークショップ〈2〉立体造形・総合造形編，明治図書出版.

23）東山明（2002）中学校美術科ワークショップ〈3〉イメージと発想の展開編，明治図書出版.

24）広井良典（2009）コミュニティを問いなおす―つながり・都市・日本社会の未来，ちくま新書，248.

25）広石英記（2003）市民教育としての協働経験の可能性―新しい学びのモードの模索―，市村尚久・早川操・松浦良充・広石英記　経験の意味世界をひらく―教育にとって経験とは何か―，東信堂，55-77.

26）広石英記（2006）ワークショップの学び論―社会構成主義からみた参加型学習の持つ意義―，日本教育方法学会紀要，教育方法学研究（31），日本教育方法学会，1-11.

27）広松渉・増山真緒子（1986）共同主観性の現象学，世界書院.

28）Husserl, E. G.（1936）. *Die Krisis der europaischen Wissenschaften und die transzendentale Phanomenologie: Eine Einleitung in die phanomenologische Philosophie. Beograd: Sonderabdruck aus "Philosophia"*.（フッサール著，1995，細谷恒夫・木田元訳，ヨーロッパ諸学の危機と超越論的現象学，中央公論新社）

29）石川毅（1985）芸術教育学，武藤三千夫・石川毅・増成隆士，美学／芸術教育学，勁草書房.

30）岩城見一（1997）感性論―認識機械論としての「美学」の今日的課題，晃洋書房.

31）金子一夫（2003）美術科教育の方法論と歴史，中央公論美術出版.

32）笠原広一（2010）ポストモダン以後の芸術教育の実践理論の地平試論，美術教育学，美術科教育学会誌（32），97-109.

33）笠原広一（2011）戦後の社会教育における芸術教育の位置づけ―北田耕也の芸術文化活動の研究をもとに―，京都造形芸術大学紀要 GENESIS（15），京都造形芸術大学，242-255.

34）笠原広一・山本一成（2011a）子ども・遊びと学び・感性を考える―新しい遊びと学びの体験と実践理論を探る研修会・報告書―，アート・コミュニケーション・デザイン編.

35）笠原広一・山本一成（2011b）子ども・からだ・感じる・つながる―子どもの身体表現ワークショップと研修会報告書―，アート・コミュニケーション・デザイン編.

36）笠原広一（2012a）芸術教育におけるコミュニケーション研究の試論―感性的コミュニケーションの視点から―，美術教育学，美術科教育学会誌（33），美術科教育学会，159-173.

37）笠原広一（2012b）　芸術教育における経験の質的研究の可能性―こどもの創作劇ワークショップにおける多声的ビジュアル・エスノグラフィー―，京都造形芸術大学紀要 GENESIS（16），京都造形芸術大学，110-129.

38) 笠原広一（2013）絵画制作ワークショップにおけるビジュアル・エスノグラフィー研究—観察視点の分析による実践者にとっての意味生成過程—，第62回日本美術教育学会学術研究大会新潟大会，新潟日報メディアシップ，第62回学術研究大会要項，18.

39) 笠原広一他編著（2013）子どもアート・カレッジ2012報告書，アート・コミュニケーション・デザイン.

40) 笠原広一・山本一成（2013）からだでつながりを感じる体験とは何か，アートミーツケア学会オンラインジャーナルVol. 5，アートミーツケア学会，1-20.

41) 笠原広一（2014）感性的コミュニケーションによる幼児の芸術体験の分析—アート・ワークショップにおける体験と変容の意味について—，美術教育学，美術科教育学会誌（35），美術科教育学会，223-242.

42) 笠原広一（2015a）映像表現ワークショップでの変容体験と相互浸透についての考察—感性的コミュニケーションによるエピソード記述を基にして—，美術教育学，美術科教育学会誌（36），美術科教育学会，119-137.

43) 笠原広一（2015b）生命の力動を捉えるVitality概念の考察—美術による協同的な表現活動を事例に—，日本美術教育研究論集2015，公益社団法人日本美術教育連合，1-12.

44) 笠原広一・春野修二（2015a）中学校美術科教育における関係性を育むワークショップ実践の研究（1）—生徒の実態把握のための映像表現を用いた予備的実践—，福岡教育大学紀要第64号第6分冊，福岡教育大学，1-5.

45) 笠原広一・春野修二（2015b）中学校美術科教育における関係性を育むワークショップ実践の研究（2）—ペープサートを用いた劇づくりの実践を通して—，福岡教育大学紀要第64号第6分冊，福岡教育大学，1-5.

46) 上浦千津子（2005）社会に拓かれた美術教育の可能性2：高大連携を機軸としたアート・ワークショップの実践事例を通して，美術教育学，美術科教育学会誌（26），美術科教育学会，165-178.

47) 上浦千津子（2006）社会に拓かれた美術教育の可能性3：高大連携を基軸としたアート・ワークショップの実践事例を通して，美術教育学，美術科教育学会誌（26），美術科教育学会，121-133.

48) 片岡杏子（2006）地域コミュニティ施設における造形教育の現状と課題：児童館の造形遊びワークショップを通して，美術教育学，美術科教育学会誌（26），美術科教育学会，135-146.

49) 片岡杏子（2007）社会教育としてのワークショップ：公共的場面における「美術」をめぐって，美術教育学，美術科教育学会誌（28），美術科教育学会，131-142.

50) 勝山知香（2010）ある自閉症の子どもの音楽療法場面の関係発達論的考察—子どもの主体としての心のありようの変容を捉える試み—，中京大学大学院心

理学研究科修士論文（未刊行）.

51）苅宿俊文・佐伯胖・高木光太郎編（2012a）ワークショップと学び 1　まなび を学ぶ，東京大学出版会.

52）苅宿俊文・佐伯胖・高木光太郎編（2012b）ワークショップと学び 2　場づく りとしてのまなび，東京大学出版会.

53）苅宿俊文・佐伯胖・高木光太郎編（2012c）ワークショップと学び 3　まなび ほぐしのデザイン，東京大学出版会.

54）木下康仁（2003）グラウンデッド・セオリー・アプローチの実践，弘文堂.

55）菊地奈緒美・苅宿俊文・脇本健弘・小林遼平（2012）コミュニケーション教 育としてのワークショップについての考察―コミュニケーションを促す場面に 着目して―，日本教育工学会論文誌 36，日本教育工学学会，77-80.

56）菊屋吉生（2003）日本の古絵画を素材としたワークショップの実践につい て―大学・美術館・学校・街の連携，山口大学教育学部附属教育実践総合セン ター研究紀要第 15 号，山口大学教育学部，45-62.

57）久保田秀和・小早川真衣子・濱崎雅弘・中村嘉志・須永剛司・西村拓一 （2011）PhotoPlayer：カード型タッチスクリーンを用いた日常写真の合奏表現， デザイン学研究作品集 Vol. 17，日本デザイン学会，24-29.

58）鯨岡峻（1986）母子関係と間主観性の問題，心理学評論，Vol. 29 No. 4，506- 529.

59）鯨岡峻・鯨岡和子（1989）母と子のあいだ，ミネルヴァ書房.

60）鯨岡峻（1997）原初的コミュニケーションの諸相，ミネルヴァ書房.

61）鯨岡峻（1998）両義性の発達心理学―養育・保育・障害児教育と原初的コ ミュニケーション，ミネルヴァ書房.

62）鯨岡峻（1999a）関係発達論の構築―間主観的アプローチによる―，ミネル ヴァ書房.

63）鯨岡峻（1999b）関係発達論の展開―初期「子ども―養育者」関係の発達的変 容，ミネルヴァ書房.

64）鯨岡峻（2003）基調講演「感性的コミュニケーションと身体」，第五十四回舞 踊学会大会報告，舞踊学会 26 号，29-32.

65）鯨岡峻（2005）エピソード記述入門―実践と質的研究のために，東京大学出 版会.

66）鯨岡峻・鯨岡和子（2007）保育のためのエピソード記述入門，ミネルヴァ書 房.

67）鯨岡峻（2009）関係発達の考え方と感性的コミュニケーション，九州大学大 学院統合新領域学府ユーザー感性学専攻主催実践こども学講演資料，5.

68）鯨岡峻（2013）なぜエピソード記述なのか―「接面」の心理学のために，東 京大学出版会.

69）鯨岡峻（2014）ひとがひとをわかるということ―感性が生かされる世界は，客観科学と整合するか―，感性フォーラム特別講演，九州大学大学院統合新領域ユーザー感性学専攻主催，2014 年 12 月 5 日福岡市エルガーラホール.

70）鯨岡峻（2015）保育の場で子どもの心をどのように育むのか―「接面」での心の動きをエピソードに綴る―，ミネルヴァ書房.

71）黒田生子・別府玲子・服部琢・瀧本勲（2004）中途失聴成人の人工内耳装用効果の質的検討―日常生活における装用意義の視点から―，Audiology Japan 音声言語医学 47，241-250.

72）Kobayashi, R.（1999）. Physiognomic perception, vitality affect and delusional perception in autism, *Psychiatry and Clinical Neurosciences*, 53, 549-555.

73）Køppe. S., Harder. S., & Væver. M.（2008）. Vitality affects, *International Forum of Psychoanalysis*. 17, 169-179.

74）Langer, Susanne.（1953）. *Feeling and form; a theory of art developed from, philosophy in a new key.* London: Routledge & Kegan Paul.

75）Lave, J. & Wenger, E.（1991）. *Situated Learning. Legitimate Peripheral Participation.* Cambridge univ. Press.（ジーン・レイブ＆エティエンヌ・ウェンガー著，佐伯胖訳，1993，状況に埋め込まれた学習：正統的周辺参加論，産業図書）

76）前田ちま子（2002）なぜ"ワークショップ"だったのか，高橋陽一監修，ワークショップ実践研究，武蔵野美術大学出版局，50-64.

77）真壁宏幹（2003a）子どもの『美的経験』はいかに語りうるか―その基層としての「共鳴体としての身体」をめぐって―，市村尚久・早川操・松浦良充・広石英記，経験の意味世界をひらく―教育にとって経験とは何か―，東信堂，79-101.

78）真壁宏幹（2003b）音楽療法との対話「音楽の力」についての一試論，佐藤学・今井康雄編，子どもたちの想像力を育む：アート教育の思想と実践，東京大学出版会，112-134.

79）Mark, Johnson.（2013）. Identity, Bodily Meaning, and Art. Tone, Roald. & Johannes, Lang. *Art and Identity: Essays on the Aesthetic Creation of Mind*, New York: Rodopi B. V., Amsterdam. 15-38.

80）Massumi, Brian.（2008）. The Thinking-Feeling of What Happens, 5 *Inflexions* 1. 1, *How is Research-Creation?* http://inflexions. org/n1_The-Thinking-Feeling-of-What-Happens-by-Brian-Massumi. pdf（2016 年 11 月 13 日）

81）Mazumdar. Sanjoy.（2006）.環境心理学における「質的」研究.（マザムダー・サンジョイ著，光安輝高訳，南博文編，心理学の新しいかたち　第 10 巻環境心理学の新しいかたち，誠信書房，66-102）

82）目黒実（1996）チルドレンズミュージアムをつくろう―Knowledge begins in

Wonder，ブロンズ新社.

83）目黒実（2002）学校がチルドレンズミュージアムに生まれ変わる―地域と教育の再生の物語，ブロンズ新社.

84）Merleau-Ponty, M.（1960）*Signes*. Paris.（メルロ＝ポンティ著，竹内芳郎監訳，1969-1970，シーニュ　1・2，みすず書房）

85）三橋純予（2008）アートマネージメントという新たな領域の考察：ミュゼオロジーのネクストステージとしての美術教育の可能性，美術教育学，美術科教育学会誌（29），美術科教育学会，525-537.

86）美馬のゆり・山内祐平（2005）「未来の学び」をデザインする空間・活動・共同体，東京大学出版会.

87）南博文（2001）まちの変化とNさんの生活世界，やまだようこ・サトウタツヤ・南博文編，カタログ現場心理学―表現の冒険，金子書房，140-147.

88）南博文（2004）現場・フィールド―身のおかれた場，無藤隆・やまだようこ・南博文・麻生武・サトウタツヤ編，質的心理学：創造的に活用するコツ，新曜社，19-20.

89）南博文編著（2006）心理学の新しいかたち　第10巻　環境心理学の新しいかたち，誠信社.

90）三浦佳世（2000）感性認知，行場次朗・箱田裕司編著，知性と感性の心理学―認知心理学入門，福村出版，61.

91）三浦賢治（2012）ホスピタリティアート・プロジェクト―ワークショップ・展示―金沢市立病院における実践から―　その1，金沢美術工芸大学紀要 No. 56，金沢美術工芸大学，33-45.

92）宮脇理（1988）感性による教育，国土社.

93）宮脇理・山口喜雄・山木朝彦（1993）感性による教育の潮流―教育パラダイムの転換，国土社.

94）村上タカシ（2009）芸術表現教育における PBL（Project-Based Learning）の実践研究，宮城教育大学紀要第44巻，宮城教育大学，95-108.

95）茂木一司・吉田秀文・金澤貴之・手塚千尋・井上昌樹・鷺坂裕子（2009）知的障害者を対象にした造形と音楽のコラボレーションによる表現ワークショップ―「からだでつくろう！！　からだでうたおう！！」を事例にして―群馬大学教育実践研究別刷第26号，群馬大学教育学部附属教育臨床総合センター，231-241.

96）茂木一司他（2010）協同と表現のワークショップ：学びのための環境デザイン，東信堂.

97）茂木一司・福本謹一（2010）ワークショップの学びはどう評価したらいいですか？，茂木一司他，協同と表現のワークショップ：学びのための環境デザイン，東信堂，119-121.

98）茂木一司・足達哲也・鈴木沙代・金田佳子・吉崎希・堀口由三恵・遠藤翠・
山口真央（2011）美術鑑賞教育へのワークショップ型授業の導入の試み—群馬
大学教育学部附属小学校の事例—，群馬大学教育学部紀要芸術・技術・体育・
生活科学編第 46 巻，群馬大学教育学部，53-74.

99）茂木一司・亀井章央（2012）からだと造形のワークショップに関する実践研
究—群馬大学教育学部附属特別支援学校高等部の事例—，群馬大学教育学部紀
要芸術・技術・体育・生活科学編第 47 巻，群馬大学教育学部，51-61.

100）茂木一司・郡司明子（2013）小学校におけるワークショップ型学習に関する
実践研究—お茶の水女子大学附属小学校の事例—，群馬大学教育学部紀要芸
術・技術・体育・生活科学編第 48 巻，群馬大学教育学部，53-66.

101）茂木一司・手塚千尋・郡司明子・亀井章央・藤原秀博・飯島渉・森田智美・
木村祐子・原田泰・曽和具之（2013）Workshop on workshop による研修のデ
ザイン，群馬大学教育実践研究別刷第 30 号，群馬大学教育学部附属学校教育臨
床総合センター，61-84.

102）茂木一司・藤原秀博（2014）遠足プロジェクト—震災支援アートプロジェク
トの実践—，群馬大学教育学部紀要芸術・技術・体育・生活科学編　第 49 巻
群馬大学教育学部，33-54.

103）茂木一司・郡司明子・春原史寛・喜多村徹雄・藤原秀博・飯島渉・大塚裕
貴・椎橋元貴・城田祐規・寺内愛乃・宮川紗織・鷲塚裕太郎（2014）地域アー
トプロジェクトにおける美術教育の実践—中之条ビエンナーレにおける表現と
鑑賞のワークショップ—，群馬大学教育実践研究別刷第 31 号，群馬大学教育学
部附属学校教育臨床総合センター，47-77.

104）文部科学省（2010）今，求められる力を高める総合的な学習の時間の展開：
総合的な学習の時間を核とした課題発見・解決能力，論理的思考力，コミュニ
ケーション能力等向上に関する指導資料，文部科学省．http://www.mext.go.jp/
component/a_menu/education/detail/__icsFiles/afieldfile/2011/02/17/1300459_1.
pdf（2016 年 11 月 13 日）

105）森玲奈（2008）学習を目的としたワークショップのデザイン過程に関する研
究，日本教育工学会論文誌 31（4），445-455.

106）森玲奈（2009）ワークショップ実践家のデザインにおける熟達過程—デザイ
ンの方法における変容の契機に着目して，日本教育工学会論文誌 33（1），日本
教育工学会，51-62.

107）森本孝（1998）三重の子どもたち展：発見！　わたしの村わたしの町第 1
部—生活の現場から，第 2 部—教育の現場から，㈶三重県立美術館協力会.

108）長沢秀之（2011）美術と社会，高橋陽一編，造形ワークショップの広がり，
武蔵野美術大学出版局，237-255.

109）中野民夫（2001）ワークショップ　新しい学びと創造の場，岩波書店.

110) Newson, John. (1978). Dialogure and development, *Action, Gesture and Symbol: The Emergence of Language,* Academic Press.（J. ニューソン，第5章 コミュニケーション研究へのアプローチ，鯨岡峻・鯨岡和子訳，1989，母と子の あいだ，ミネルヴァ書房，163-178）

111) Newson, John. (1978). The growth of shared understandings between infant and caregiver, Bullowas, M. ed. *Before Speech,* Cambridge University Press.（鯨 岡峻・鯨岡和子訳，1989，母と子のあいだ，ミネルヴァ書房，179-196）

112) 新妻健悦（1996）宮城県美術館・ワークショップ活動の記録「SYNC IN ART」VOL. 6　新妻健悦のワークショップ美術探検・演習―子供と美術をめ ぐって，宮城県美術館.

113) 西野美佐子・西野毅史（2013）子どものレジリエンスを高める支援のあり方 に関する一検討―アニメーション・ワークショップの効果―，日本教育心理学 会総会発表論文集（55），日本教育心理学会，81.

114) 野口隆子（2007）多声的ビジュアルエスノグラフィーによる教師の思考と信 念研究，秋田喜代美・能智正博監修，はじめての質的研究法：教育・学習編，東 京図書株式会社，296-317.

115) 小串里子（2000）ワクのない表現教室―自己創出力の美術教育，フィルム アート社.

116) 小串里子（2011）みんなのアートワークショップ―子どもの造形からアート へ，武蔵野美術大学出版局.

117) 及部克人（1993）地域の子どもを地域で祝う大道芸術展，月刊社会教育， 1993年3月号，44-45.

118) 鬼丸吉弘（1981）児童画のロゴス―身体性と視覚―，勁草書房.

119) Read, Herbert (1956). *Education through Art.*（ハーバート・リード著，宮 脇理・岩崎清・直江俊雄訳，2001，芸術による教育，フィルムアート社）

120) 齋正弘（1993）宮城県美術館・ワークショップ活動の記録「SYNC IN ART」 VOL. 2　宮城県美術館のワークショップⅠ　創作の基礎，宮城県美術館.

121) 齋正弘（1997）ワークショップ―方法論からのアプローチ，全国美術館会議 教育普及ワーキング・グループ活動報告1　美術館の教育普及・実践理念とその 現状，全国美術館会議，55-56.

122) 齋正弘（2002）ローレンス・ハルプリンとアン・ハルプリン，高橋陽一監 修，ワークショップ実践研究，武蔵野美術大学出版局，82-83.

123) 齋正弘（2011）ファシリテーションの実際，高橋陽一編，造形ワークショッ プの広がり，武蔵野美術大学出版局，35-50.

124) 作田啓一（1979）青年期の感性，岩波講座　子どもの発達と教育6（青年期 発達段階と教育3），107，110-112.

125) 作田啓一（1993）生成の社会学をめざして，有斐閣，24-27.

126）佐々木健一（1995）美学辞典，東京大学出版会.

127）佐藤学・今井康雄編（2003）子どもたちの創造力を育む：アート教育の思想と実践，東京大学出版会.

128）佐藤学（2003）はじめに　芸の技法を生の技法へ，佐藤学・今井康雄編，子どもたちの想像力を育むアート教育の思想と実践，東京大学出版会，vii-x.

129）柴山真琴（2006）子どものエスノグラフィー入門，新曜社.

130）柴田和豊編（1993）メディア時代の美術教育，国土社.

131）椎塚久雄（2013）序章　感性とは，椎塚久雄編，感性工学ハンドブック—感性をきわめる七つ道具—，朝倉書店，1-10.

132）篠原昭・清水義雄・坂本博編著（1996）感性工学への招待，森北出版.

133）曽和具之・岡田有以・前田安菜・葉山恒生（2007）ワークショップの手法を用いた子どものためのデザイン教育，デザイン学研究　54，日本デザイン学会.

134）Stern, D. N. (1985). *The Interpersonal World of the Infant: A View from Psychoanalysis and Developmental psychology*, New York: Basic Books.（小此木啓吾・丸田俊彦監訳，神庭靖子・神庭重信訳，1989，乳児の対人世界—理論編—，岩崎学術出版社）

135）Stern, D. N. (2004). *The present moment in psychotherapy and everyday life*. New York: W. W. Norton & Company, Inc.

136）Stern, D. N. (2010). *Form of Vitality: exploring dynamic experience in psychology, the arts, psychotherapy, and development*. New York: Oxford University Press.

137）杉本覚・岡田猛（2013）美術館におけるワークショップスタッフ初心者の認識の変化—東京都現代美術館ワークショップ"ボディー・アクション"への参加を通して—，美術教育学，美術科教育学会誌（34），美術科教育学会，261-275.

138）杉山貴洋（2002）はじめに，高橋陽一監修，ワークショップ実践研究，武蔵野美術大学出版局，8-11.

139）杉山貴洋（2002）ワークショップの準備体操，高橋陽一監修，ワークショップ実践研究，武蔵野美術大学出版局，134-145.

140）Sullivan, H. S. (1953). *Comceptions of Modern Psychiatry*. New York: Norton & Company.（中井久夫・山口隆訳，1976，現代精神医学の概念，みすず書房）

141）砂上史子（2012）幼稚園における子ども同士の同型的行動の研究，白梅学園大学大学院学位論文.

142）関口怜子（1999）子どものためのワークショップ—仙台ビーアイ物語，ブロンズ新社.

143）田尻敦子（2005）ワークショップの三つの危険性とリフレクション：NPO学習環境デザイン工房のアート系ワークショップに関する状況的学習論に基づく

省察，人文科学，大東文化大学 10，13-36.

144）高田研（1996）ワークショップの課題と展望―合意形成と身体解放の観点か
ら，兵庫教育大学大学院　平成 8 年度修士論文（未刊行）.

145）高木光太郎（2012）ワークショップの評価，苅宿俊文・高木光太郎・佐伯
胖，ワークショップと学び 3　まなびほぐしのデザイン，東京大学出版会，
281-299.

146）高橋直裕・伊藤公象・横尾忠則・太田三郎・スタン＝アンダソン・生田萬・
飯田鉄・大竹誠・郷泰典・須藤訓平（2011）美術館のワークショップ：世田谷
美術館 25 年間の軌跡，武蔵野美術大学出版局.

147）高橋陽一（2002）おわりに―ワークショップと教育のあいだ，高橋陽一監
修，ワークショップ実践研究，武蔵野美術大学出版局，188-195.

148）高橋陽一・杉山貴洋（2002）ワークショップ実践研究，武蔵野美術大学出版
局.

149）高橋陽一編（2009）美術と福祉とワークショップ，武蔵野美術大学出版局.

150）高橋陽一編（2011）造形ワークショップの広がり，武蔵野美術大学出版局.

151）高橋陽一（2012）造形ワークショップを支える：ファシリテータのちから，
武蔵野美術大学出版局.

152）高尾美沙子・苅宿俊文（2008）ワークショップスタッフの実践共同体におけ
る十全性の獲得のプロセスについて，日本教育工学会論文誌（32），日本教育工
学会，133-136.

153）竹田青嗣（1993）はじめての現象学，海鳥社.

154）谷口幹也（2003）デジタル・メディア社会における〈写す〉ことの意味をめ
ぐって：美術教育における映像メディア活用のための一考察，美術教育学，美術
科教育学会誌（24），美術科教育学会，225-235.

155）谷井淳一・無藤隆・大谷尚・杉森伸吉（2007）表現ワークショップの評価に
関する質的方法と量的方法，日本教育心理学会総会発表論文集（49），日本教育
心理学会，634.

156）Trevarthen, C. & Hubley, P. (1978). Secondary intersubjectivity: confidence,
confiding and acts of meaning in the first year, Lock, A. ed. *Action, Gesture,
and Symbol*, Orlando, Florida: Academic Press.（鯨岡峻・鯨岡和子訳，1989，母
と子のあいだ，ミネルヴァ書房，102-162）

157）Trevarthen, C. (1979). Communication and cooperation in early infancy: a
description of primary intersubjectivity, Bullowas, M. ed. *Before Speech*,
Cambridge University Press.（鯨岡峻・鯨岡和子訳，1989，母と子のあいだ，ミ
ネルヴァ書房，102-162）

158）土田環編（2014）　こども映画教室のすすめ，春秋社.

159）津守真（1987）子どもの世界をどうみるか，NHK ブックス.

160) 堤康彦（2003）アーティストと子どもたちの幸福な出会い，佐藤学・今井康雄編，子どもたちの想像力を育む：アート教育の思想と実践，東京大学出版会，247-265.

161) 堤康彦・坪井香保里・川勝英子・大久保聖子・鳥居いずみ（2003）エイジアス活動記録集 2002 年度，特定非営利活動法人芸術家と子どもたち.

162) 手塚千尋・茂木一司（2009）協同的創造を生み出すワークショップ学習の研究—「屏風ワークショップ＠バークレイ 2009」を事例にして—，群馬大学教育実践研究別刷第 28 号，群馬大学教育学部附属教育臨床総合センター，101-107.

163) 手塚千尋・茂木一司・曽和具之・柴田あすか（2012）KARUTA ワークショップデザインと RTV，群馬大学教育実践研究第 29 号，群馬大学教育学部附属学校教育臨床総合センター，63-72.

164) Tobin, J. J., Wu, D. Y. H. & Davidson, D. H. (1989). *Preschool in Three Cultures. Japan, China, and the United States.* New Haven and London: Yale University Press, 4-5.

165) 友部博教・中村嘉志・沼晃介・須永剛司・西村拓一（2008）時間配置と構造配置の融合による活動プロセスの協働リフレクションの実現，社団法人情報処理学会研究報告，社団法人情報処理学会，139-144.

166) 東京都図画工作研究会編（1983）ワークショップへの道，東京都図画工作研究会.

167) Flick, Uwe. (1995). *Qualitative Forschung by Uwe Flick*, Rowohlt Taschenbuch Verlag GmbH, Reinbek bei Hamburg.（フリック著，小田博志・山本則子・春日常・宮地尚子訳，2002，質的研究入門—〈人間科学〉のための方法論，春秋社）

168) Vickhoff, B., Malmgren, H. (2004). Why does music move us?, *Philosophical Communications*, Web Series, No. 34 Dept. of Philosophy, Sweden: Goteborg University.

169) 渡辺一洋（2008）自然素材を使用した造形教育の検討—地域施設と連携したワークショップの実践から—，育英短期大学研究紀要第 25 号，育英短期大学，87-98.

170) 渡辺一洋（2010）協同描画表現を通した造形ワークショップ，美術教育 No. 293，日本美術教育学会，46-52.

171) 和多利恵津子（2003）子どもたちのアートプログラム，佐藤学・今井康雄編，子どもたちの想像力を育む：アート教育の思想と実践，東京大学出版会，226-246.

172) Werner, Heinz. (1948). *Comparative Psychology of Mental Development*, New York: International University Press.（ウェルナー著，園原太郎・鯨岡峻・浜田寿美男訳，1976，発達心理学入門，ミネルヴァ書房）

173) 柳沼宏寿（2011）シネリテラシーの教育的意義：シネリテラシーフェスタ in 新潟の取り組みを中心に，美術教育学，美術科教育学会誌（32），美術科教育学会，429-439.

174) 山田芳明（2007）子どもの身体感覚を生かした鑑賞活動についての考察，鳴門教育大学実技教育研究（17），鳴門教育大学，1-6.

175) やまだようこ（2004）質的研究の核心とは，無藤隆・やまだようこ・南博文・麻生武・サトウタツヤ編，質的心理学：創造的に活用するコツ，新曜社.

176) 山木朝彦（1993）感性による教育をめぐる考察，宮脇理他著，感性による教育の潮流―教育パラダイムの転換，国土社，32-33.

177) 山本一成（2015）生活のなかで日常を超える：環境との出会いと自己変容についての理論的検討，生活体験学習学会発表資料，生活体験学習学会，7.

178) 矢野智司（1996）ソクラテスのダブルバインド：意味生成の教育人間，世織書房.

179) 矢野智司（2000）自己変容という物語：生成・贈与・教育，金子書房.

180) 矢野智司（2003）子どもの遊び体験における創造の瞬間，佐藤学・今井康雄編，子どもたちの創造力を育む：アート教育の思想と実践，東京大学出版会，62-67.

181) 矢野智司（2003）「経験」と「体験」の教育人間学的考察―純粋贈与としてのボランティア活動―，市村尚久・早川操・松浦良充・広石英記，経験の意味世界をひらく―教育にとって経験とは何か―，東信堂，33-54.

182) 矢野真・高垣マユミ・田爪宏二（2008）造形ワークショップを通した大学と行政，地域の連携による子育て支援に関する実践研究，鎌倉女子大学学術研究所報第8号，鎌倉女子大学，45-56.

183) 全国美術館会議編（1997）全国美術館会議：教育普及ワーキング・グループ活動報告1　美術館の教育普及・実践理念とその現状，全国美術館会議.

〈参考として掲示した資料〉
・「特集― WORKSHOP　体験的参加型学習とワークショップ」（1994）『社会教育』（財）全日本社会教育連合会，平成6年10月発行.（書籍情報は中野民夫（2001）による）
・山本育夫編『美術館情報雑誌 Dome』日本文教出版（1992-2006：全84号）.

初 出 一 覧

　本研究は発行済み下記論文の内容を基にしている。各論文の初出と該当箇所は以下の通りである。

笠原広一（2012）芸術教育におけるコミュニケーション研究の試論―感性的コミュニケーションの視点から―，美術教育学，美術科教育学会誌（33），159-173。（第2章，第3章）

笠原広一（2014）感性的コミュニケーションによる幼児の芸術体験の分析―アート・ワークショップにおける体験と変容の意味について―，美術教育学，美術科教育学会誌（35），223-242。（第7章）

笠原広一（2015）映像表現ワークショップでの変容体験と相互浸透についての考察―感性的コミュニケーションによるエピソード記述を基にして―，美術教育学，美術科教育学会誌（36），119-137。（第5章，第6章，第8章）

笠原広一（2015）生命の力動を捉えるVitality概念の考察―美術による協同的な表現活動を事例に―，日本美術教育研究論集2015，公益社団法人日本美術教育連合（48），1-12。（第4章）

あとがき

　本書は子どものワークショップ体験を捉える研究の視点とその方法について，ワークショップ実践事例を基に考察したものである。近年，実践者やボランティアとしてワークショップにかかわる方々や，ワークショップに参加してレポートや卒論・修士論文を書こうとしている大学院生・学生から，ワークショップについてどのように書いたらよいかとよく尋ねられる。こうした状況は社会の様々な場所へのワークショップの普及と，携わる人々の裾野の広がりを表しているとも言える。ワークショップという方法や考え方をとおして自己やコミュニティ，社会の様々な課題を解決したり，よりよいあり方を生み出していく取り組みがより豊かに展開されるようになったとすれば，それは喜ばしいことである。

　筆者がフィールドとする美術教育においてもこの 20 年ほどの間で，学校だけでなく，美術館や地域の NPO など多くの担い手による子どもの表現活動の取り組みが広がってきたことは先に示した通りである。それは，一人ひとりのかけがえのない固有性の尊重と，そうした個の尊重の上に協同的な創造性を発揮出来るという認識が，社会の中で広く共有されるようになってきたことも意味している。それだけに，ワークショップにかかわる多くの人々がそれぞれの立ち位置から活動と体験の意味を捉え直し，社会に発信していくことは，子どもたちの体験とその実感や意味を浮かび上がらせ，それを感受し認識する大人の眼差しのあり様を見つめ直す契機を提供する重要な営みとなるのである。関与する中で確かに感じた実感をそぎ落とすことなく，しかし客観的な事実に基づき，「書く」ことを通した体験の省察によって，ワークショップ体験の実相と，意味と価値が浮かび上がってくるのである。本書はそうしたワークショップの体験理解の方法を具体的な実践事例を通して示したわけである。

　もちろん，こうした考え方や方法でのみワークショップの体験が捉えられるわけではない。活動の目的や内容によってその考え方や方法も様々なものが必要になるだろう。実践者や企画者として求められる評価や検証作業があ

ることも事実であり，本書の示した方法が担えるのは，ワークショップの体験について書くことの一つの視点であり方法にすぎないとも言える。しかし，実践に携わる者だからこそ感受できること，考えられること，書くことができるものがあるはずである。実践者や関与者が悩んでいる，どのように「書く」のかという問題は，単に技術や方法のハウツーということではなく，場に深くコミットし，参加者と共にワークショップの創造的な場を生きる自分自身という存在をどう位置付けることができるのか，その上で書くべきことが何であるかをどのように考えていけばよいのか，という問いなのではないだろうか。それは同時に筆者自身の問いでもあったわけである。

　また，子どもたちのワークショップには様々なフィールドがある。その取り組みや成果をつないでいくだけでも，大きな知の領域が浮かび上がってくるように思う。そうした新たな知の創造と発信につながる取り組みをそれぞれのフィールドで進めていくこと，そのための理論や方法を生み出していくことは，子どもとワークショップに関する研究のみならず，人文・社会科学の重要な役割であると考える。ワークショップの現場の中でこそ取り組めること，見えてくることは，まだまだたくさんあるのである。

　本書は先行する多くの実践者や研究者の知見の上に，場に関与する者だからこそ為し得るワークショップの体験理解の可能性を具体的に提起した。今後，新たな実践を通してさらに理論と方法を発展させていく必要があるが，その点は様々な機会に皆様からご意見を頂戴して今後の研究に反映させていきたい。そして何よりも，ぜひ一人でも多くの方々に自身がかかわっているワークショップについて書いて発信していただきたいと思う。そのことが子どもたちの様々な体験活動を充実させる取り組みへの理解と支援を促すことにつながり，同時に実践と研究の発展にもつながると考える。本書が少しでもその役に立てるならば幸いである。

　本書は平成 27 年度に九州大学大学院統合新領域学府に提出した博士学位請求論文「ワークショップにおける相互変容と体験理解―関与観察とvitality affect の感受に基づいて―」に加筆修正を加え，より実践的にワークショップについて書くための参考となるように編集したものである。指導

あ と が き

教官である南博文教授，藤枝守教授，清須美匡洋教授のご指導と温かい励ましによって博士論文としてまとめることができました。目黒実客員教授には最初の職場であるチルドレンズ・ミュージアムでの仕事から大学院修了まで，子どもの仕事の先達者として今日まで多くのご指導を頂戴しました。研究，実践ともに多くのご指導ご助言をいただいた九州大学の先生方にあらためて感謝の意を表します。ワークショップ実践に際しては前職福岡教育大学の船越美穂教授に多大なるご協力と励ましをいただきました。そして，ワークショップの実践と研究では，ご家族でワークショップに何度も足を運んでくださった多くの参加者の皆様，九州大学の院生ならびに福岡教育大学の学生諸氏にたくさんのご協力をいただきました。ここにあらためて御礼申し上げます。

　本書の刊行は独立行政法人日本学術振興会の平成 28 年度科学研究費助成事業（科学研究費補助金）（研究成果公開促進費）「学術図書」の助成により実現しました（JSPS 科研費 16HP5229）。申請に際しては福岡教育大学連携推進課の秦矩之氏に，刊行までの手続きについては東京学芸大学教育研究支援部研究支援課研究協力係の皆様に多くのアドバイスとご協力をいただきました。刊行に際しては一般財団法人九州大学出版会の野本敦氏，奥野有希氏に多くのお力添えをいただきました。こうした多くの皆様のおかげで本研究を世に送り出すことができました。ここに厚く御礼申し上げます。

　最後に，今日までワークショップの実践と研究を日々支えてくれた家族に心から感謝の気持ちを伝えたいと思います。

　　2017 年 2 月

　　　　　　　　　　　　　　　　　　　　　　　笠原広一

索　引

〈著者紹介〉

笠原広一（かさはら　こういち）

1973 年福島県生まれ。東京学芸大学教育学部准教授。九州大学大学院統
合新領域学府博士後期課程ユーザー感性学専攻修了。博士（感性学）。専
門は美術科教育・ワークショップ・幼児の造形表現。チルドレンズ・
ミュージアムでのワークショップや展覧会企画，芸術系大学附属の幼児
教育施設での保育と美術教育，教員養成大学勤務を経て現職。

子どものワークショップと体験理解
感性的な視点からの実践研究のアプローチ

2017 年 3 月 31 日　初版発行

著　者　笠原　広一

発行者　五十川　直行

発行所　一般財団法人　九州大学出版会
　　　　〒 814-0001 福岡市早良区百道浜 3-8-34
　　　　九州大学産学官連携イノベーションプラザ 305
　　　　電話　092-833-9150
　　　　URL　http://kup.or.jp/
　　　　印刷・製本／シナノ書籍印刷（株）

ISBN978-4-7985-0198-7